コークの味は国ごとに違うべきか

ゲマワット教授の経営教室

ハーバード・ビジネススクール教授
パンカジ・ゲマワット
望月衛 訳

REDEFINING GLOBAL STRATEGY

Pankaj Ghemawat

文藝春秋

コークの味は国ごとに違うべきか　目次

序　文　最年少でハーバード・ビジネススクール教授になった男　ニコス・ムルコギアニス　5
はじめに　サッカー選手の国外への移籍は何をもたらしたか　11
第一部　フラット化しない世界　21
第一章　コークの味は国ごとに違うべきか　23
どこの国でもコークはコークだ——世界共通の戦略を打ち出したコカ・コーラ本部と、独自路線を進んだ日本コカ・コーラ。さて結果は？
第二章　ウォルマートは外国であまり儲けていない　61
グーグルとウォルマートが国外進出で味わった苦難。グローバル化で消え去ったはずだった「国境」がビジネスにもたらす影響とは？
第三章　ハーゲンダッツはヨーロッパの会社ではない　105
国境の向こうとこちら——そこにある差異はマイナスばかりではない。そこから価値を生み出せばいいのだ。それを考える枠組みとは？
第二部　国ごとの違いを成功につなぐ　165

第四章　インドのマクドナルドには羊バーガーがある　169
マクドナルドは国ごとのメニューを現地にまかせ、その実情に合わせている――
国境を越えるためのビジネス戦略その1「適応」とは。

第五章　トヨタの生産ネットワークはここがすごい　217
国ごとの類似点を活かし、生産のグローバリゼーションを理想的に達成したトヨタ。
そこに示された国際ビジネス戦略その2「集約」。

第六章　だからレゴは後発メーカーの追随を許した　263
生産コストの安い国で生産、利益率の高い国で販売――差異を機会として
活用して国境を越える最古の定石、国際ビジネス戦略その3「裁定」。

第七章　ＩＢＭはなぜ新興国の社員を3倍にしたか　305
適応／集約／裁定。肝心なのは3つの戦略のバランス。
優先順位をどう見極める？　戦略決定の指針「ＡＡＡトライアングル」とは。

第八章　世界で成功するための5つのステップ　339
世界が真にグローバルになるのはまだ先のこと。
この不確実な時代にどう対応すればいいのか。真のグローバル戦略実践への処方箋。

謝辞／357

注釈／359

訳者あとがき／392

参考文献／396

企業名索引／399

装幀　関口聖司
カバー写真　釜谷洋史

序　文

最年少で
ハーバード・ビジネススクール
教授になった男

ニコス・ムルコギアニス
PREFACE by Nikos Mourkogiannis

私が初めてパンカジ・ゲマワットに会ったのは一九七八年九月のことだ。私はそのころ立ち上げ時期にあったハーバード交渉術プロジェクトのカリキュラム作りを手伝ってくれる優秀な学生を探していた。ゲマワットは優れた才能と探究心に加え、国際的な見方のできる、存在感のある学生だった。一年間彼と一緒に仕事をして、私は彼が将来すばらしい業績をあげると確信した。

ゲマワットがハーバード大学の学部から博士課程までを六年間で修了するのを私は興味深く見ていた。そして彼が博士課程修了後コンサルティング業界に進むことに決めたときはうれしかった。彼がマイケル・ポーターの誘いにより二三歳でハーバード・ビジネススクールの教員に加わったときは歓喜した。その後、持続性と競争のダイナミックスに関する優れた研究が評価された彼は、最年少でハーバード・ビジネススクールの教授になった。彼の著書 *Commitment* では、そうした研究の成果が詳しく論じられている。この本は彼の著書の中でも私の一番のお気に入りであったが、それは本書が出るまでの話である。

『コークの味は国ごとに違うべきか』は、一〇年に及ぶグローバル企業戦略の研究に基づいている。研究の成果は既にハーバード・ビジネス・レビュー誌で一連の論文として紹介されている。直近の二つの論文は、「グローバル・リーダーシップのための地域戦略」（二〇〇五年一二月）と、「差異のマネジメント：グローバル戦略の主な挑戦」で、前者は二〇〇五年のハーバード・ビジネス・レビュー最優秀論文賞を受賞しており、後者は二〇〇七年三月号の巻頭を飾っている。

ゲマワットの「セミ・グローバリゼーション」という概念は、現在世界で推進されている「国境はなくなり、世界はフラット化し、人々は場所の制約を受けることなく仕事や機会を見つけることができる」という旗印と対立する。この考えを最も声高に主張しているトーマス・フリードマンは、「フラット化」は主にテクノロジーによって進むという。フリードマンより二〇年も前に同じ考えを書いていたテッド・レヴィットは、フラット化を進めるのは需要サイドの力で、具体的には嗜好の同化が原動力だという。更に、この考え方にはさまざまな変種も存在する。しかし、どの見解も必然的に、規模と画一的戦略を重視している。

ゲマワットはこの考えに納得しない。彼は異端審問を受けたガリレオ・ガリレイと同様、「それでも地球は回る」と言わずにはいられないのだ。理論的に考えて世界はフラットである、そうに違いないなどと思ってしまう人も世の中にはいるのだろう。ゲマワットは違う。彼は調査と分析を重ね、世界には国ごとの文化的、制度的、地理的、そして経済的な差異が依然として残っており、それがグローバル戦略に大きな影響を及ぼすという推察に至った。

もしゲマワットがそこで議論を止めていたら、彼はただ単に、世界は複雑で、戦略的リーダーシップは難しいということを我々に再認識させてくれたにすぎなかっただろう。しかし、彼は実際に機能するグローバル戦略について、実践可能な知識を提供することに関心を持っている。その結果、本書は境界の影響を考え、また境界を越えた戦略を評価する、一貫性がありかつ強力な枠組みを読者に提供している。それ以上に重要なのは、本書が差異に対応する一連の戦略、それも、画一的戦略を大きく凌駕した戦略を策定していることである。

彼の提唱する一連の戦略は私にとってとても魅力的だ。二〇年間、戦略コンサルタントとして、多くの企業が規模と戦略の違いを忘れたがために失敗したのを、私は目の当たりにしてきたからだ。「戦略」は言葉としても学問分野としても、ペルシャ・ギリシャ戦争のマラソンとサラミスの戦いで生まれたもので、規模の点での弱みを克服する技術であり科学なのである。戦略は、小さいものが大きなものに、少ないものが多いものに、少なくとも時として勝つためにある。

ゲマワットのセミ・グローバリゼーションという概念は、この広義の戦略の定義に当てはまるだけでなく、グローバリゼーションを成功させるためのツールも与えてくれる。コンサルティング会社パンテアの創設者として、ブーズ・アレン・ハミルトンへの戦略的リーダーシップに関する上級執行アドバイザーとして、自分の所属する二つの組織がこのような発想の価値を理解していることを、私は誇りに思っている。ブーズ・アレンの顧客が最初に見せた反応も非常に前向きだった。本書は、世界に対する私たちの理解を一段と深め、私たちが世界をよりよく変えていくのに役立つだろうと、私は大いに期待している。

ニコス・ムルコギアニス

はじめに

INTRODUCTION

サッカー選手の国外への移籍は何をもたらしたか

一九九〇年代の初めに初めて海外のケース・スタディを書いたとき、私はインドの紛争地域、パンジャブ州にあるペプシの工場を訪問した。内戦に近い政治状況の下、労働者の多くは毎日AK－47を手に工場に出勤する戦闘的な人たちだった。ペプシは、武器を預けさせ、仕事終了時に返すというシステムを導入していた。「建物内ではAK－47厳禁」と人事担当責任者は力を込めて言った。私は海外での事業で遭遇する差異の大きさを思い知った。

その後、グローバリゼーションやグローバル戦略について研究を重ねるにつれ、差異に対する私の感覚は鋭敏になっていった。市場の規模やボーダレスな世界の錯覚に惑わされず、国境をうまく越えたいと思うなら、経営者は戦略の策定や評価にあたって国ごとに根強く残る差異を真剣に受け取るべきである。本書は、境界を越えるための洞察力やツールを提供する。

グローバリゼーション（私は「セミ・グローバリゼーション」と呼んでいる）の概念を説明するのに、私はフットボールの話をたとえに使っている。[注1] アメリカ人の読者なら、私が言う「フットボール」がアメリカでは「サッカー」と呼ばれているものだと知ってがっかりするかもしれないが、これこそ私が国ごとの差異として挙げる重要なポイントだ。「国際サッカー連盟のほうが国連より加盟国が多い」とコフィ・アナン元国連事務総長が羨望《せんぼう》を持って言ったことからもわかるように、サッカーは世界的な人気を誇っているが、サポーターは世界に均一に広がっているわけではなく、アメリカは大国中で唯一の例外である。[注2]

このスポーツは中世にイギリスの村人が豚の腎臓を蹴ったのを始まりに、長い道のりを経てきた。大英帝国の最盛期には世界に広がったが、第一次・第二次世界大戦の間に各国政府が選手の国際間の移動を制限し、このスポーツのグローバリゼーションは逆行してしまった。

　第二次世界大戦後、あらゆる分野で国際間の競争が激化した。ワールドカップ周辺も例外ではなかった。一九五〇年代後半から一九六〇年代前半にかけてレアル・マドリッドが出現した。複数の国の出身者から構成される初めてのヨーロッパの大手クラブチームだった。[注3]しかし一九八〇年代後半まで、西ヨーロッパのリーグは外国人選手を各チーム一名から三名に限定していた。一方東ヨーロッパ諸国は選手の「輸出」を制限していた。国際間の競争が高まる中、国内の競争も激化していた。レアル・マドリッドとFCバルセロナの試合はスペイン内戦の様相を呈しており、今日でもそれは変わらない。現在バルセロナに住んでいてその試合を見に行く私はそう証言できる。

　一九九〇年代に入ると、労働力（＝選手）の移動の制約はクラブ間ではほとんどなくなったが、国別ではなくならなかった。東ヨーロッパや世界の他の貧しい国々では、経済的な圧力から、現地のクラブの多くが制約撤廃や輸出主導の戦略に乗り出し、それを目的としたフットボール・アカデミー（選手の育成組織）までできたぐらいだ。需要サイドでは、一九九五年にヨーロッパのクラブチームでプレイできる外国人選手の人数制限が欧州司法裁判所の判決によって撤廃された。一九九九年には、チェルシーFCはイングランドのプレミアリーグのチームとしては初めて、イングランドの選手抜きで試合を開始したクラブとして歴史に名を残した。[注4]二〇〇四年〜二〇〇五年シーズンには、イングランドのプレミアリーグで、スターティングメンバーの四五％が外国人選手だったと推定される。[注5]他のヨーロッパのクラブチームでも似たような国際化が顕著になった。しかし国別対抗のワールドカップでは、国際サッカー連盟は選手が自分の祖国か国籍を持つ国でプレイするよう制限している。

労働力が国境を越えて移動しやすいかどうかによって、得られる結果はかなり異なる。クラブレベルでは国境を越えた選手の移動が概《おおむ》ね自由になったことで、財力のあるクラブチームに国レベル、地域レベルで優秀な選手が集中し、そうしたクラブが成功を収める結果となった。[注6]たとえば、過去二〇年の間にヨーロッパチャンピオンズリーグでは毎年同じようなチームしか上位八チームに入らなくなった。また最近のデロイト・トウシュのレポートでは、収入が上から二〇位までのクラブ（全てヨーロッパのクラブである）が全体の収入に占める割合も高まっており、財力のあるクラブがより優秀な選手をそろえ、その結果、より有利な条件で放映権を売っていることがわかる。[注7]興味深いことに、二〇〇五年～二〇〇六年度で最も大きい三億七三〇〇万ドルの収入を挙げたレアル・マドリッドは、デイヴィッド・ベッカムやロナウドをはじめとするオールスター銀河系軍団を前面に出し、自国のみならず外国でも人気が高まった。そのおかげで、グッズの世界での売上げは伸び、収入面では好成績をあげた（しかし、これはサッカー自体には裏目に出たようだ。レアル・マドリッドは見苦しい成績を残した後、若い選手を主軸としてチームの再建を始めている）。

しかし、この「強いチームがますます強くなること」はワールドカップの世界では当てはまらない。貧しい国々の中には、ヨーロッパのクラブチームでプレイする自国の選手の能力が高まり、世界で競合するレベルになった国もたくさんある。実際、過去五回のワールドカップでは、準々決勝に残った八チームのうち二チームが、決勝トーナメントに初めて進出したチームであった。そうした新参チームが登場しても、一方的な試合は増えなかった。戦後に行われた一五回目までのワールドカップでは、準々決勝以降の試合の平均得点差は二点だった。それが直近五回のワールドカップでは一点になった。国境を越えた労働力の移動に制限があることで、ワールドカップはクラブリーグとは大いに異なる結果になったのだ。

しかし、国レベルの実力が拮抗《きっこう》してきたといっても、国ごとの差異が全て均されたわけではない。公式な国際サッカー連盟のランキングを詳しく統計的に分析するとそれが浮彫りになる。一般的に、ラテン文化圏の大国と、温暖な気候で一人当たりの収入の大きい国は、ある程度の上位に入っている。[注8]

クロスボーダーでの移動は、労働力だけでなく資金の移動を考える際にも重要である。過去数年の間に、ロマン・アブラモヴィッチによるチェルシー買収をはじめとして、イングランドのプレミアリーグのクラブがいくつか海外の投資家に買収されている。しかし、海外投資家によるブラジルのクラブチームへの出資は成功しなかった。その一例が投資会社ヒックス・ミューズ・テート&ファースト（本社ダラス）によるブラジルサッカーへの投資である。一九九九年に投資を決めた際、同社の首脳は「ブラジルで投資先としてこれ以上に有望な業種はありえない。アメリカのプロ野球、バスケットボール、アメリカンフットボール、アイスホッケーのファンの数を全部足しても、ブラジルのサッカーファンの数には及ばない」とコメントした。[注9]そんなどんぶり勘定に基づいて、ヒックス・ミューズはサンパウロの代表的なクラブチーム、コリンチャンスの経営権を獲得し、一〇年契約の最初の年に六〇〇〇万ドルを超える投資を行った。

ヒックス・ミューズにとって不運なことに、ブラジルのクラブの腐敗ぶりはブラジルのサッカーと同じぐらい一流だった。コリンチャンスは二〇〇〇年にクラブ世界選手権で優勝したが、その後成績があがらず、主軸選手のトレード、ユニフォームの色の変更、広告の増加などはフアンの痛烈な批判を浴びた。現地のパートナーが資金を不適切に流用したと非難したあげく、二〇〇三年にヒックス・ミューズは撤退した。同じ時期にブラジルのサッカーに投資していた別の海外の投資グループも同様の結果となった。

サッカーに関するこの事例で、この本の焦点であるグローバリゼーションとグローバル戦略について、何がわかるだろうか?

・世界的なサッカーの歩みは、グローバリゼーションの経済指標の多くと同じ動きを示している。第一次世界大戦の前に頂点があり、その後二度の世界大戦の間に底の時期を経て、第二次世界大戦後に復活している。戦後のサッカー人気の復活は、さまざまな面からみて記録的な水準に達しつつある。同時に、世界最大のスポーツ市場であるアメリカではサッカーは人気を得るに至っていない。即ち、記録的水準に達している一方で、グローバリゼーションは多くの面で均一でなく不完全である。第一章では、このテーマをサッカーよりもはるかに広いグローバリゼーション一般に持ち込む。

・これまでのところサッカーがアメリカで人気を得ていないという事実は、国ごとの差異が非常に重要だと示す事例の一つにすぎない。国際サッカー連盟のランキングに、ラテン文化や適度な気温、ある程度の経済発展といった要素が役割を果たしていることも、差異が重要なことを示す例の一つだ。また、ワールドカップではクロスボーダーでの労働力の移動が制限されているのに対し、クラブ対抗戦ではそうした制約がないという点は、制度や組織の要素が重要であることを示しているし、クラブチームへの海外からの出資が成功した事例はブラジルよりもイングランドに多いという点も、同様に制度や組織の要素が重要だと示している。こういった要素がクロスボーダーでの差異を考える枠組みを形作っている。第二章で紹介する「CAGEの枠組み」は、国ごとの文化的（Cultural）、制度的（Administrative）、地理的（Geographical）、そして経済的（Economic）な差異に焦点を当てる。

・ヒックス・ミューズ・テート&ファーストのブラジル投資の例は、クロスボーダー戦略を策定するときにありがちな先入観を示している。どんな先入観かといえばそれは「規模至上主義」であり、国ごとの差異の存在を考慮していない。第三章では、クロスボーダー戦略の効果を評価する一般的な仕組みを紹介する。即ち、「ADDING価値スコアカード」と名づけた付加価値の評価表を使い、規模と規模の経済に注目するにとどまらない、更に奥深い分析を行う。

・サッカークラブがとってきたさまざまな戦略は、場所ごとの差異に対応するアプローチと捉えることができる。私はこのアプローチをAAA（適応Adaptation、集約Aggregation、裁定Arbitrage）戦略と呼んでいる。クラブチームの多くは現地のアイデンティティを築くことに焦点をおいている。これは、特定の場所に「適応」する戦略であると考えられる。一方、国境を越えて「集約」を行うチームもある（レアル・マドリッドによる世界中でのグッズ販売など）。そして、貧しい国のクラブチームには、優れた人材を豊かな国に提供しているところもある。即ち、貧しいクラブは「裁定」に一役買っている。裁定は、少なくともクロスボーダー投資や、サッカーボールという特殊な商品の製造において顕著である。パキスタンのシアルコットという街は、過去一〇〇年近くにわたってサッカーボールの有名な産地であり、世界のサッカーボールのほとんどがここで作られている。[注10]

差異に順応する適応戦略、差異を克服する集約戦略、そして差異を活用する裁定戦略が、それぞれ第四章、第五章、第六章の主題である。第七章はそれまでの議論をまとめ、それぞれの戦略に必要な条件に照らし、複数の戦略を同時に追求することが可能か、またそうしたやり方がどの程度の効果を持つかを検討する。

・最後に、ここで述べたサッカー界の分析は、二〇〇六年末現在の状態に基づいている。しかし今後、変化が起きないわけではない。たとえば、国際サッカー連盟会長のゼップ・ブラターは、最も財力のあるヨーロッパのクラブチームが支配的な立場にあることを槍玉に挙げ、クラブ間で自由に選手の移籍が行われる慣行を奴隷制にたとえて反対している。[注11] 同様に、常にグローバリゼーションに異議を唱える人はいるし、これ以上のグローバリゼーションをやめるか、逆戻りするかといった議論は折に触れて起きている。第八章では、これまでの章で議論した考えを用いて、そういった議論をどう考えるか、また、よりよい将来への道を築くために、現在できることは何かについて述べる。

要約すると、本書は、国ごとの差異に着目している点でグローバル戦略に関する他の文献とは異なる。この発想は、世界を理想化された単一の市場として見るのではなく、世界の現状を直視した上で国際的な事業を展開し、利益をあげるためのものである。この目的を果たすため、本書を書くにあたって私は自分に二つのRという条件を課した。まず、読みやすい（readable）こと。見解や結論を統一し、たくさんの実例を挙げ、また、各章の終わりの枠内に要旨をまとめてある（実例と議論は私のウェブサイト http://ghemawat.org にも掲載してある）。次に、本書が実際の企業戦略を策定する人にとって重要である（relevant）こと。企業戦略を策定する人のニーズに応える内容とし（ビジネス界だけでなく、クロスボーダーの事業を理解しようとしている政府関係の人たちも本書の内容に関心を持つかもしれない）、価値の創造とその成果の享受に着目して、現実に沿った議論を展開した。この点で重要なのは、本書で示した枠組みは世界のさまざまな地域の組織に簡単に応用できる点であり、この枠組みに基づいて実際の戦略をさまざまに検討することが可能である。そして第三に、綿密な（rigorous）研究に基づいていること。執筆に際して、国際経済、産業構造、企業戦略、国際ビジネスなど、さまざまな分野において調査を行い、更に実務家と幅広く議論を重ねた。

第一部

フラット化しない世界

VALUE IN A WORLD OF DIFFERENCES

第一章では、現在の世界は「セミ・グローバリゼーション」の状態であるという証拠を提示する。多くの事例が示すように、クロスボーダーでの統合は進んでいて、未曾有《みぞう》の水準に達しているが、完全な統合には程遠く、この先数十年はそんな状態が続くだろう。第一章では、セミ・グローバリゼーションの世界の中ではクロスボーダー戦略には特有の内容が必要であり、それを見落とすとクロスボーダー戦略は決して成功しないのはなぜかということを説明する。

第二章では、国境がいまだ重要である理由を探り、そうした理由を国ごとの文化的(Cultural)、制度的（Administrative)、地理的（Geographic)、経済的（Economic）の四種類（今後CAGEと呼ぶ）の隔たりに分類する。この枠組みは業種レベルの分析に最もうまく当てはまる。業種によってどの隔たりがより重要かが異なるためである。ほとんどの業種では原産国はどこかということが行き先の国にとって非常に重要だが、既存の国別分析の枠組みではそういう問題は考慮されていない。

第三章では、そもそも隔たりが今も重要である世界で企業のグローバリゼーションが必要なのはなぜかについて議論する。ここでは、価値の創造を評価するスコアカードを導入する。スコアカードは、こういった議論におなじみの「規模」や「規模の経済」の要素を含んでいるが、それにとどまらない。更に、分析に基づいたガイドラインを提示し、問うべき具体的な疑問とその回答を載せている。国と国との差異に直面した場合にクロスボーダー戦略がどのように付加価値を生み出すかを、できる限り現実的に把握しやすくするためである。そういったクロスボーダー戦略そのものが本書の第二部の主題である。

第一章

コークの味は国ごとに違うべきか

SEMIGLOBALIZATION AND STRATEGY

市場のグローバリゼーションはすぐそこまで来ている。それとともに、多国籍ビジネス社会も多国籍企業も、終わりに近づいている。多国籍企業は複数の国で活動し、比較的高いコストをかけて、それぞれの国に合わせた製品を作り、それぞれの国に合わせた方法を用いている。グローバル企業は一貫性を持って活動する。どの市場においても、同じものを同じ方法で売るのだ。

テッド・レヴィット
The Globalization of Markets (1983)

テッド・レヴィットが大胆な宣言をしてから四半世紀が経ち、市場のグローバリゼーションに対する期待は、生産のグローバリゼーションに対する期待に道を譲ったかたちとなった。[注1]しかし、普遍的に残ったのは、グローバリゼーション津波論への期待感であった。つまり、グローバリゼーションによってそれまでの世界は押し流されて終末を迎え、その後にまったく違った新しく素晴らしい世界が開かれるというのだ。この津波論によって、津波の後の統合された世界における、画一的な性格を持った戦略が重視されるようになった。統合された世界に立ち向かう戦略としてのグローバル戦略というレヴィットの定義はいまだに使われている。[注2]

故人であるハーバード・ビジネススクールの同僚を悪く言うつもりはないが、この定義は間違っている。本書におけるグローバル戦略はもっと幅広くさまざまな戦略を含んでいる。国ごとの隔たりは一般に思われているよりも大きく、国際統合が完成した市場を想定した戦略は、国際的な標準化と規模の拡大を重視しすぎるところがある。国ごとの類似点を利用するのはもちろん重要だが、差異を認識することも非常に重要である。私がセミ・グローバリゼーションと呼んでいる現実の中では、短・中期的には、国ごとの類似点と差異の両方を考慮するのが効果的なクロスボーダー戦略である。

この章では、まず、セミ・グローバリゼーションが今日、そして明日における世界の現実の姿であることを示す。その際、統計データに基づいた説明を行う。故ダニエル・パトリック・モイニハンが言うとおり、我々には意見を言う権利があるが、事実を捏造してはならないのだ。

それから、国境を越えて成功している代表的な企業、コカ・コーラを例にとって、セミ・グローバリゼーションが企業戦略に与える影響について述べる。レヴィットの論文が登場した頃、コカ・コーラは彼が推奨したようなグローバル戦略を実践し始めたところだった。その戦略の問題点が表面化するのにはしばらく時間がかかったが、二〇世紀が終わる頃には同社は巨大な問題を抱えてさまよっていた。最近になってようやく同社も行くべき方向を再確認した。他の企業は、コカ・コーラの経験から学習するか、あるいは試行錯誤によって痛い目に遭いながらセミ・グローバリゼーションについて同じ学習をすることになる。

津波が来た？

国会図書館のカタログによれば、グローバリゼーションに関する本は膨大である。一九九〇年代に出版されたグローバリゼーション関連の書籍は五〇〇冊以下であったが、二〇〇〇年から二〇〇四年までの五年間には五〇〇〇冊以上が出版されている。実は、一九九〇年代半ばから二〇〇三年の間に、グローバリゼーション関連の題名の書籍は一八カ月に二倍以上のペースで増えており、半導体チップの集積密度が一八カ月〜二四カ月で二倍になるという、有名なムーアの法則を超えていることになる！

グローバリゼーション関連の本が乱立する中で、大いに関心を集めることに成功したのは、「グローバリゼーション津波論」の将来を描いた本だった。そういう本には、学者が「津波論の一般的な特徴」と呼ぶものがよく現れている。つまり知性というよりは感性に訴え、予言や象徴に頼り（つまり、あらゆるものを「予兆」として扱う）、「新しい」人類を創ることを目指し、そして何よりも注目を集めようとする。[注3]本書を書いている時点では、「世界はフラット化しつつある」という主張がグローバリゼーション津波論の柱であり、支配的な理論である。[注4]だから、最近のテレビのインタビューで私が最初に受けた質問は、「あなたはなぜ今でも地球は丸いと思っているのですか？」だった。[注5]しかし、「距離の死」、「歴史の終焉」、それからレヴィットお気に入りの「嗜好の収束」といった、別種のグローバリゼーション津波論もたくさん提唱されている。その手の著者には津波が来るのはいいことだと言っている人もいる。人々を分断していた古代部族の抗争の終わりか、同じものを地球上の全ての人に売る機会だと考えているのだ。一方、悪いことと解釈する向きもあり、全ての人が同じファーストフードを食べることにつながる道だという人もいる。いずれにせよ、みなほぼ完全な国際化を前提としているか、あるいはそうなると予測する傾向にある。

私が断固として同意しないのはこの点で、私は意見というよりデータに基づいてそう主張しているのだ。国内と国外の両方で行うことができる経済活動のほとんどは、いまだに国ごとの地域色が極めて濃いのである。

たとえば、海外直接投資のフローが世界の固定資本形成に占める割合を例にとってみよう（別の言い方をすれば、世界中で投資されている資本のうち、企業が自国以外で行っている分はどのぐらいだろうか？）。読者はおそらく、「投資に国境はない」という言い回しを聞いたことがあるだろう。しかし実際は、海外直接投資が世界の総固定資本形成に占める割合は、データが入手可能な直近の三年（二〇〇三年から二〇〇五年）において、いずれも一〇％未満にとどまっている。即ち、投資一ドル当たりの海外直接投資相当額は一〇セントにも満たないということだ。海外直接投資には、企業買収・合併のように追加的資本支出を生み出さないものも

図1-1

10パーセント前提

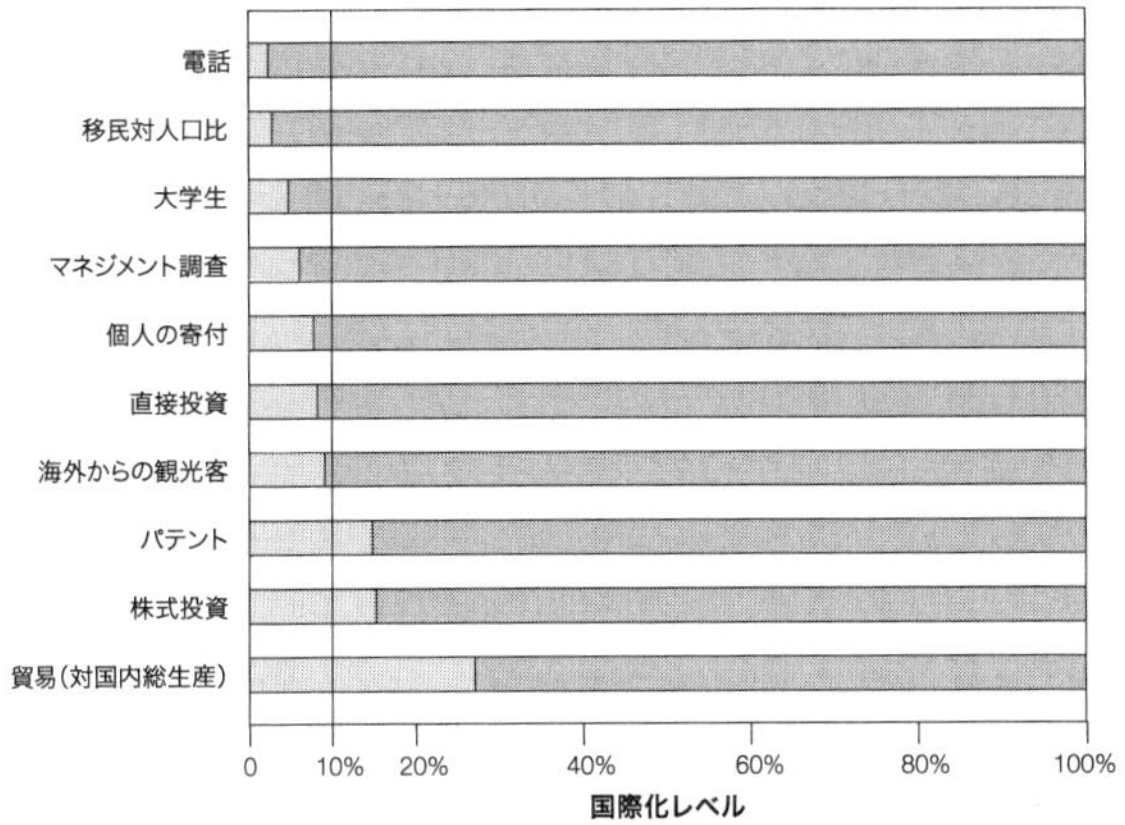

注：尺度は次のように定義した。**電話**：国際電話対全通話時間（分）。**移民対人口比**：世界の人口に対する長期的に海外へ移住した人（累積）の比率。**大学生**：OECD の大学全入学者に対する外国人の比率。**マネジメント調査**：クロスボーダー関連の調査論文の比率。**個人の寄付**：アメリカの個人の寄付の海外の部分。**直接投資**：世界の総固定資本形成に占める海外直接投資フロー。**海外からの観光客**：全観光客に占める海外からの観光客の比率。**パテント**：海外協力を含む OECD 諸国居住者のパテント。**株式投資**：アメリカの投資家の株式保有に占める海外部分。**貿易（対国内総生産）**：世界総生産に対する、世界の製品とその他サービスの輸出の比率。

出典：データは別途記載がない限り 2004 年のものである。それが得られない場合、できるだけ 2004 年に近い時点のデータを使用した。電話に関する数字は国際電気通信連合（ITU）の電話通信データベースによるもので、2004 年現在である。ただし、本書を執筆している時点において、それ以降の年のカバレッジは急減している。長期で海外へ移住した人（累積）の予測はユネスコによるものである。UNESCO, International Organization for Migration, World Migration 2005: Costs and Benefits of International Migration (Geneva: International Organization for Migration, June 2005)。大学生に占める外国人のデータはメキシコとルクセンブルクを除く。OECD Education Online Database (English) in OECD Statistics version 3.0 を参照。マネジメント調査に関するデータは次の文献から抽出した：Steve Werner, "Recent Developments in International Management Research: A Review of 20 Top Management Journals," Journal of Management 28 (2002): 277-305. 個人の慈善寄付に占める海外部分の（大まかな）予測はアメリカのデータのみであり、出所は Geneva Global である。直接投資の国際化は海外直接投資のフローを総固定資産形成で割って算出した。貿易（商品とサービス）の国際化は海外直接投資を国内総生産で割って算出した。データの出典は国連貿易開発会議が年次で発行する世界投資報告書である。観光客数の予想は世界旅行産業会議による 2000 年のものである。パテントのデータは OECD 科学・技術・産業スコアボード 2005 年版による。証券投資のデータはアメリカの投資家の株式保有であり、次の分析による。Bong-Chan Kho, Rene M. Stulz, and Francis E. Warnock, "Financial Globalization, Governance, and the Evolution of the Home Bias," working paper (June 2006). SSRN で閲覧可能。http://ssrn.com/abstract=911595.

含まれることを勘案すると、実際の金額はもっと小さい。それに、相次ぐ企業合併で、海外直接投資が総固定資本形成に占める割合は一〇%以上に押し上げられることもあったが、その比率は二〇%に近づいたことはない。[注6]

海外直接投資は例外的な事例ではない。**図1－1**では、一〇項目から見た国際化のデータをまとめたものである。図からみて取れるように、これらの項目からみた国際化レベルは、全て一〇〇%でなく一〇%近辺に集まっており、この一〇項目の国際化の平均もたまたま一〇%になっている。[注7]図の一番下の「貿易対国内総生産比率」は絶対値では他の指標を最も大きく上回っているが、重複分を差し引くと、おそらく二〇%近くにまで低下すると思われる。[注8]したがって、私が特に情報を持ってない活動について国際化レベルを推測しろと言われたら一〇〇%ではなくむしろ一〇%と言うだろう。私はこれを「一〇%前提」と呼んでいる。

一〇%前提に立っているが、私は「一〇分の一グローバリゼーション」ではなく「セミ(半)・グローバリゼーション」と呼んで議論を続けたい。理由の一つは、一〇%という数字がグローバルな世界における定数とは限らないからだ。私がせいぜい推測できるのは、図1－1の分野の多くで、この先数十年のうちに国際化が進むであろうということと、この平均値が(緩やかに)上昇するであろうということぐらいだ。次に、もし国際化レベルが多くの側面で最高の水準に達しているのなら、どの経済活動でも国際的な経済活動の注目度は今よりもっと高くなっているはずだからだ。国際的な経済活動の重要性は増しており、その上昇は過去にない水準に達しているのだからそうなって当然だろう。三番目には、国際化に対するビジネス界の関心は、国際化に対する一般的な関心を超えている可能性があるからだ。他の多国間協力の経路と比べて、企業には顕著な有利な点(不利な点もだが)がある。実際、大企業の国際化は一〇％レベルよりもかなり進んでいる。たとえば、金融を除く大企業上位一〇〇社は、平均で、売上高、資産、従業員の半分が海外のものである。[注9] そして、小規模な会社の多くは国際化レベルを上げたいと強く願っている。

図１－１のデータは証拠のほんの一部であり、私は研究論文でも同様の証拠を提示している。そうした研究論文では、クロスボーダーの市場統合をもっと幅広く系統立てて分析している。そんなデータを根拠に私が主張しているのは、我々は国外のビジネスを無視すべきだということではなく、グローバリゼーションはいまだ道半ばだということである。[注10] この観点から見ると、グローバリゼーション津波論者の主張の中で一番驚かされるのは、彼らがグローバリゼーションの進み方をものすごく過大評価していることである。

津波は間近？

津波論を信奉する輩《やから》は「世界は、今はフラットでないかもしれないが、明日はフラットになるはずだ」と反論するであろう。[注11]

そういう反論に再反論するには、ある時点における統合の水準よりも、統合の変化のトレンドを見る必要がある。結果はたいへん興味深い。いくつかの側面で、統合は大昔にピークに達していた。たとえば、長期的に海外に移住した人が世界の人口に占める割合は、概算で、前回移民が盛んだった時期のピークである一九〇〇年のほうが二〇〇五年よりも僅《わず》かながら高かった。[注12]

統合は現在最高水準にあると示している指標も一部にはある。しかしそうした指標は長い間にわたって低迷したり低下したりした後、ごく最近ピークに達している。たとえば海外直接投資が国内総生産に占める割合は、第一次世界大戦前にピークをつけ、一九九〇年代まで当時の水準には戻らなかった。実際、過去一、二世紀において最も注目すべき点は、二度の世界大戦の間に国際化の水準が低下した（海外直接投資は特に注目すべき該当例である）ことであると主張する経済学者もいる[注13]。

もちろん、第一次世界大戦前における統合レベルを第二次世界大戦から長く経たないうちに超えた分野もある。その一例が国際貿易の国内総生産に対する比率であり、第一次世界大戦前の水準を一九六〇年代に超え、一九七九年に初めて二〇％に達し、その後二五年間で二七％になった。この比率から推測すると、二〇三〇年になっても国際貿易の国内総生産に対する比率は三五％に満たない。未曾有の数字であることは確かだが、津波とまでは言えまい[注14]。

トレンドの背景にあるものを考慮してこういった推計を補うことは有用である。国際統合を促進する二つの要素として津波論派が最も強く主張していた点を考えてみよう[注15]。

・技術の進歩、特にコミュニケーション技術の進歩
・世界経済の中でほとんどの国がとった政策変更

我々が問うべき疑問は、この二つが近いうちに本当にいっそう統合した世界をもたらすだろうか？　という点だ。

コミュニケーション技術の進歩

技術革新は、グローバリゼーション津波論派が最もよく引き合いに出す要素であると思われる。[注16] 過去一世紀における大きな進歩を背景に、交通とコミュニケーション手段は世の高い関心を集めてきた。たとえば、ニューヨーク～ロンドン間の三分間の電話代は一九三〇年の三五〇ドルから一九九九年の四〇セントへと低下し、現在ではインターネットによる音声通信によりゼロに近づいている。インターネットは昔の単純な電話サービスよりもずっと急速なスピードで進歩してきた。しかし、そんなインターネットも、デジタル化とコミュニケーションおよびコンピュータの収束によってできた通信の新しい形態の一つにすぎない。この進歩のペースの速さが多くの津波論派を刺激して多くの主張をもたらした。この手の書物の中ではまっとうなほうに属するフランシス・ケアンクロスの『国境なき世界』（*The Death of Distance*）はこう述べている。

新しい発想は国境を越え、より速く広がるようになる。かつては工業化が進んだ国だけに限定され、それ以外の国には、伝わった場合でもゆっくりとしか伝わらなかった情報に、貧しい国も直接にアクセスできるようになる。以前は僅かな人数の官僚のみが知っていたことを有権者はみな知ることができるようになる。以前は大企業だけが提供できたサービスを小さな会社も提供できるようになる。コミュニケーション革命は非常に民主的かつ解放的であり、大きな者と小さな者、富める者と貧しい者の格差を消滅させるものである。[注17]

ケアンクロスの主張には僅かながら正しいところもある。技術や基準は距離があっても伝わるし、距離を超えて協調を可能にする。確かにそれは重要である。ケアンクロスが主張するように、あるサービスが実行される場所と、そのサービスが提供される場所を分けることも非常に重要である。

しかし、これらの些《さ》細《さい》な点から、コミュニケーション技術の進歩によって「国境なき世界」が実現すると予測するのは飛躍のしすぎというものだ。インターネット自体をもう一度考えてみよう。インターネット通信による国際化を正確に測るのは、そもそも国内のフローの大きさを測るのが難しいので、不可能である。それを私が無理やり予想したところでは、国際化レベルは二〇%をやや下回る水準であった。つまり一〇%の二倍にも満たない水準だ。[注18] レベルよりも変化という点では、全インターネット通信のうち国際間のシェア、特に大陸間のシェアは上昇するよりむしろ低下している。その理由は、国内の通信量の増加から、つい最近までは事実上全ての通信の中継地だったアメリカに取って代わる場所ができたことに至るまで、さまざまである。

ビジネスに注目した例では、もっとよいデータに基づく検証が可能である。ＩＴサービスを例にとってみよう。ＩＴサービスは、テクノロジーによってグローバリゼーションが可能となった一例だとよく言われている。ＩＴサービスのうち現在オフショア化されている割合は、その種の業務の内で、対象となりうる全ての市場を見るか、現在アクセスできる部分だけを見るかによって異なるが、二%から一一%にとどまっている。[注19] また、もっとネット中心で、国際間の障壁を説明し、その影響を実証する例として挙げられるのがグーグルである。

グーグルは一〇〇以上の言語に対応していると豪語している。それもあって、つい最近グローバルなウェブサイトとして最も高いランクの評価を受けた。しかし、グーグルの共同創設者のセルゲイ・ブリンの祖国ロシアにおける同社のリーチは二〇〇六年で二八％にすぎず、検索サービス最大手であるヤンデックスの六四％、ランブラーの五三％に大きく水をあけられている。[注20]これら二社は、ウェブ検索にリンクした広告でロシア市場の九一％を占める。グーグルが苦戦している一因は、言語が複雑なことである。ロシア語の名詞は性が三種類、格が六種類あり、動詞は例外的な活用をするものが多く、単語の意味は語尾や文脈によって異なる。更に、現地の競合他社は現地の状況に、より柔軟に対応しており、たとえばクレジットカードやオンライン支払いのインフラが未整備な点を、従来型の銀行支払いによる支払いメカニズムの開発で補っている。グーグルは二〇〇三年に現地にオフィスを開設し、現地でエンジニアを採用してようやくリーチを倍増させた。このことは実物のオフィスの存在が依然として重要だと示している。

グーグルが中国の検閲に苦労した話は広く知られている。この一件も、国境が引き続き重要だと示している。政府は、国内に限定されたネットワークを作り、現地の法律を施行することに長《た》けている（政府のそうした能力は、インターネットに接続している人の地理的な位置を特定する技術に支えられており、この技術は今も日々進歩している）。規制を強化して統制しようとするのは全体主義政府だけではない。この点では、ヤフー！によるナチス関連商品の販売を制限しようとしたフランス政府の尽力が重要な事例と考えられている。そして、政府による規制で最もインパクトが大きかったのは、おそらく二〇〇六年のアメリカ政府によるオンライン・ギャンブルの禁止であろう。

インターネットが国境で直面するこのような障壁から言えることについては、「ボーダレス世界の幻」という副題がついている、ジャック・ゴールドスミスとティム・ウーの*Who Controls the Internet?*（未訳『インターネットを管理するのは誰か』）の中で詳細に議論されており、「かつてグローバル・ネットワークと呼ばれていたものは、各国のネットワークを寄せ集めたものになりつつある」と述べられている。[注21] なお、クロスボーダーでの経済活動における障壁については第二章で幅広く分析する。その際、国ごとの差異について考えるCAGE（文化的、制度的、地理的、経済的）の枠組みに沿ってそうした障壁を分類する。

開放政策

クロスボーダーでの統合を促進するものとして、多くの国、特に中国、インド、旧ソ連などが一連の政策の変更によって新しく国際経済に積極的に参加するようになったことが挙げられる。こういった政策の変更とその結果に関して、エコノミストのジェフリー・サックスとアンドリュー・ワーナーは、依然として津波論的ではあるがしっかりしたリサーチに基づいて次のように書いている。

一九七〇年から一九九五年の間、特に最後の一〇年は、国家間における組織的な調和と経済的な統合が世界の歴史上で最も進歩した時期と言える。経済的統合はこの間ずっと進んできたが、統合の度合いが注目され始めたのは共産主義が崩壊した一九八九年以降のことであった。一九九五年現在、一つの巨大なグローバル経済制度が誕生しようとしている。[注22]

開放政策は確かに重要である。しかし、それを大転換と位置づけるのは少なくとも正確さに欠ける。忘れてはならないのは、統合は依然限定的だということだ。その一方で、我々気まぐれな人間が施行する政策は驚くほど覆されやすい。だから、フランシス・フクヤマが著書『歴史の終わり』（*The End of History*）で展開した、自由民主主義と技術革新に牽引される資本主義がその他のイデオロギーに勝利したという主張は、今日ではかなり異端に映る。[注23] 特に二〇〇一年九月のテロ事件の発生で、サミュエル・ハンチントンの『文明の衝突』（*The Clash of Civilizations*）のほうが少しは予知能力があるように見受けられた。[注24]

しかし、経済という世界では、開放政策は逆行しないというサックスとワーナーの前提を覆す証拠を見つけるのはたやすい。市場原理、開放政策を謳ったワシントン・コンセンサスは、アジア通貨危機に直面したラテンアメリカの多くの国で興った「新大衆主義」への逆行に屈し、「ワシントン・コンセンサス死す?」などという論文をよくみかけるようになった。結果として、ラテンアメリカ、アフリカの海岸諸国、旧ソ連の各国など、「収束派」（工業先進国とそれ以外の国の生産性や構造の差異は時とともに縮小するという思想を持つ一派）から離脱した国の多さは、収束派に入ってきた国の多さと同じぐらい印象的であった。[注25] 二〇〇六年に貿易交渉ドーハ・ラウンドが凍結されたのは不吉な予兆だった。[注26] エコノミスト誌は「グローバリゼーションの未来」という見出しと、浜辺にうちあげられた難破船を表紙にしたぐらいだ。更に、昨今の国境を越えた一連の企業買収・合併の波は、一九九〇年代の前回の合併ブームのときよりも、多くの国々の保護主義にはね返されているようだ。

もちろん、こうした面での世の風潮の変化は、ここ数十年のうちに何度も起きているから、将来また起きるかもしれない。こういった変化の岐路については、第八章で深くとりあげる。ここで言いたいのは、グローバリゼーション政策は逆行することがありうるということだけでなく、それほど昔でもない二度の世界大戦の間に実際に逆行したということだ。本当に深い国際的な経済統合は、国家主権とはうまく相容《あいい》れない可能性があるという点を頭に入れておく必要がある。[注27]

以上のように、クロスボーダーでの統合を加速させる技術革新は後退しないかもしれないが、政策について同じことは言えない。したがって、開放政策がクロスボーダーでの完全な統合を促進するという「津波論的見通し」は、根拠が脆弱であり、そんな見通しに基づいて立てられた戦略もやはり非常に脆弱なものでしかない。

人々のグローバリゼーション信仰がセミ・グローバリゼーションという現実をここまで大きく超えるほど篤いのはなぜか、考えてみよう。ジャン・ド・ラ・フォンテーヌの「人はみな、恐れているものや望んでいるものならいとも単純に信じる」という格言が少なくともいくらか当てはまる。例を挙げると、多国籍企業による世界支配を恐れる人々の妄想、ダボス会議に招聘《しょうへい》されるような人々や、世界で活躍するエリート達の傲慢なまでの優越感、時代に乗り遅れまいとする人々の絶望的不安、国際化支持派のユートピア論などがそれにあたる。しかしこの件でこれ以上の紙幅を費やすのは面白いけれどあまり生産的ではない。H・L・メンケンの言う「動物園に行く理由」みたいなものだ。そろそろ企業とそのグローバル戦略に、かかる現状が与える影響に目を向けよう。ここでは、コカ・コーラの驚くべき物語を見つつ、検討を加える。

コカ・コーラの事例

グローバル市場ですばらしい実績をあげ、プレゼンスを持ち、成功を収めている企業でも、津波論の餌食《えじき》になり、結果として重大な危機に陥る可能性がある。それを警告しているのがコカ・コーラである。コカ・コーラは世界の普通の会社よりもずっと広くグローバル市場で活動しており、世界で最も価値があるとされるブランドを持ち、自国よりも海外において高い利益をあげている。一九九〇年代後半まで、コカ・コーラはグローバル経営の模範にされてきた。しかし、その後凋落《ちょうらく》を経験し、今は底から回復している最中である。各CEOの下でのコカ・コーラを見てみよう。

背景

コカ・コーラは一八八六年に創業した。永遠のライバルであるペプシコーラが創業した一九〇二年には、コカ・コーラは初の海外進出（キューバ）を果たした。ペプシが初めて海外（カナダ）に進出した一九二九年には、コカ・コーラ製品は世界の七六カ国で販売されていた。コカ・コーラの海外でのプレゼンスは第二次世界大戦によって大きく向上した。アメリカ政府は海外に駐留する軍にソフトドリンクを供給する方針をとり、コカ・コーラは戦時の砂糖配給から免除され、世界中に六三箇所の生産工場を建設した。コカ・コーラの世界進出は戦後も続いたが、それを率いたロバート・ウッドラフは一九二〇年代から一九八〇年代まで会社経営を続け、「世界のどの国でもコカ・コーラは独占的だ。我々はどこにでも、キリスト教の宣教師が来る前に旗をたてなければならない。コカ・コーラは地球を相続するべく運命づけられている」と公言するほどの海外進出信者であった。[注28]

そんな思い上がった態度（「コカコロニー化（コカ・コーラ植民地化）」と揶揄《やゆ》する向きがあった）にもかかわらず、この期間のコカ・コーラの戦略は「マルチローカル」であった。海外での事業は概ね独立して経営されていた。海外部門の主な業務は、本社の五〇倍もの人員を擁する一〇〇〇箇所以上の製造販売会社があり、コカ・コーラのシステムの下で行われる海外事業のほとんどはそうした製造販売会社が担っていた。

ロベルト・ゴイズエタ：類似性の追求

一九八一年にCEO職に就いたロベルト・ゴイズエタは、海外市場の開拓を続けたウッドラフの路線を引き継いだが、同時に海外部門の経営を変えようとした。彼の任期の間に、コカ・コーラは積極的にグローバル化を進めるようになった。コカ・コーラの戦略は、アメリカ市場と海外市場の基本的な差異は、海外市場における商品の普及率のほうが平均ではアメリカよりも低いことだけ、というゴイズエタの発想を反映したものとなった。彼はあるスピーチで「アメリカでは現在、水道水を含むどの飲み物よりも、ソフトドリンクがたくさん消費されている。我々が機会をフルに活用すれば、まもなく迎える創業一〇〇周年以降、同様の波が訪れる市場が次々と出現するだろう」と発言した。注29

どの国も同じようなものだという考え方は、海外の成長、規模の経済、高い普及率、中央集中化、標準化を強調したグローバル戦略の確立となって結実した。

■成長崇拝

一九八〇年代半ばにアメリカでの売上げは減速したが、ゴイズエタは過去の目標に固執し、目標を達成するためにアメリカ以外の事業にいっそう力を注いだ。どの国も同じようなものだという信念の下、アメリカ国外の市場は無限の成長機会があると考えていた。たとえば、ゴイズエタがＣＥＯだった最後の年に、コカ・コーラは、世界の人口の五％を占めるアメリカで、人口一人当たり三〇ガロンものソフトドリンクを販売した。一方、アメリカ以外の国における人口一人当たりの販売数量は平均三・五ガロンであった。見よ、成長の余地だ！

■規模の経済

ゴイズエタは、規模の経済は無限に働き、コカ・コーラのシェアは限りなく増加すると信じていた。彼は他界する少し前に、傘下の製造販売会社を前にしたスピーチで、「我々は既に世界で最も人気のあるブランドを手にしている。実際、世界のトップ五のソフトドリンク・ブランドのうち、我々が四つを握っている……（中略）……これはとても有利なスタートだ。貿易障壁が次々と撤廃されている昨今……（中略）……当社よりも有利な立場にある企業を私は知らない」[注30]。ゴイズエタの戦略が持つこの要素は、どの国も同じようなものという考えと強く結びついている。

■国境の消滅

一九九六年に、ゴイズエタは「国内と海外という棲《す》み分けは、これまでは当社のビジネスのあり方を正しく反映していたが、今後はそぐわない。当社の本部はたまたまアメリカにあるが、今日では真のグローバル企業である」と宣言した[注31]。彼はこの宣言の下に、それまでアメリカ部門だった組織を、それまで海外部門だった組織の中に組み込んだのである。それまではアメリカ事業はアメリカ法人の下でのみ行われていたにもかかわらずそうしたのだ。実際にどの国も似たようなものだという信念を前提とすれば、このやり方は理にかなっている。アメリカと海外の事業を分けるのは、少なくとも不要な拠点を作るという点で重複するし、実際、おそらく機能しないからだ。

■ユビキタス性

ゴイズエタは既に一六〇カ国で事業を展開している会社を引き継いだ。彼が退く頃にはその数は二〇〇カ国に達しようとしていた。彼の事業展開のいくつか、たとえばベルリンの壁が崩壊した際の東ヨーロッパ進出などは、理にかなったものであった。しかし、他の市場に浸透するための努力は、市場を分析した結果ではなく、むしろゴイズエタの信念に基づいて行われたものだった。だからこそ、ソビエト連邦がアフガニスタンを去った後、まだアフガニスタン国内の混乱が続いていた一九九一年に、コカ・コーラはペプシに先駆けてソフトドリンクを再び同国に持ち込んだのだ。[注32]

■中央集権化と標準化

上記の目標を実現するために、ゴイズエタはそれまでにない中央集権化と標準化を実施した。部門は統合され、世界中の地域グループの拠点がアトランタに置かれた。消費者リサーチ、クリエイティヴ・サービス、テレビ・コマーシャルなど、販売促進関連の部門の大半が、一連のマーケティング活動を標準化しようという発想の下、社内の広告代理組織であるエッジ・クリエイティヴの管轄下に置かれた。その結果、本社の従業員が一段と増加する結果となった。同時に、従来はそれぞれ独立した製造販売会社に委託していた意思決定を、アンカー・ボトラー（時に二カ国以上で事業を行っていて、コカ・コーラが二〇％から四九％出資している製造販売会社）に行わせることにし、海外事業における本社の関与をどんどん高めていった。

中央集権化と標準化を重視すると、戦略は必然的に画一的なほうへ傾く。しかし、当時それを疑問視する人はいなかった。コカ・コーラは、一九九五年と一九九六年にフォーチュン誌で「最も賞賛を受けているアメリカの企業」に選ばれ、一九九七年もそうなるはずだった。客観的に見ても、ゴイズエタの一六年の任期の間に、時価総額は四〇億ドルから一四〇〇億ドルに増加した。しかし、これらの実績は画一的な戦略が根本的に正しいかどうかよりもむしろ、コカ・コーラの基本的な強さとゴイズエタがそれを有効に活用したこと（それに加え、任期の終盤に製造販売会社を売買する粉飾まがいの会計手法を用いたこと）を反映している。彼の後継者たちの苦労を考えると、彼のやり方は恐ろしく過大評価されている。

ダグラス・アイヴェスター：路線継承

一九九七年にゴイズエタが死去し、CFOだったダグラス・アイヴェスターが後継者となった。アイヴェスターCFOは、工場を買い、コカ・コーラの関連会社に売却して売却益を営業利益として計上する手口の立案者だった。この手口は原液の売上げによる収益が悪化しているのを隠すのに役立った。アイヴェスターはゴイズエタの「限りなき国際成長」路線を継承していた。彼がCEOに就任して最初の年次報告書で書いた株主への挨拶には、「幼少期にあるビジネス」というタイトルがついている。その中に、「一日一〇億杯消費されているコークがなぜ『始まったばかり』なのか？　コーク以外の飲料が日々四七〇億杯消費されているという事実に目を向けよう」[注33]という題で始まる一節があった。アイヴェスターはゴイズエタの他のグローバル路線にも忠実で、報道記者の「コカ・コーラは方向転換する意図があるか？」との問いに、「右へも左へも方向転換はない」と答えている。

しかし、アイヴェスターの継承路線はまもなく行きづまった。原因の多くは、需要に起因するものであった。彼が就任するとまもなく世界経済は後退し始め、中でもコカ・コーラの最大の海外市場、ブラジルと日本の経済が急降下したのだ。アジア通貨危機は一九九八年に一段と深刻になった。一九九九年にロシア事業は苦戦し、稼働率は五〇％にまで落ち込んだ。[注34]以前はコカ・コーラの海外での「プレゼンス」を高く評価していたアナリスト達は、同社の海外経済への「感応度」の高さをリスク要因とみなし、評価を引き下げた。

アイヴェスターは成長鈍化を一時的な落ち込みだと考え、ゴイズエタの時代に設定された七～八％という販売数量の成長目標を見直すのを拒んだ。そして実際に目標を達成した。ただし後になって彼は利益成長率の目標を引き下げた。それでも、時価総額は一九九九年末までにピーク時と比べて約七〇〇億ドルも目減りした。原因は需要の減少だけでなく、海外政府（特にヨーロッパ）や工場との関係が悪化したことによるものだった。ヨーロッパ連合の規制当局はコカ・コーラによるオレンジーナおよびカドベリー・シュウェップスの買収提案に抵抗したし、またフランスやベルギーでの汚染問題への対応が遅れたことも一段と緊張を高めた。工場もコカ・コーラの態度を耐え難いと感じ始めた。成長率の鈍化を隠そうとして製品を販路に押し込むコカ・コーラのやり方に、多くの工場は辟易《へきえき》していた。そして、アイヴェスターが業績の伸びを維持しようと試みて、工場に濃縮原料の七・六％の値上げを押し付けたとき、工場側の忍耐は限界に達した。彼らは前から持っていたコカ・コーラの取締役会への裏ルートを通じ、アイヴェスター解任に動いた。彼らのもくろみは成功した。

ダグラス・ダフト：差異に屈服

アイヴェスターの後継者は以前コカ・コーラの極東・中東グループのトップをつとめたダグラス・ダフトであった。現地で指揮をとっている間《あいだ》に、グローバルな舞台で成功するには戦略的な意思決定を現地のトップに委ねるのがベストだという考え方が、彼には染みついていた。二〇〇〇年一月に彼は「世界の人が同じものを飲むわけではない。現地の人たちは、のどが渇いたら近くの売店に行って、現地で作ったコカ・コーラを飲むのだ」と語っている。[注35]彼は二〇〇〇年三月に「ローカルに考え、ローカルに行動」という新聞記事でこのテーマについて詳しく語っている。

今世紀も終わろうとしている今、世界は大きく変わったが、我々は変わっていない。世界はより柔軟な対応、責任、現地の感性を求めているのに、我々はより中央集権的な意思決定を行い、手段を標準化し、従来我々がとっていたマルチローカル・アプローチからどんどん離れている。もし我々の現地の同僚が現地に即した正しいアイディアや戦略を見出し、それが我々の根本的な価値観、方針、整合性や品質に合っているなら、彼らはそれを実行する権限と責任を持つべきである。[注36]

この記事には建前以上の効果をあげ、現地職員の士気は大きく高まった。ダフトは、コカ・コーラの経営を唐突に一八〇度転換させた。まず六〇〇〇人のレイオフ（ほとんどアトランタの本社の社員）を行い、意思決定の権限を現地に委譲することを主な目的とした大がかりな組織変更を行った。最も驚くべき発表は、グローバル規模の広告はもう作らないということだったが、これはその後、優秀なマーケティング人材の大きな流出を招いた。それに代わって、広告予算とコンテンツの管理は現地のトップの下に置かれた。現地のトップは権限の拡大を歓迎したが、同時に準備不足だった。その結果は規模の経済の享受ではなく、品質の劣化であった。現地で制作されたさまざまな広告がテレビに流れた。ビーチを裸で走り回る人（イタリア）から、娘がコカ・コーラを持ってこなかったことに腹を立てて家族パーティから出て行く車椅子の老婆（アメリカ）などだ。そして、新しく作った共通のテーマも、『エンジョイ』は一四カ月、『おいしい人生』は五カ月と、短命に終わった（対照的に『Ａｌｗａｙｓコカ・コーラ』は一九九三年から二〇〇〇年まで続いた）。

　こういったさまざまな試みの後、販売数量の伸びは鈍化した。一九九八年と一九九九年にアイヴェスターの下で五・二％だった販売数量の伸びは、二〇〇〇年と二〇〇一年は平均三・八％まで落ち込んだ。

　販売数量の伸びは長年にわたって重視されてきた成長の指標だったため、これは許されなかった。二〇〇二年三月にウォール・ストリート・ジャーナル紙は「『ローカルに考え、ローカルに行動』主義は終わった。マーケティングの管轄はアトランタ本社に戻されつつある」と報道した。一〇〇名ほどから成るアトランタのマーケティング担当者がグローバル・マーケティング・グループの統括チームとして再結成され、中核ブランドや広告代理店契約についての戦略を策定し、マーケティング人材を育成し、現地が最良の実績をあげるための支援を行うことになった。しかし、マーケティングやその他部門の本社機能を再構築するのは遅れた。人材を採用し、統合するのは、解雇するよりもずっと時間がかかったためだ。その一方で前述の広告の入れ替わりは続いた。その結果、二〇〇二年〜二〇〇三年の販売数量の伸び率は、ダフトが二〇〇一年に引き下げた目標の五〜六％を下回る四・七％にとどまり、株価は低迷したままだった。二〇〇四年に会社はダフトの引退を発表した。

ネヴィル・イスデル：類似性と差異の管理

コカ・コーラはダフトの後継者を社内外で探し、結局、元役員のネヴィル・イスデルに白羽の矢を立てた。彼は二〇〇四年五月に就任した。イスデル指揮下のコカ・コーラ物語はまだ現在進行形であるが、彼の就任後最初の二年間は、「前任者たちは急激に方針を転換しすぎた」という彼の見解に沿ったものとなっている。イスデルはダフトが始めた極端な現地化に背を向け、本社機能を再構築した。マーケティングについては、より大きく世界的な広告のテーマを重視し、コンテンツを再度集中させた。しかし注目すべきは、この現地化の否定は、ゴイズエタやアイヴエスターがとったような、極端な標準化を目指す画一的なアプローチへの逆戻りとは異なるという点である。

- 成長崇拝は、イスデルがコカ・コーラの長期的な販売量成長率目標を三〜四％に引き下げたことで後退した。株式アナリストらはダフトが掲げた五〜六％成長率目標を実現性が低いと判断していたため、この引き下げはプラス材料と受け取られた。
- 規模の経済と、一握りの売れ筋の販売に注力するのはやめる。イノベーション、特に炭酸飲料以外のドリンクに注力する。

・国境の消滅という思想は過去のものになった。二〇〇六年年初に、イスデルはゴイズエタが一〇年前に廃止した北アメリカ以外の全ての海外事業のトップ職を復活させた。このポジションは海外の調整役を果たすだけではない。各地それぞれにある特色や課題を認識するためには、そういうポジションを置くのが現実的だからである。コカ・コーラほどのグローバルな企業になれば、もはや国内と海外の区別に意味はないという以前の考えとは大きく異なるやり方だ。

・ユビキタス性は否定されたわけではないが、イスデルの「最も利益をあげられ、最も商品を提供できるところに目を向ける」方針は、資源の有効活用にも目を向けた意思決定である。

・中央集権化、標準化は緩和された。地域のヘッドは、ゴイズエタやアイヴェスターの時代よりも多くの権限を与えられ、コカ・コーラの戦略は国レベルでの多様性が高まった。特に中国とインドでは価格を引き下げ、原材料を現地調達し、ボトリング部門を近代化し、地方を中心に物流システムを効率化した。そして、前述のように今では商品の多様化により重点を置いている。

最後の点は追加の説明が必要である。コカ・コーラの本社は過去数年の間に、全ての市場で同じように競争するのが合理的とは限らないのを理解したのだ。

公平を期するために言うと、この点を認識したのはダフトの時代にさかのぼる。彼はこう言っていた。「私は、全ての市場が北アメリカやオーストラリアと同じになると言っているわけではない。今後最も有望な市場の消費者が求めるものは、我々が確立している市場とは大いに

異なっているかもしれないということだ」注37

残念なことに、ダフトは一度に多くの花を咲かせようとしすぎたのだ。そういったアプローチは必然的に、全体を部分の和よりも大きくすることが果たして可能なのかという疑問を生む。国同士の類似性から得られるものがないのなら、そもそもどうして一つの会社がさまざまな国で事業を行う必要があるのだろう？

対照的に、イスデル指揮下のコカ・コーラでは、ある市場で機能したアイディアが、国境を越えても付加価値を生む余地があるのかという観点から、他の市場における競争のやり方を考え直している。特にこの点に関して注目に値するのは、他の市場でいかにコーラへの依存度を減らすかを考えるにあたり、同社が日本で学んだこと（次ページ囲み記事『日本のコカ・コーラ』参照）を事例としていることだ。たとえば、アメリカでは肥満は大きな問題であり、中国でも同様である。加えて、中国の人はコーラのような濃い色の飲料に抵抗を覚える。更に、コーラ以外の飲料を単なる地域限定品として扱うのではなくグローバル化するという新たな戦略も模索されている。

要約すると、イスデルの指揮下のコカ・コーラの戦略は、ただ単にゴイズエタとアイヴェスターの極端な中央集権化・標準化と、ダフトの極端な権力分散と現地化の妥協の産物ではなく（そうしたら実績も妥協の産物の域を出ないであろう）、海外で競争するための新しい、より優れた方策への挑戦と考えられる。この新しい戦略がどれほど成功するかはまだわからないが、少なくともコカ・コーラはもう両極端な戦略を行ったり来たりしてはいない。代わって、国ごとの差異を無視することなく、その差異に完全に屈することもない方法で競争しようとしている。彼らはセミ・グローバリゼーションの現実を認識したのだ。

日本のコカ・コーラ

コカ・コーラが日本で独占的な地位を獲得しているのは、第二次世界大戦後のアメリカ軍による日本占領と、その後のアメリカ軍駐留によるものである。その結果日本では断トツの市場シェアを誇り、日本は主要市場では最も利益率の高い市場となり、他のアジア諸国と中東の合計を上回る利益をあげている。しかしこの理由は日本がコーラ好きだからではない。コーラは日本での売上げのほんの一部にすぎない。日本の売上高と利益の大半は缶コーヒーをはじめ、リアルゴールド（二日酔いに効くらしい）、ラヴボディ（豊胸効果があると一部で信じられているお茶）など、その他二〇〇種にも上るさまざまな商品によるものである。[注a]

日本市場における商品がこれほど多い理由は、日本ではコーラへの嗜好が限られていること、自動販売機に多くの種類の飲料を取り揃える必要があること、日本の消費者が新しもの好きのため、毎年一〇〇種類もの新製品を投入する必要があること、などである。これまで多種類の商品を出すことを本社は必ずしも良しとしなかった。実際、日本で主力商品の「ジョージア缶コーヒー」は本社の反対を押し切って製造販売会社が開発した商品で、本社（在ジョージア州アトランタ）が非協力的だったことへのあてつけに命名されたと言われている。しかし日本での事業は非常に収益性が高かったため、本社は理解を示したのだ。

その結果、日本コカ・コーラは自社製品を開発する能力を獲得し、より多くの小さな独自ブランドを扱うことができるようになった。イスデルの下、コカ・コーラは日本で成功させた「総合飲料会社」としてのモデルを分解し、他の市場でもコーラへの依存度を低くする方策を探ろうとしている。

注a　コカ・コーラの日本における商品の取り揃えに関する情報、紹介の出典：Dean Foust, "Queen of Pop," Businessweek, 7 August 2006, 44-51.

コカ・コーラを超えて

ここで、コカ・コーラの事例から推察してみよう。このセクションではまず、コカ・コーラがゴイズエタとアイヴェスターの時代に陥った画一的戦略の誘惑に他の企業も負けかねないのはなぜかという点を議論する。それから、コカ・コーラがダフトの下で現地化に方向転換したときを例にとり、そのような戦略を選んだがゆえに窮地が続く可能性（窮地から迅速に脱出できる可能性ではなく）を検討する。その上で、イスデルの戦略を足がかりに、グローバルな画一化と現地化という、グローバルな競争における両極端なアプローチの折衷案を越えた、第三の道を探る。

よくある先入観

コカ・コーラの事例は特に際立っているが、決して珍しくはない。他にも進出と撤退の例は多い。ボーダフォンは急成長期にもっと短い期間で、過剰な進出と撤退のサイクルを経験した。

地元のヨーロッパだけでなく、日本とアメリカでもシェアを拡大していったが、携帯電話の規格の差異があって、地域を越えた規模の経済を享受することができなかった。そして、合併から一〇年を経た頃、ダイムラークライスラーは、合併を解消するのではという話が出始め、実際に二〇〇七年に解消された。何を期待していたにせよ、思ったとおりの結果は得られなかったわけだ。

このような事例から教訓を得る方法の一つは、国ごとの差異を真剣に考慮しなかった、ゴイズエタ／アイヴェスター時代のコカ・コーラの失敗に見られた先入観を、より一般的な環境の下で考えることだ。

・**成長崇拝**　コカ・コーラほどの国際化が進んだ企業でも、国内での浸透度は海外の一〇倍近い。大半の企業では国内と海外のシェアの差は更に大きい。このように、シェアの水準が違う場所にまたがってボーダレスの枠組みを持ち込むと、海外市場で成長していけばいいという妄想を招くリスクがある。ほとんどの企業は国内市場が飽和したところで海外市場に進出するからである。更に悪いことに、そういう先入観が「アドバイザー」（たとえば取引を成立させようとする投資銀行など）の介入で悪化する可能性がある。[注38] これを書いている今も、私の机には、大手経営戦略コンサルティング会社が作成した提案書がある。地球の絵の上に「グローバル戦略診断」と書いてあり、北極のところには診断の目標である「成長」の横断幕が掲げてある。

・**規模の経済**　コカ・コーラは規模の経済という固定観念を虚空《こくう》から引っ張り出したわけではない。むしろ、国ごとの差異を真剣に考えなかったことの当然の結果であった。以前ブルース・コグートが指摘したように、そういった差異がない場合には、「国内から海外に動いた場合の違いは何かという問いに対する答えは……（中略）……世界はただ単により大きな市場であり、したがって、規模に関連した全ての事業活動の収益構造が影響を受けることになる」[注39]。規模の経済、更にそれと関係するシェア拡大という固定観念は確かにあるようだ。ファリボーズ・ガダーと私が行った調査では、経営者の四分の三以上は、国際統合が進めば売り手は少数に集中すると思っている。しかし、我々が収集したデータによれば、グローバル（またはグローバル化しようとしている）企業一八社の平均にはそんな傾向は見られない[注40]。実はこのサンプルの中で最も集中度が上昇したのはソフトドリンク業界であった。つまり、他の業態では規模の経済はもっと誤解されているということだ。

・**国境の消滅**　「本国なんてものはない」と宣言したゴイズエタの下でのコカ・コーラほど極端に走った企業は非常に少ない。しかし、真のグローバル企業たるもの「国」などという概念は超越すべく努力すべきだと多くの経営者は考えているようだ。そういう考えを持った経営者は失望することになるだろう。外国企業は「外来種らしさ」を捨て去ることができないからである（外来種であることの負荷については第二章で述べる）。これはアメリカの象徴のようなコカ・コーラには特に当てはまる。アメリカが心から嫌われている地域も世界にはあるからだ。しかし、アメリカほど存在感のある国でなくても、同じ問題に直面することはある。デンマークの新聞が預言者モハメッドの漫画を載せたために、中東でデンマークの製品がボイコットされたのはその一例である。

・**ユビキタス性**　コカ・コーラほど製品が世界中で手に入る会社はない。同社のようになれないことに不満を感じ、真のグローバル企業たるもの世界中の市場で競争すべきだと考えている会社はたくさんある。ボーダレスな世界の信者は、典型的な多国籍企業はたくさんの国で活動していると思い込んでいるようだ。そういう経営者たちは、アメリカの「多国籍企業」の多くが活動している外国は一カ国か二カ国で、一カ国の場合はその国がカナダであるという割合が六〇パーセントであると知ると驚く。[注41] 経営者たちはこういう件でよくないアドバイスを受け取ることが多い。先ほど引き合いに出した、大手経営戦略コンサルタント会社による「グローバル戦略診断」などを見ると、グローバル進出は「進出先（どこへ）」ではなく「進出時期（いつ）」の問題として扱われているからだ。

・中央集権化と標準化　事業に国境なんてないと確信した経営者は、海外でも国内と同じように活動しようとするだろう。理由は、規模の経済や、海外市場の状況がどれほど異なるかを把握するのが難しいためなどさまざまだ。加えて、国内で成功した企業が国内向けのビジネスモデルでそのまま重装備を固め、海外に出て行くのを見て、経営者たちはいっそう類似性を過大評価しがちになる。更に、そういう先入観を持った人が不利な現実に直面したとしても、それだけでは自分たちのビジネスモデルを覆せない可能性がある。コカ・コーラは市場の圧力に応じてブランドの数を一九六〇年代の数種類から今日の四〇〇種類以上にまで増やした。また、最も利益をあげている海外市場である日本は本国と異なる特徴を持っていた（48ページ囲み記事参照）。それでもゴイズエタとアイヴェスターの時代には中央集権化と標準化を強調しつづけた。

以上のように、コカ・コーラはある側面からみると明らかに特別であるが、他のもっと典型的な会社も、同じように画一的戦略しかないという先入観を抱く可能性がある。あるいは、画一的戦略を選ぶよう、強い圧力を受けるかもしれない。

悲惨な結果

コカ・コーラは、ゴイズエタとアイヴェスターの画一的戦略で突き進んだあげく、ダフトがCEOに就任してから最初の二年で方針を極端に転換したことは先に述べた。ある戦略を策定し、問題を認識して軌道修正するのには時間がかかる。その上、往々にして軌道修正は行き過ぎになる。

そんな過剰反応が起きる原因の一つは情緒的なものである。グローバリゼーションを信仰しすぎて傷ついたら即アンチグローバル（半世紀以上前のウェンデル・ウィルキー版「世界は一つ」という主張に対するクレア・ブース・ルースの最初の応酬を髣髴《ほうふつ》とさせる）というのは、非合理的かもしれないがごく自然な反応である。

政治的理由も原因の一つである。革命のとき何が起きる？　古い首が挿《す》げ替わる、だ。ダフトの下でコカ・コーラに起こったことにたとえれば、農民が鍬《くわ》を持って本部を占拠した後は、本社機能が解体されてしまうのが容易に想像できる。たとえ本部の機能を担う組織が現地にまだできていないとしても、そんなことになってしまう。

そういう理由で、多くの企業はまず世界の標準化という誤りを犯した後、急激に現地化へと方針を転換するのだ。また、両手を挙げて降参し、海外業務から全面的に撤退する会社もある。なぜなのだろう？　理由の一つは、コカ・コーラほど国際化に強力な優位点を持っていないためだ。前述のとおり、コカ・コーラは世界で最も価値のあるブランド、比較的標準化した主力製品、そして再編されつつある業界という有利な点を持っている。他の有利な点としては、国内よりも海外の事業のほうが収益性は高いことや、地域ごとにバランスのとれたシェアを持っていることが挙げられる。北アメリカ、ヨーロッパ、アジア太平洋の三地域それぞれにおいて、会社全体の売上高の二〇％以上をあげている企業はフォーチュン五〇〇社の中でも十数社しかない。コカ・コーラはその一社だ。更に、製造販売会社の強力なネットワークがあるが、これは標準化への傾倒とバランスをとる要素であった。

なんらかの形で有利な点という防波堤を持っていなければ、海外に進出する標準的な企業はもっと大きな間違いを犯しかねないし、ましてやその後立ち直るのは更に困難だろう。自分の会社にはこういった過ちに陥る傾向があるかどうかを診断するには、囲み記事「グローバリゼーションに対する考え：診断表」にある質問に答えてみるといい。

グローバリゼーションに対する考え：診断表

会社がグローバリゼーションやグローバル戦略に対して考えていることの根底にあるのはどんな思想だろうか。それぞれの設問で近いほうを選べ。

		Yes	No
1	グローバリゼーションは世界を（ほぼ）完全にボーダレスな統合へと導く。	Y	N
2	グローバル市場への進出は、検討する選択肢ではなく必須である。	Y	N
3	グローバリゼーションは実質的に無限大の成長の機会を提供する。	Y	N
4	グローバリゼーションによって業界の集中が進む傾向にある。	Y	N
5	真のグローバル企業は本拠地を持たない。	Y	N

6　真のグローバル企業はほぼ全ての地域に進出することを目指すべきだ。　Y　N
7　グローバル戦略は基本的に国同士の類似点を追求することだ。　Y　N

得点　「YES」一つにつき一点として、得点を合計する。結果は、アメリカ国土安全保障省による脅威レベルの色分け図のように単純に解釈できる。得点ゼロから二ではグローバル熱は低い（緑）。二から四で熱あり（黄）、五から七では重症（赤）。得点に関する解説として、本書のどこでこういった考えを議論しているか以下に示す。

・信仰1については本章の前半で反論した。更に第二章で体系的な議論を展開する。
・信仰2の症状と治療法については第三章で述べる。
・信仰3から7はこの順に従ってコカ・コーラのグローバル戦略の箇所で述べた。第二章、第三章でさらに詳しく述べる。

うまい一言とその対処法

ゆがんだ信念を乗り越え、先に述べた不幸を避けようとがんばっていても、うまい一言に負けてしまう場合がある。そんなうまい一言の例に、環境運動から（不当にも）転用された「グローバルに考え、ローカルに行動」というスローガンがある。こういうスローガンは人によってそれぞれまったく解釈が異なるので、結局は何も意味しないのだ。ゴイズエタは自分が採用した極端な中央集権化・標準化の方針を表現するにあたり、特にマーケティング面でこのスローガンを使った。しかしThink Globally, Market Locally（グローバルに考え、ローカルに販売）という記事で、ベイン&カンパニーの会長であるオリット・ガディエシュは、ブランドマネージャーたちにゴイズエタとはまったく逆の「ローカル化しろ、ローカル化しろ、ローカル化しろ」という戦略を推奨している。注42「グローバルに考え、ローカルに行動」なるスローガンの問題の一つは、最も現地化が進んだものから最も標準化が進んだものまであらゆる戦略的アプローチで引き合いに出されたことだ。おかげでこのスローガンには具体的な内容はなくなってしまった。

「グローバルに考え、ローカルに行動」のもう一つの問題は、現地向けのカスタム化と世界全体の標準化の両極のバランスをとることを、グローバル戦略という課題に取り組む際の基本だと捉えている点にある。実際は、こんなに両極端な戦略を組み合わせるとろくなことにならない。戦略の範囲を広げるよりも、むしろ、クロスボーダー事業の複雑さにそれぞれうまく対応できるという考え方と、単純に単一国向けの戦略がそのまま使えるという考え方が、両極端なまま同居する事態に陥ってしまう。これを理解するには次の点を考えてみるといい。市場がそれぞれ独立しているなら、単一国向けの戦略を国ごとにとることができるし、市場が完全に統合されているならば、世界は一つの大きな国と同じことだから、やはり単一国向けの戦略一つで十分である。したがって、「グローバルに考え、ローカルに行動」なる考え方は、国ごとの差異と真剣に向かい合おうというとき、出発点には使えない。

図1-2は、その点をより前向きに描きなおしたものである。セミ・グローバリゼーションに見られる不完全な国際統合の下では、単一国向けの戦略とは内容の異なるグローバル戦略が、さまざまな領域に存在しうる点を強調している。言い換えれば、本章の前半でセミ・グローバ

図1-2

グローバル戦略の持つ独自の内容

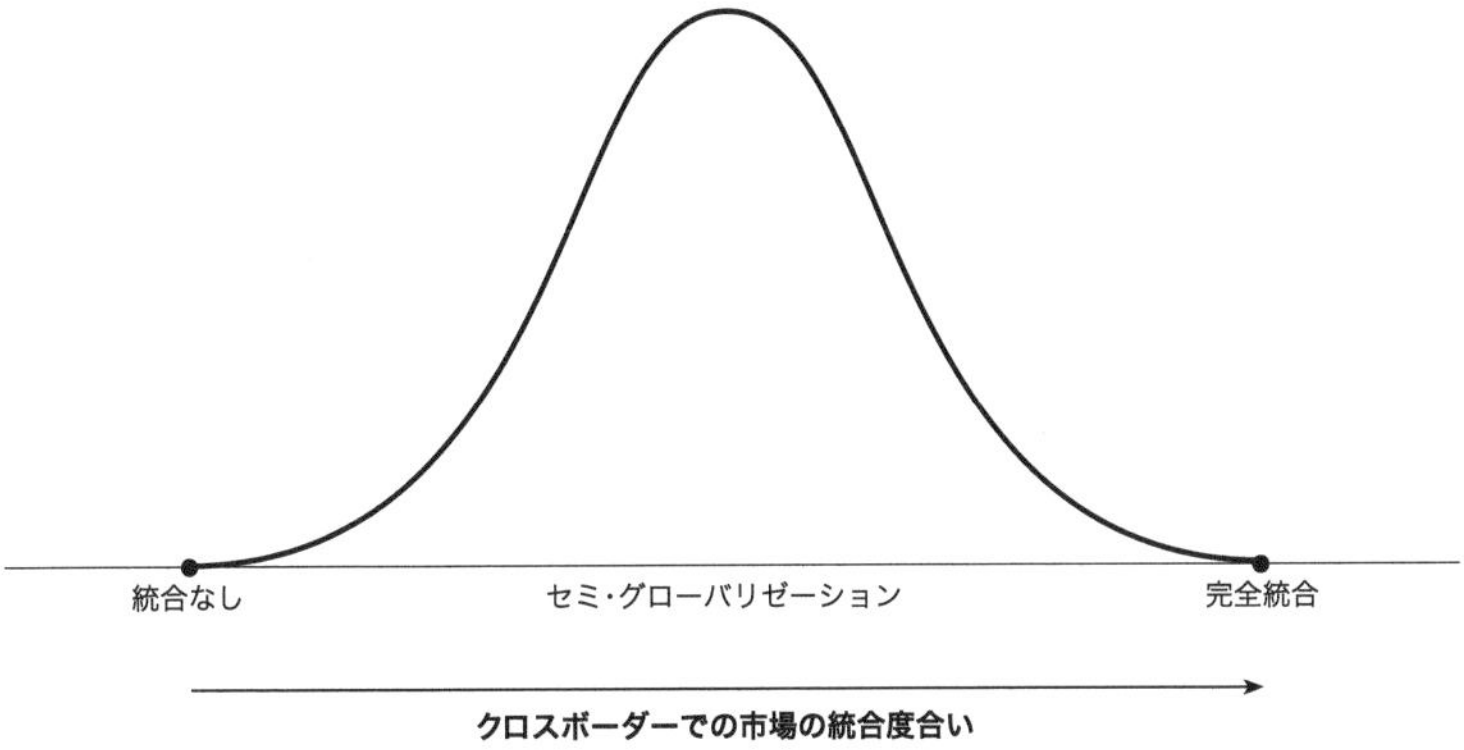

リゼーションと診断した状態は、その際に述べたよりも更に重要だということだ。セミ・グローバリゼーションという状況の下では、単一国向けとは違ったグローバルなアプローチに基づいて戦略を構築できる。

そんなことができるのはとてもすばらしいが、道のりは平坦ではない。本書は、積み重ねのアプローチをとる。最初に新しい基礎を築く。本章では、戦略策定に国境は重要だと述べた。次章では、国境が今でも重要なのはなぜかを理解するべくクロスボーダーが深くかかわる経済活動の実情を見る。疑い深い読者の皆さんには、行き着く先には具体的な結論があることを今のうちに示しておきたい。また「グローバルに考え、ローカルに行動」というスローガンのあいまいさを批判したことでもあるし、今後の各章で述べる具体的な推奨を何点かここに記しておく。

・国際的な差異（文化、制度、地理、経済）

のうち、自分の業界ではどれが重要かを見極め、「差の差」を測るべし。即ち、それぞれの差異の大きさを基準に、それぞれの外国が自国に近いのか遠いのかを把握すべし。これは第二章の題材である。

・規模の経済や範囲の経済に収穫逓増《ていぞう》が働いているかどうかを分析すべし。ゆめゆめそれらが存在するとかしないとかと仮定してはならない。加えて、さまざまなクロスボーダー戦略を取捨選択する際は、販売数量、成長率、規模の経済だけでなく、経済的価値の構成要素を全て検討すべし。

・本国のビジネスモデルに多少手を加えるだけでなく、差異への対応を行うべし。更に、差異は価値創造を制約するものと考えず、むしろ差異から収益を得る方法を検討すべし。これは国境を越える活動を考える際の創造性を培うためであり、この点は第四章から第八章で検討する。

結論

本章の要旨を「第一章のまとめ」に書いた。これで、セミ・グローバリゼーションが現在の世界情勢において中庸（またはゼロ）を行くだけの中途半端な考え方ではないことが明らかになったはずだ。グローバル戦略が単一国向けの戦略と異なる内容を持つためには、こうした考え方が非常に重要である。

第一章のまとめ

・実際の世界の状態は、セミ・グローバルな状態である。
・世界はこの先数十年はセミ・グローバルなままであろう。
・セミ・グローバリゼーションという見方を持つ企業は、成長崇拝、規模崇拝、国境の消滅、ユビキタス性、画一的戦略など、グローバリゼーション津波論から出てくる一連の幻想に惑わされない。
・セミ・グローバリゼーションは、クロスボーダー戦略に単一国向け戦略と大きく異なる内容を与えるものである。

本章のまとめにあたり、セミ・グローバリゼーションの重要さをちょっと脇に置き、セミ・グローバリゼーションを真剣に考えることの意味を考えてみよう。セミ・グローバリゼーションの状況下では、国内の相互作用と国際間の相互作用を統合して考えなければならない。どちらか一方の相互作用を考えるだけでは足りないのだ。そんな相互作用は、たとえば貿易の、障壁であることも架け橋であることもある。言い換えれば、セミ・グローバリゼーションを真剣に考えるなら、ビジネスにおける意思決定は、国ごとに独立して行うことも、万国共通の画一的な方針に基づいて行うこともできない。そうではなく、「一つの（閉鎖的な）国」と、「一つの（統合された）世界」の間に横たわる、現実のビジネスのありようを理解するべきなのである。これは容易なことではないが、理解できたなら、ゼロ統合あるいは完全統合という両極端な立場でとりうる戦略よりも、ずっと豊富な戦略の選択肢が得られる。セミ・グローバリゼーションに課題は多いが、同時に、セミ・グローバリゼーションのおかげで選択の自由度を高めることができると言えるのだ。

第二章

ウォルマートは外国であまり儲けていない

DIFFERENCES ACROSS COUNTRIES
The CAGE Distance Framework

見慣れない土地などない。
見慣れないのは旅人だけだ。

ロバート・ルイス・スティーヴンソン
The Silverado Squatters (1883)

第一章では、セミ・グローバリゼーションという現状の下、この世界では国境が依然として重要であると強調した。本章では、「それはなぜか?」という点を深く掘り下げる。考えられる答えの中で比較的簡単なのは、「国境を越えると大きな差異が現れるから」である。一方、簡単でないのは「その差異をどう考えるか」だ。差異と類似点を絶対的な観点から扱うのではなく、本章では差異の度合いを考慮する。国ごとの差異を、文化的（Cultural）、制度的／政治的（Administrative／political）、地理的（Geographical）、経済的（Economic）という四つの側面（これらを総称してCAGEと呼ぶ）における隔たりという観点からモデル化する。CAGEの枠組みを使えばそれぞれの状況で鍵となる差異を特定できるだけでなく、ある側面において比較的似ている国々と比較的異なる国々を識別する目安が手に入り、更に、差異の大きさが国によってどれぐらい違うのかも考えることができる。

本章では、グーグルとウォルマートの例を挙げ、差異の影響をCAGEの各側面から観察する。その上で、さまざまな側面における差異は依然大いに影響を及ぼすという体系だった証拠をまとめる。この体系的な証拠に基づいて、国ごとの差異を理解するためのCAGEの枠組みを形作り、それを使ってアメリカから見た中国とインドを分析する。更に、国ごとの隔たりが及ぼすさまざまなタイプの影響を、業種の特徴に基づいてどのように調整すべきかを述べた上で、CAGEの枠組みは業種間の分析ではなく、同一業種の分析に用いるべきだとの結論を導く。最後に、CAGEの枠組みを適用した事例をいくつか挙げる。CAGEの枠組みは、本書の第二部でグローバリゼーション戦略全般や特定のレベルの戦略を論じる際に再び登場する。

隔たりがもたらす二重の問題

グーグルがロシアと中国で苦労したことは第一章で述べた。これにはCAGEな隔たり全部が関係している。

・**文化的な隔たり**　グーグルがロシアで苦労したのはロシア語が比較的難しいことが原因の一つだと思われる。
・**制度的な隔たり**　グーグルが中国の検閲への対応に苦労したのは中国の制度・政治的枠組みとアメリカ本国の枠組みの違いを反映している。
・**地理的な隔たり**　グーグルの製品はデジタル化できるが、遠いアメリカからロシアに適応するのに苦労し、結局現地にオフィスを設立した。
・**経済的な隔たり**　ロシアは資金決済のインフラが未整備だったため、グーグルは現地の同業者と競争するのに不利であった。

全般的には成功しているが、隔たりが障害になっている会社の例として、売上高で世界一の企業、ウォルマートを挙げよう。最近、労使関係で問題を抱えていたり、その他市場と関係のないところで苦境に陥ったりしてはいるものの、ウォルマートは本国アメリカではムダをそぎ落として競争力をつけ、二〇〇五年には売上高が二四〇〇億ドルに達した。アメリカ統計局のデータによると、これはアメリカ全体における自動車を除く小売売上高の一〇％近くに及ぶ。ウォルマートの海外における売上高は六〇〇億ドルと、国内売上高に比較すると小さいが、世界の他の小売業者よりずっと速く成長し、競合他社を凌駕《りょうが》してきた。しかし、海外事業の収益性はアメリカ国内よりもずっと低い。なぜだろうか。

理由はいろいろあるが、本章で注目するのはウォルマートが広義の「隔たり」を考慮に入れていない点である。数年前、ＣＥＯのリー・スコットはウォルマートの海外戦略を聞かれた。彼の回答はこうだった。「我々がアーカンソー州から六〇〇マイル離れたアラバマ州に進出したとき、周囲は我々が苦労するだろうと言った。我々はアーカンソーとアラバマの文化的な差異について研究する人材まで採用した。それから、ニュージャージーやニューヨークでは当社のスタイルは成功しないだろうとも言われた[注1]」

彼は「我々のビジネスモデルには懐疑的な見方もあったが、国内各地で成功している。だから、海外でも成功するはずだ」と言いたいに違いない。結果は予測どおりで、ウォルマートは自社の基本的なビジネスモデルをアメリカから海外にも応用し、アメリカと差異の大きい国よりも、アメリカと類似した国々で成功した。

二〇〇四年のウォルマートの主な海外市場における収益性を見てみよう。**図2-1**を見ると、九カ国のうち会計上の利益を計上したのは、メキシコ、カナダ、イギリス、プエルトリコの四カ国にすぎないことがわかる[注2]。更に興味深いのは、黒字の国は文化的、制度的、地理的、経済的な側面でアメリカと似ている傾向にあり、赤字の国はそうでないことである。

・黒字の国のうち、カナダとイギリスはアメリカと同じ言語を使っているが、赤字の国は全

図2-1

ウォルマートの海外事業の国別マージン(2004)(推定)

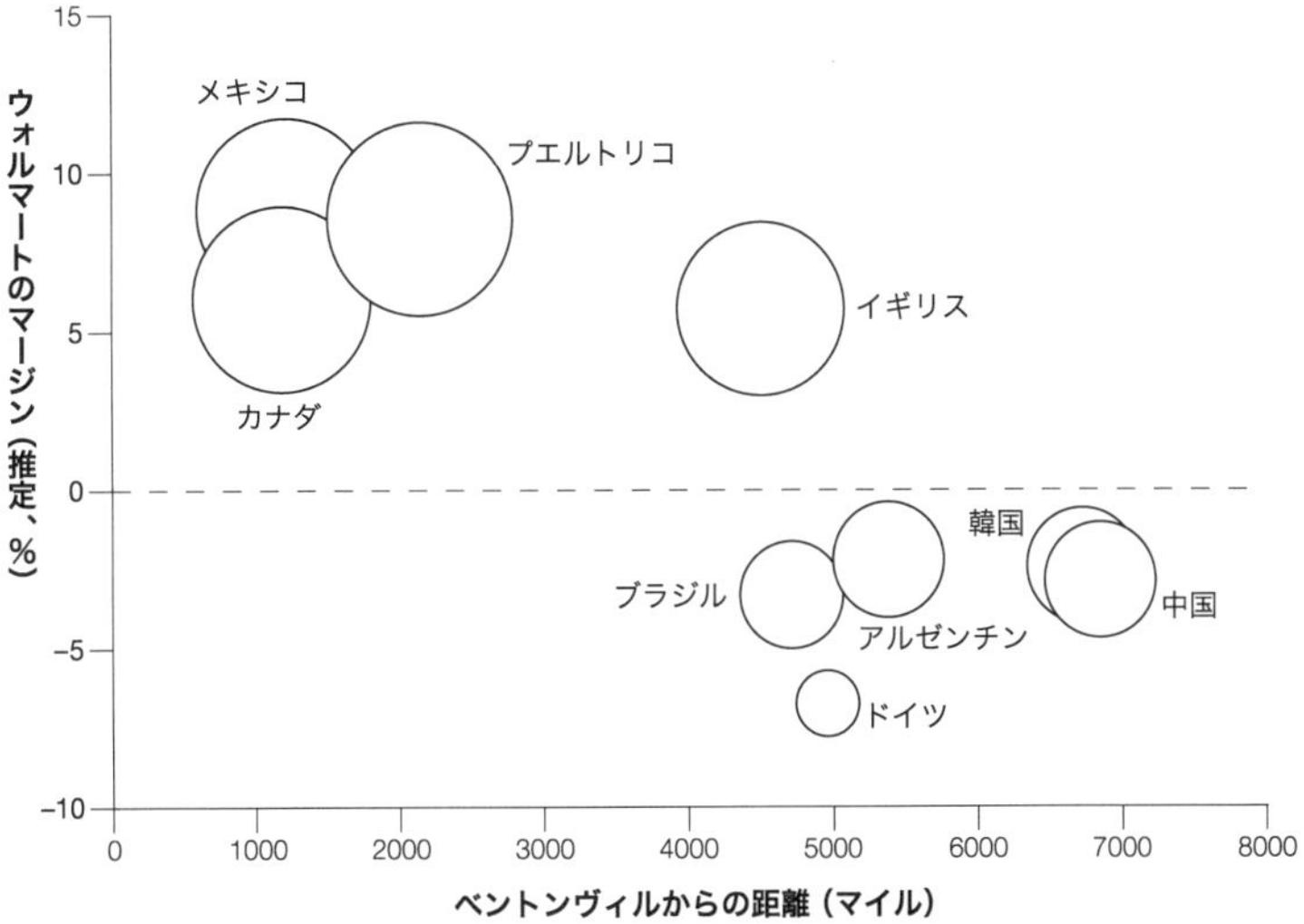

出典：ウォルマートおよびウォルマートメキシコによる届出、中国商務省(2005年2月11日)、BBVAによる予想、Retail Forward, Management Ventures, Inc. "Wal-Mart's International Expansion," Case9-705-486 (Boston: Harvard Business School, 2005), exhibit 7に記載されているパンカジ・ゲマワットとケン・マークの分析と予想など。
数字はある一年の分のみで推定も含まれるが、「損失を出している市場」として分類された二市場、韓国とドイツは、その後ウォルマートが撤退したことから、この図の重要性がわかる。
注：円の面積は、ウォルマートの個々の市場における売上高に比例している。

て異なる言語である。更に、この三カ国は植民地関係がある。

・赤字の国と異なり、黒字の国のうちの二カ国、カナダとメキシコはアメリカと地域自由貿易協定、ＮＡＦＴＡ（北アメリカ自由貿易協定）を締結しているが、赤字の国はいずれもそうではない。それに、ウォルマートが黒字の「国」として分類しているプエルトリコは、公にはアメリカの自治連邦区である。

・黒字の四カ国の首都は、赤字の五カ国の首都よりも、ウォルマートの（本社と海外部門の両方の）本部があるアーカンソー州ベントンヴィルから地理的に近い。更に、カナダとメキシコはアメリカと陸続きである。

・経済的な差異も重要な要素だったようだ。データが限られているが、ウォルマートにとっては、所得が非常に低い国では成果をあげることが難しかったと思われる。

隔たりが業績を損なう事例を二つ挙げたが、隔たりは必ずしも不利ではないということを付け加えておく。たとえば、ウォルマートが中国から安い商品を調達することで削減しているコストの額は、同社の海外店舗全ての売上高よりも大きい。これは経済的な隔たりを利用している。この例や、隔たりを障壁と考えて調節や迂回を試みるのではなく、もっと一般的に隔たりを利用する「裁定戦略」については第六章で具体的に述べる。ここまでの議論で強調したいのは、隔たりは重要だ、という点だけである。

隔たりの重視

隔たりは重要だという主張は、非常に体系的なデータの産物である。隔たりの重要性を示す証拠は、場所が及ぼす影響に関して書かれた多数の文献など、非常に幅広い。しかし、こういった文献の大半は、非常に小さい隔たりか、実質的に同じ場所内における相互作用に焦点をおいている（たとえば、集積の経済に関する文献など）。こういった研究は、確かに場所の独自性が重要だというところまでは示せている。しかし、「同一の場所 vs.異なる場所」という両極端の先へは、まだ踏み出したばかりである。経済活動の密度が物理的な（およびその他の側面の）隔たりによって受ける影響を細かく特徴づけるにあたり、国際経済における、いわゆる「重力モデル」と呼ばれるモデルがよい出発点となるだろう。

数字が語るものは何か？

国際経済学者たちは、国際経済活動を説明するのにニュートンの万有引力の法則を用いてきた。[注3] 国際貿易の最も単純な重力モデルは、二国間の貿易はそれぞれの経済規模（各国の属性）に比例し、二国間の距離（二国間の属性）に反比例すると予測する。言い換えれば、重力という名前のイメージどおり、経済大国は絶対額でより多くの貿易を行い、国同士の距離が遠いほど、両社の間の貿易は抑制される。もう少し複雑な重力モデルは、地理以外の隔たりや、経済規模以外の国の属性を要素として取り入れている。こういったモデルを国際的な経済活動に関するデータに当てはめると、現実の世界について何がわかるだろう？

まず、国際貿易に焦点を当てる。重力モデルをあてはめると、二国間の貿易額の変動の二分の一から三分の二を説明できる。これは経済モデルとしては極めて優れている。この種の研究では、経済規模が一％拡大すれば、貿易総額は〇・七％から〇・八％増加するということになっている。地理的な隔たりには逆の影響があり、こちらのほうが少し大きい。二カ国の首都の距離が一％伸びれば、通常その二国間の貿易は約一％減少すると予測される。言い換えると、一〇〇〇マイル離れた二国間の貿易額は、その他の条件が同じであれば、五〇〇〇マイル離れた二国間の貿易額の五倍であると推測される。[注4]

その他の隔たりに関する変数が及ぼす影響の大きさには、もっと驚くべきものがある。**図2－2**はこの観点から二カ国間の貿易フローのデータをまとめた統計に基づく分析（ラジブ・マリックと私による）である。[注5]これによれば、この図に載っている五つの共通点を持つ二カ国の貿易額は、これらの共通点を持たない場合と比べて二九倍（一・四二×一・四七×二・八八×二・一四×二・二五）であると推計される。

明らかにこういった予測は正確ではなく目安という程度のものだが、そんな予測でも現実と一致することがある。たとえば、カナダの経済規模は世界の経済大国一〇傑にようやく入る程度だが、アメリカとの二カ国間貿易は群を抜いて世界最大である。地理的に近いことが理由の一つであるが、図2－2で挙げた五つの点のうち四つの点でアメリカと共通している。これは他のどの国にも勝る。[注6]

しかし、カナダとアメリカの貿易データからは、完全な経済統合には程遠いということもわかる。実際、カナダとアメリカの貿易を研究する経済学者にとって本当に謎なのは、なぜこれほど多いのかではなくて、なぜもっと多くないのかということだ。理由を調べるために、もっと貿易データを見てみよう。NAFTA締結前の一九八八年、カナダ国内における州と州との間の貿易取引は、同じ規模で同じ距離にあるアメリカの州との貿易と比較すると二〇倍も大きかったと推定されている。言い換えると、ここには「地元バイアス」があったということだ。

図2-2

二カ国間貿易における類似点と差異の影響

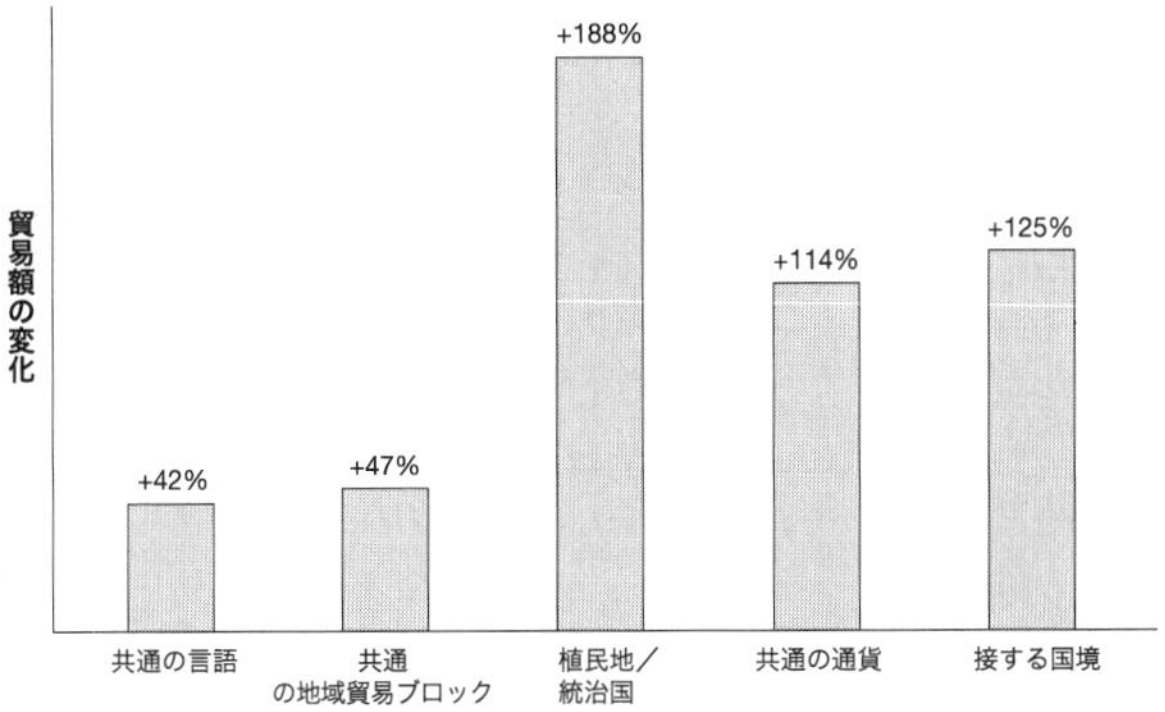

出典：Pankaj Ghemawat and Rajiv Mallick, "The Industry-Level Structure of International Trade Networks: A Gravity-Based Approach," working paper, Harvard Business School, Boston, February 2003

NAFTA締結により、国内貿易と国際貿易の割合（地元バイアス）は、二〇対一から一九九〇年代半ばには一〇対一に縮小し、その後も縮小し続けたが、今でも五対一を超える。更に、この割合はモノの貿易しか考慮していない。サービスでの割合は依然としてその数倍の大きさである。[注7]

したがって、重要な要素のほとんどが非常に似ている二カ国においても、国境は依然大きな存在なのだ。こうして、我々はセミ・グローバリゼーションの現実に直面する。

貿易以外の形で行われる国際的な経済活動に関する事実を見ても、隔たり（地理的な隔たりとそれ以外の隔たりの両方）の重要度を再確認できる。海外直接投資、証券投資、特許使用、eコマース取引では、隔たりは極めて大きなマイナスの効果を持つことが発見されているが、効果の大きさは活動によって異なる。[注8]更に、一九の独立した統計調査のメタ分析を行うと、先に述べたカナダ－アメリカ間の事例とは異なり、

一般的に隔たりの影響は二〇世紀中にさほど減少していないことがわかる。[注9]

国別分析の枠組み

先に挙げた証拠によれば、隔たりはとても大きな影響を及ぼす可能性がある。そこで、「国別分析」を行う既存のツールを見てみよう。たとえば、新しい国に店を構えようという企業が、最終的な決定をする前にデューデリジェンス、つまり詳しい調査を行うときに使うような分析の枠組みだ。そういうツールは隔たりの影響をどう考慮しているのだろうか。その答えは、基本的に、ぜんぜん考慮していない、だ！

ここでは「国別分析」の枠組みの詳細な検証を行うわけではないので、一例で十分であろう。[注10]世界経済フォーラムが発表している一連の競争力指数を考えてみよう。これは国と国を比べるデータとしては有用な情報源だが、ここで取り上げている項目（金融、テクノロジー、労働、経営、制度など）は、それぞれの国ごとの属性に着目したものだ。関税や隠れた輸入障壁などが含まれる「開放度」というカテゴリーは多国間の属性で、ある国とその他の国々との間の制度的な隔たりを測るものだが、これも差異の多様性を考慮していない。たとえば、図2－1（65ページ）が作成された後になってウォルマートはドイツと韓国から撤退を余儀なくされたが、この両国はアメリカからの隔たりがカナダやメキシコと比べるとずっと大きいということに同社は気づくべきだったのだ。こういった影響に気づくには、二カ国間の隔たりを測る尺度が必要である。

一連の競争力指数は、さまざまな国別分析の枠組みでよく使われるが、そういった枠組みでは各国を共通の尺度で分析したり評価したりできることを前提としていることが多い。この共通の物差しに基づくアプローチの問題点は、国をお互いから切り離されて孤立した存在として捉えていることだ。本来は、一つのネットワークの中に、それぞれ異なる隔たりをもって存在している格子点と考えられるべきなのである。国別分析のＣＡＧＥの枠組みの鍵は、二カ国間の差異を測る隔たりの尺度を、より身近な国別または多国間の属性の分析に加えるところにある。

二カ国間の尺度は、自国と相手国との差異に基づいていること、つまり企業の本拠地を基準にしていることを覚えておこう。何らかの本拠地が存在するという考え方が正しいこと、そして、国境が消滅したという幻想が誤りであると判断するのがまっとうであることについては、第一章でいくらか述べた。経験則からいって、本拠地の特定は難しいことではなく、過去数十年の間にいっそう容易になった。例外的に本拠地を持たない企業もあるが、とりあえず議論を先へ進めよう。[注11]企業戦略のレシピを策定しようというとき、本拠地などの活動の拠点は、企業が「どこから来たか」が「どこへ行くか」に影響を及ぼすという考えを適用する際、不可欠なのである。

国レベルでのＣＡＧＥの枠組み

前述のように、ＣＡＧＥの枠組みは、隔たりを大きく四種類に分けた際の、それぞれの頭文字Cultural（文化的）、Administrative（制度的）、Geographical（地理的）、Economic（経済的）をとったものだ。これらの四つの要素は時に絡み合っている。たとえば、ある二国が文化的、地理的または経済的に近くない限り、制度的に近い（たとえば同じ自由貿易地域にあるとか）とは想像しがたい。それでも、この四つを区別するのは有用である。これらはそれぞれ異なる基盤を持っているし、時にはその結果として多いに異なる障壁や機会をもたらすからである。更にこの四つは、国際的な活動から一つの国が受ける影響だけでなく、二カ国または多数の国が受ける影響を、グループ分けするのに役立つからである。**表2－1**に、さまざまな種類の影響をまとめた。表を見ればわかるとおり、この表でも二カ国間の関係が受ける影響が中心になってはいるが、重力モデルが特定したインパクトだけでなく、さまざまな新しい要素が含まれている。

クロスボーダー戦略を考えるにあたって、物理的な隔たり以上の点を考慮するという考えは新しくはない。国際化を目指す向きは、まず精神的な隔たりが最も小さい国へ進出すべきだという考えは古くから存在する。文化やビジネスの差異の認識と解釈に起因する、国内市場の隔たりが最も小さい外国市場へ進出すべきだという考えが最初に提言されたのは、三〇年も前のことだ。[注12] しかし、CAGEの枠組みはもっと広い観点から「隔たり」を考えているし、その上、実証の裏づけがある。

文化的な隔たり

ここでいう「文化」とは、法治国家としての国よりむしろ人々の間の相互作用で形成される属性に関するものである。国と国との文化的な隔たりは一般的に言って両国間の経済活動を減少させる傾向にある。この観点からいうと、図2－2（69ページ）の最初の棒グラフでわかるように、言語の影響がおそらく最も明白であろう。また、別の種類の言語の壁としては、フランク・パーデューの広告コピー「やわらかい鶏肉を作るには強い力が必要」がスペイン語では

表2-1

国レベルでのCAGEの枠組み

	文化的な隔たり	制度的な隔たり	地理的な隔たり	経済的な隔たり
国と国のペア（2カ国間）	・異なる言語 ・民族の差異、両者に民族的、社会的に接点がない ・宗教の差異 ・信頼の欠如 ・異なる価値観、規範、気質	・植民地関係がない ・共通の地域貿易ブロックにない ・共通の通貨がない ・政治的な対立	・物理的な隔たり ・国境を接していない ・時差 ・気候や衛生状態	・貧富の差 ・天然、経済、人的資源、インフラ、情報・知識を得る費用や質
国（1国または多国間）	・閉鎖的思考 ・伝統主義	・市場の不在あるいは閉鎖的経済 ・自国バイアスの度合い ・国際機関に非加盟 ・脆弱な制度、汚職	・陸地に囲まれていること ・国内での移動の難しさ ・地理的規模 ・交通、通信網が脆弱であること	・経済規模 ・一人当たりの所得が低いこと

「チキンを情愛深くするには興奮した男が必要」になってしまったという有名なNG例もある。実際、マーケティングの失敗は、このような外国語による偶発事故が占めていることが多い。[注13]

文化的な隔たりには、体系的に測ることができる要素が他にもある。経済交流を抑えるとされてきた要素には、民族性と宗教、信頼関係の欠如、平等主義の度合い（市場や政治の力を乱用することに社会が寛容かどうか）などがある。[注14]その他の文化的な属性には、極めて独自なもの（特定の色が好まれることなど）や、そういう属性に導かれて行動する本人でさえほとんどわからないような、小さなことなどもある。

たとえば、中国は伝統的に著作権侵害には寛容である。多くの人は、この考え方が中国の共産主義という過去によるものだと思っている。しかし、著書 *To Steal a Book Is an Elegant Offense*（未訳『本を盗むことは優雅な違法行為である』）でウィリアム・アルフォードが述べているように、おそらく彼らの姿勢は「私は創造するよりむしろ継承する。私は祖先を信じ、祖先を愛している」[注15]という、過去の知的活動がもたらした産物を復元するのを奨励する、儒教思想を反映しているのである。確かに、中国が最近の急成長を始める前、著作権侵害は西洋の出版社にとっては頭痛の種であった。たとえば一九二〇年代にウェブスターが中国で二カ国語の辞書を出版する直前に発見したのは、現地の出版社が既に海賊版を販売していたことだった。

クロスボーダーでの経済活動は、文化的な隔たりという形をとる二カ国間の属性に加えて、一国の文化的な属性にも影響を受ける可能性がある。閉鎖的かつ伝統主義的な文化を持った国は、国際貿易や国際投資に対して一段と閉鎖的になる傾向があり、そうでない国より孤立している。

国と国とが長期にわたって交渉を行えば、文化的な差異の影響を少なくとも少しは緩和することができる。そういった交渉はお互いを知るのに役立ち、組織がクロスボーダーで行う経済活動を支援する上で必要な種を蒔き、文化的な調整の必要性を減らす効果がある。一般的に言って、価値観や規範、気質、孤立性による差異は、中期的に見ても、言語、民族、宗教の差異よりも緩和できる余地があるようだ。

制度的な隔たり

制度的属性とは、法律、政策、政治的背景からできた制度などであり、政府により組織され、政府により執行される。協定や国際組織を含む、国と国との国際関係も、それを作った国々の間で維持されるという条件の下で、これに含まれる。

制度的・政治的な属性のうち、クロスボーダーでの経済活動に影響を及ぼすとして重力モデルが着目するのは、植民地時代のつながりがあること、同じ地域貿易ブロックに属すること、共通の通貨を持つことなどである。図で示した計量的分析によると、統治国・植民地のつながりは、たとえその関係が解消してから長い時間が経過していたとしても、貿易を三倍近くに増加させる。文化的に近いことや法制度が類似していることなどが理由だと思われる。系統だったデータが限られている中でいうと、海外直接投資はどちらかといえば場所によって違った特性を持つ。一九九七年から二〇〇一年の間に、スペインからの海外直接投資は大幅に増えた。そのうちの半分近くはラテンアメリカに向けられた。この割合は世界の海外直接投資にラテンアメリカが占める割合の一〇倍にものぼる。物理的にスペインからもっと近いヨーロッパは第二位だった。この例は明らかに、規模や地理的な隔たりよりもむしろ一九世紀に終了したはずの統治国・植民地関係に根ざす制度的、文化的な共通性が強い影響力を持つことを示している。

特恵貿易協定と共通の通貨は貿易を大幅に拡大する。図2－2（69ページ）からわかるように、両方がそろえば統治国・植民地関係よりもずっと強力に貿易を拡大する。過去五〇年の間に進んだヨーロッパの統合は、貿易相手との間の制度的な隔たりを減らそうという周到な努力のよい例である。反対に、関係悪化は制度上の隔たりを広げる。インドとパキスタンは同じ統治国の植民地であったという歴史を持ち、国境を接しており、言語のつながりもあるが、両国の長年にわたる対立のせいで、両国の公式な貿易額は重力モデルから推測される額の一〇分の一にも満たない。また、ドバイ・ポーツ・ワールドが、取得した五箇所のアメリカの港湾施設を手放す羽目になったことからわかるように、アメリカは中東からの投資を制限しようとしている。

最後の二つの例が示すように、制度的な隔たりは、一国の方針によって増減しうる。実際、クロスボーダー貿易に障壁を設けるのは、各国の政府であることが最も多いのだ。問題が国内で起きる場合もある。たとえば、経済協力開発機構（ＯＥＣＤ）の加盟各国は、国内の汚職防止に努めなければならないし、衛生、安全、および環境について極めて厳格な水準を守る必要がある。これらはいずれも企業の海外活動の妨げになる可能性がある。しかし、海外投資の障壁が作られるのは、進出先の政府によるところが最も多い。貿易割当、海外直接投資の制限、更に補助金や規制、調達面での優遇措置などによる国内企業の支援などがそれに該当する。

これらは全て、政府が結果に影響を及ぼせるだけの権力を持つケースである。しかし、進出先の国の制度的インフラが弱いことも、クロスボーダーでの経済活動を妨げうる。たとえば、汚職、脆弱な法制度、社会的な対立のある国でビジネスを行うことに多くの企業は消極的である（ある調査によれば、こういった現地の劣悪な状況を確認せず放置しておくと、どんな制度的制約よりもずっと貿易や投資の妨げとなる）。反対に、ある国の制度的インフラが強い場合は、クロスボーダーでの統合レベルは高くなる傾向にある。

地理的な隔たり

国々の地理的な属性でクロスボーダーでの経済活動に影響を及ぼすのは、通常は自然現象であるが、人的介入も含まれることがある。地理もＣＡＧＥの枠組みの一つであり、「隔たり」という言葉を聞くと大半の人が最初に思うのが「地理的な隔たり」である。そしてだいたいの人は、過去の実例や常識的な感覚から地理的な隔たりに注目し、他の条件が同じなら、遠い国ほどわざわざ出かけて行ってビジネスを行うのが難しくなると考えるのだ。

しかし、地理的な隔たりは、言ってみれば単なる二つの国の首都の物理的な隔たりである。

考慮すべきその他の地理的な属性には、国境を接しているかどうか、時差があるかどうか、気候が異なるかどうか、海に面しているかどうか、地形はどうか、国内から国境までの距離はどれだけか、などがある（ウィリアム・マッケンジー・キング元カナダ首相の、「わが国はさまざまな地理的条件が備わりすぎていて器用貧乏だ」という発言を思い出す）。更に、交通、通信のインフラなどといった人工の地理的属性も考慮に入れる必要がある。ただ、これらは地理的というよりは経済的属性とも言えるかもしれない。

物理的な隔たりの影響については更に詳細に説明する必要があろう。物理的な隔たりが大きいことで最も強い影響を受けるのは物流コストの上昇である。物流コストは海外直接投資よりも貿易に強い影響を与える。そのため、距離が拡大するにつれて貿易が減り、海外直接投資が増える傾向が見られる。しかし重力モデルは、距離の拡大に伴い通信や輸送にかかるコストが増加するため、距離の拡大によって海外直接投資も減少すると予測する。ロシアにおける知識を広げ、顧客対応を改善するために、グーグルが同国にオフィスを開設しなくてはならなかった例を思い出してみよう。

ここで得られる一般的な教訓は、クロスボーダーでの経済活動における地理的影響を考える際には、物理的な輸送にかかわる地理に加えて、「情報の地理」も考慮すべきだということだ。

経済的な隔たり

経済的な隔たりは、これまで既に議論してきた文化的、制度的、地理的な差異と異なり、経済メカニズムを通じてクロスボーダーでの経済活動に影響を及ぼす差異を指す。重力モデルは、経済規模（貿易の絶対額は増加するが、対国内総生産比では貿易が減少する）だけでなく、一人当たりの所得にも着目している。豊かな国は貧しい国と比較して、その国の経済規模と比べてより多くクロスボーダーでの経済活動を行う。そして、一人当たり国内総生産と貿易・投資フローの正の相関関係が示すように、この活動の大半は他の豊かな国を相手に行われる。もちろん、一人当たりの所得が高いと労働コストも高い。直接に比べた場合にも、技術の水準や訓練の度合いの差異で細分化して見た場合にも、こうした関係が見られる。同じような形で調べることのできる生産要素には、土地、天然資源、資本に加え、インフラや情報などといった先端人工資源などがある。

最後に、富－富の相互作用と富－貧の相互作用は、不完全ではあるが、互いに異なる経済的機能を通じて起きることが多い。具体的には、富－貧の関係は裁定を伴うことが多い。その場合、企業はバリューチェーンに沿って国際的な分業を行うことで、国内市場のみならず、相手国でも需要と供給を一致させる。バリューチェーンというのは、要は価値やコストを生む企業内でのいろいろな仕事を、流れに沿って並べたものだ。第六章で論ずるように、文化的、制度的、地理的な隔たりも裁定の基盤となりうるが、経済面での裁定が突出している。隔たりは全体的にはクロスボーダーでの経済活動を抑える傾向にあるが、特定の条件の下では促進することもある。

国レベルの事例：アメリカから見たインドと中国

ここで、CAGEの枠組みを使って、私がよく聞かれる具体的な事例、「アメリカから見て、インドと中国はどのように比較できるか」[注16]を見てみよう。まとめは**表2－2**にあるとおりで、

表2-2

アメリカ企業からみたインドと中国

	文化的優位点	制度的優位点	地理的優位点	経済的優位点
インド	・英語 ・西洋化したエリート	・共通の旧統治国 ・コモンロー ・政治的友好関係 ・長期的には低リスク?	・物理的な隔たり ・国境を接していない ・時差 ・気候や衛生状態	・特化した労働力 ・収益性 ・企業戦略と向上 ・ソフトウェアのインフラ
中国	・言語、人種の同質性 ・海外移住者	・ビジネスを行うのが容易 ・飛地	・アメリカ西海岸に近い ・港湾などのインフラが整備されている ・東アジアの生産ネットワーク	・大規模な市場 ・高い所得 ・豊富な労働力と生産性 ・潤沢な資本 ・サプライチェーン ・輸出への梯としての海外企業の存在

次に詳細に説明する。

文化的要因　インドとアメリカが文化的に近い根源的な要因は、英語が幅広く使われていることだ。英語がわかるインド人の人数は一億人未満から三億人以上と推定はさまざまだ。私は下限の一億人未満だと思うが、それでもなお中国よりは多いだろうというのがコンセンサスである。中国は一般的に、海外移住者の数や商業主義的な性格ゆえに優位だと考えられているが、インドからアメリカに移住した人々は一般的に教育水準が高く、ごく最近移住した人が多く、テクノロジー分野にかかわっていることが多い。

この二カ国の単独での文化的性格からはっきりした答えが得られるわけではない。中国のほうが言語的・人種的には同質であるが、それが進歩を促進するか、あるいは孤立を助長するかどうかは議論の余地がある。また、インドの階級・カースト制度に基づく社会基盤は一般的に言って嘆かわしい限りだが、西洋化したインドのエリートはインドとアメリカの経済的関係を深めてきたと言えるかもしれない。

制度的要因　イギリスによる植民地支配という歴史は、インドとアメリカにいくつかの共通点を与えている。その中で最も重要なのは、両国の法体系がイギリスのコモンローに基づいており、判例と解釈に重点を置いていることだ。対照的に、中国の法体系はドイツ民法に基づいており、絶対的な原則に重点が置かれ、個別の状況に左右されることがない。更に、現在のインドとアメリカは政治的に非常に親密である。そんな両国の関係は変わる可能性もあるが、アメリカと中国の政治的緊張がこの先数十年続くのは明らかだ。

一国の行政・政治的指標の見通しは時間軸によって異なる。今のところビジネスを行う上で中国のほうがインドよりも制度的・政治的な障害に直面することが少ないと考えている多国籍企業が多いようだ。彼らがそう考えるのは、中国には香港のような特別経済区や飛び地があること、また最近では中国で優遇税制を受けていたことが理由に挙げられる。ただ長期的には、法律の制定、私有財産の保護、破綻した国有企業や銀行の再建、政権交代などに対応していく必要があるという点で、中国はインドよりも難しい相手である。

地理的要因　全米で最もコンテナ取扱量が多い港であるカリフォルニア州ロングビーチからの距離でみると、インドのチェナイは上海よりも六〇%も遠い。しかし、インドの物流が抱える問題は輸送距離が大きいことだけではない。インドの港湾は非効率で仕事が遅く、アメリカに輸送を行う際の予想所要日数が六週から一二週であるのに対し、中国は二、三週間であり、インドのインフラが未整備であることを裏付けている。

その他で地理的に重要なのは、中国は経済活動が活発な東アジアという亜地域経済の中の大国だという点で、域内の貿易相手国は、海外直接投資で半分以上、輸入で四分の三を占める。中国とアメリカの貿易面での関係は、中国と東アジアをつなぐ幅広いネットワークに組み込まれており、ある面ではそのネットワークのおかげで拡大している。対照的に、インドが属しているのは経済的にそれほどダイナミックではない亜地域で、南アジアの近隣諸国との貿易はインドの貿易全体の五％未満にすぎない。

経済的要因　この題目の下では、一国ごとの要素に注目すべきである。中国の公式統計は経済成長率を二％から四％水増ししている可能性があるとも言われているが、それでも同国の経済はインドの倍以上の規模だと言われている。[注17] 更に、所得弾力性の高い製品の市場の規模はインドの五倍以上で、一人当たり国内総生産の高さがそこに現れている。中国は労働生産性が高く、同時に労働所得も高く、一般的に労働者の教育水準は高い。ただし、これらのどの指標でも、非常に高いレベル（たとえば、経験豊富な管理職、英語を話す高学歴者など）ではインドに遅れをとっており、一人っ子政策から推測される今後の人口動態もインドに比べてかんばしくない。これまでのところ、中国のほうがうまく労働力を農業から製造業に移し、国内資本を動かしている。中国の公式発表による貯蓄率は多少水増しされていると思われるが、国内総生産の四〇％から四五％で、インドの二〇％から二五％と比較すると高い。[注18]

中国が直面した、潤沢な資本があることのマイナス面は、投資収益が低下し、特に建設、インフラ部門で、自己統制のきかない企業による過剰投資が起きたことである。インド企業は安定してよい業績をあげている。更に、中国政府が中国企業をグローバル企業に育てようとして支援を行っているのに対し、インド国内の一流優良企業は、一般的に自国政府の支援をさほど受けていない。その代わりに、インド企業はより内部統制がとれており、投資の集中を抑えたアプローチをとっている。

中国では工業生産の約二〇％を外国企業が占めるのに対し、インドではもっと少ない。海外資本の入っている企業は中国の輸出に突出したインパクトを与えている。海外資本の入っている企業のシェアは五〇％を超え、付加価値の高い製品の分野では八〇％にものぼる。インドの輸出総額のうち、外国企業が占める比率は一〇％未満であり、またインドの輸出は最近では概ね中国の一〇分の一の水準なので、外国企業による中国からの輸出量はインドの五〇倍ということになる。これらの数字をみれば、この二カ国におけるサプライチェーン、つまり原材料の調達から最終顧客に至る、財やサービスの提供にかかわる事業活動の管理は、どちらのほうが発達しているかも明らかだ。

＊　＊　＊

非常におおざっぱにまとめると、一般的な目的を持って投資を行うアメリカ人にとって、地理的、経済的な側面では多くの場合中国のほうがインドよりも魅力的に見える。しかし、文化的および制度的な魅力はいくつかの側面でインドに劣る。

このおおざっぱな要約に、補足を四つ加える。第一に、視点の選び方が鍵となる。アメリカではなく西ヨーロッパから見ると比較の結果は違ったものになる。中国のほうが地理的に遠いが、インドが英語圏であることの重要度は下がる。更に、中国やインドよりも東ヨーロッパ、北アフリカのほうが海外進出先としてはもっと魅力的かもしれない。

第二に、中国もインドも非常に大きな国で、国内も差異に富んでいる。たとえば両国とも、海沿いの地域のほうが内陸部よりもずっと経済活動が活発で、CAGEの枠組みが国際的な状況のみならず国内でも応用できそうだ。だから、ガラスメーカーのサンゴバンはインド北部ではなく海沿いの南部に重点を置くことで、以前から進出していた外国の競争相手を追い越すことができたのである。

第三に、中国とインドの比較は、多くの場合、中国の市場規模の大きさや、高い労働生産性に焦点を当てている。表2－2（79ページ）で言えば右端の列だ。この表を見ると、もっと広い観点から見ることの重要性に気づく。広い観点から見た場合、インドとアメリカは、文化的あるいは制度的にけっこう近いという驚くべき結論に達する。文化的側面と制度的側面はCAGEの中でも見過ごされがちな側面であるから、これは決して偶然ではない。

第四のポイントは、第三のポイントの延長線上にある。おそらく、文化的あるいは制度的な隔たりに対して敏感な業種においては、インドのほうが中国よりも投資先としては適しているように見えるだろう。ソフトウェア産業がそのよい例である。文化の面で、英語を話すことが特に大切なビジネスであり、アメリカ在住の印僑（シリコンバレーのテクノロジー企業の労働力の三分の一以上を占め、ニューテクノロジー・ベンチャーの一〇％を経営していると言われている）の存在が非常に役に立っている。更に、海外での開発が進むにつれてアメリカからの隔たりはますます縮まり、高学歴の人材が増えたことで経済的に恩恵を受けている。アメリカから海外にアウトソースされたソフトウェア・サービスの三分の二以上をインドが占めるのに対し、中国は一〇分の一にすぎない。[注19]

ソフトウェアの例は、次のセクションで議論する業種レベルのCAGE分析に直接つながる。

業種レベルでのCAGEの枠組み

証券投資を行うファンドであれば、一般的に中国のほうがインドに比べてとても魅力的だという結論が出ただけで、もう十分に満足かもしれない。しかし、二カ国を比較する企業の幹部は、特定の業種という観点から比較したいと考えるはずだ。国ごとの差異のインパクトは、業種の特徴によって違うから、戦略を実行するにあたって企業は自分の業種を考慮すべきだ。**表2-3**は、それぞれの隔たりの構成要素への感応度が特に高い業種についてまとめている。このセクションではこの表について詳しい説明を行う。

文化に対する感応度

文化的な隔たりに最も感応度が高いのはどんな製品だろうか。文化的な隔たりを決定する一つの鍵となる要素が言語であるという前述の議論を踏まえると、言語への感応度が一つの指標となるだろう。言語の差異は、たとえばセメント業界よりも、ソフトウェアやテレビ番組制作にとってずっと重要である。同様に、民族的な差異に対する感応度が非常に高い、つまり民族的なアピールのある製品や、宗教的な差異に対する感応度が高い製品の例も考えられる。各国のデータを使ってクロスセクションの回帰分析を行うと、食品は文化的な隔たりに対する感応度が非常に高い製品だとの推定結果が出る。そんな結果が出るのは、民族的・宗教的な理由に加えて、あるコミュニティに属する消費者のアイデンティティに特定の製品が結びついているというのも一因である。たとえば、アメリカ人にとってコメは麺類やジャガイモと同じくどこ

表2-3

業種レベルでのCAGEの枠組み：感応度係数（カッコ内は事例）

文化的な隔たり	制度的な隔たり	地理的な隔たり	経済的な隔たり
文化的な差異がもっとも重要なのは以下の事例 ・製品が含む言語のコンテンツが大きい（テレビ番組） ・製品が文化または国のアイデンティティにかかわる（食品） ・製品の特徴が以下の点で異なる ○大きさ（自動車） ○標準（電気器具） ・製品が国固有の品質を伴う（ワイン）	政府の介入が多く見られるのは以下の事例 ・必需品の生産者（電力） ・他の「権利」の生産者（医薬品） ・大規模雇用主（農場） ・政府への大手納入業者（公共交通） ・国威産業（航空宇宙） ・国家安全に不可欠（通信） ・天然資源開発業者（石油、鉱業） ・巨額な回収不能額（インフラ）	地理が大きな役割を果たすのは以下の事例 ・製品の価値対重量比または価値対容積比が大きい（セメント） ・製品が破損しやすい、または傷みやすい（ガラス、果物） ・現地の監督・事業要件が厳しい（多くのサービス業）	経済的な差異が最大の影響力を持つのは以下の事例 ・需要の本質が所得水準によって異なる（自動車） ・標準化または範囲の経済が限定的（セメント） ・労働その他の要素のコスト差が顕著である（衣料） ・企業が需要に迅速に対応する必要がある（家電製品）

でもどれでも同じコモディティ化した商品だが、日本人にとってはもっとずっと重要な存在である。

業種レベルでの文化的な差異は他にもあるが、だいたいは経済的な差異から生まれ、それゆえに経済的な差異と区別がつけにくい。たとえば、日本人が小型車を選好するのは、経済的な事情を考慮したり、スペースが限られている国での便利さから小さいことが重宝されていたりすることに加え、それが慣習だからでもあるのだろう。

最後に、前述した文化に関する国レベルの議論では、文化的な差異のせいで国際的な経済活動は抑制される傾向があると述べた。しかし、それは一般論であって、業種レベルの事情が重なると、そんな傾向もある程度は緩和される可能性がある。傾向を緩和する原動力は主に垂直的な差別化である。つまり、ある特定の国（単数または複数）で作られた製品はとてもよいと思わせる効果だ。たとえば、フランスの大手シャンペン・ブランドは、地域ブランドを使うことによってグローバルな事業を確立することが可能だと示した。ディズニーやデニムなどといったアメリカのポップ・カルチャーを広める人々も同じように、原産地効果を強調すれば必ずしも製品が最高品質である必要はないことを改めて示している。

消費者向け製品で最もグローバル化が進んだ顧客層を持つのは贅沢品と若者向け製品だと言われているが、シャンペンとミッキーマウスの二つの垂直的な差別化の事例はこれに相当している。嗜好について国を超えた多様性を分析するにあたり、より一般に学ぶべき点は以下の二点である。

・垂直的差別化と、異なる国の消費者が同じ商品に非常に異なった評価を与える水平的な差別化（例：嗜好が似ているのでなく異なる）を区別する。

・より細かい水準で分析を行う。即ち飲料としてではなくシャンペンとして分析する。同様に、ひとくくりに「食品」としてまとめるのではなく、パン製品（距離に対する感応度が高い）や、豚肉や鶏肉のようなたんぱく質製品（距離に対する感応度が低い）として細かく分析する。

制度に対する感応度

制度的な隔たりは往々にして国内産業を保護または規制する意向から生まれる。政府は、何らかの理由で産業を外部との競争から隔離しようとして障壁（関税、規制の複雑化、国内調達規則など）を作る。一般的に、このような障壁は国内産業が以下の基準の一つ以上を満たす場合に設けられる傾向が高い。

・**必需品を製造している**　政府は、国民の日常に欠かせないと思われる製品の国内市場には介入する可能性が高い。たとえば、食品、燃料、電力などが該当する。

・**権利を生み出すモノやサービスを生産している**　同様に、ヘルスケア業種などのような、基本的人権として市民に提供すべき製品やサービスを作り出す業種もある。政府は品質管理を目的として、またそのような産業の価格制御を目的として、介入することが多い。

・**大規模な雇用主である**　多数の有権者層を抱える業種は、往々にして補助金、輸入制限といった形で国の援助を得ている。農民や織物、衣料部門の労働者がこれにあたる。

・**政府に対する主たる納入業者である**　政府が主たる買い手である場合（公共交通手段な

ど）は明らかに政府の介入の余地が広がる。

・**国の代表的な産業である**　国の近代化や競争力の象徴となっている産業または企業もある。たとえば、大型旅客機市場におけるボーイングとエアバスの激突は、大西洋を挟んで感情的な強い反応を引き起こしている。この産業は政府にとって、直接関係する雇用やカネ以上のものを意味している。

・**国家安全保障に照らして不可欠であるか、または不可欠だと考えられている**　政府は安全保障と深い関係があると考える産業を保護すべく干渉する。最近の例では前述のドバイ・ポーツ・ワールドや、中国海洋石油総公司によるユノカル買収の動きに対する介入などが挙げられる。

・**天然資源を支配している**　石油・ガス業種の他の事例や、最近のボリビア政府による天然ガス田の再国有化は、天然資源は国の財産であり、それを手に入れようとする海外企業は略奪行為を行っているとみなされることがときどきあると示している。

・**多額の埋没費用が投下されている**　前述の重工業の投資は多くの場合、多額である、撤退による回収ができない、地理的に特殊である、といった特性を持つ。こういう業種は初期投資が行われた後では政府介入に対して脆弱である。

これらの特徴がよく当てはまるにもかかわらず、それを無視したために痛手を被っている産業の例が、電力業界である（ここでは、発電、送電、販売を含む）。一九世紀後半、この業界は主要な「ハイテク」分野であり、当初は海外から多額の投資があった。これほど資本集中度が高い産業はそれまで蒸気鉄道しかなかった。しかし、この業界の企業の株式を外国人が保有することに政府は強い抵抗を示した。ロシア革命の頃からは「国内化」が世界の流れになり、一九七〇年代後半から一九八〇年代初頭までそんな傾向が続いた。

反グローバリゼーションの時代の後、世界中の電力業種で規制が緩和され、海外直接投資への関心が再び高まった。その結果、特に発電の分野で世界規模の投資バブルが起きた。[注20] このバブルを背景に、一九九二年から二〇〇二年までの間に四〇〇〇億ドルを超える海外直接投資が行われたが、そうした投資の価値はその後一〇〇〇億ドル以上下落した。新興国では、下落した原因のほとんどは現地政府による投資条件の見直しと財産没収によるものであった。制度があるから安全だという感覚がこれほどこっぴどく裏切られる事例が今後は発生しないという保証はない。

地理に対する感応度

地理的な隔たりに対して最も感応度が高いのはどんな業種だろうか？　貿易フローに関して言えば、価値対重量比または容量比が小さいもの（例：セメント）、輸送に危険を伴うもの、輸送中に傷《いた》みやすいもの（例：ファーストフード）、国内調達比率の規制が非常に高いものなどが直感的に思いつく例だ。

地理的な隔たりが海外投資に及ぼす影響を具体的に挙げるのは難しい。海外投資は貿易の代替として行われる場合もあれば、貿易の補完として行われる場合もあるからだ。その結果、研究者たちの間では意見が分かれている。現地の業績がよい場合や政府の監督が厳しい場合を例にとると、海外直接投資は減少する（貿易が制限されるため）との主張もあるし、増加する（貿易の代替としての投資を促進するため）との主張もある。しかし、物理的な隔たりは一般的には貿易にも海外直接投資にもマイナスの影響を及ぼすことを思い出そう。したがって、貿易と海外直接投資は同じ向きに動く傾向が強い。

地理的な隔たりが海外直接投資に強い影響を与えることを示す例を、メキシコのセメント会社セメックスの例で示してみよう。詳しくは第三章で述べるが、セメックスは当初、新興国での買収による海外事業拡大に注力し、ラテンアメリカでの投資機会がなくなった後は、インドネシア（メキシコからは地球の反対側に近い）にまで食指を伸ばした。しかし、最近の買収や情報筋から判断すると、同社は活動の中心を西半球に戻し、本拠地周辺に地理的要塞を築こうとしているようだ。

経済に対する感応度

経済的な隔たりをミクロな業種レベルの観点から見るにあたり、ある業種の代表的企業の価値を、供給サイドのコストと需要サイドの支払意志額とに分解してみよう。追加の需要と供給はミクロ経済学の議論であり、第三章で更に深く論じることにする。ここでは、供給サイドと需要サイドそれぞれの経済的な隔たりへの感応度が何で決まるかを見てみよう。

まず供給サイドを考える。経済的な隔たりに最も強い影響を受けるのは、国によってコストの絶対額にばらつきがある要素が、コスト全体に大きな割合を占める製品である。労働集約性の高い製品はこの点で顕著であるが、セミ・グローバリゼーションの現実においては資本のような要素のコストもある程度は場所固有であり、資本が場所固有であることに伴うばらつきが製品に影響を与える。

次に需要サイドを考える。支払意志額、そして一人当たり所得の大きな差異が、国境の向こうを見る動機となる。しかし、所得格差は、それがさまざまな製品に対する嗜好の差を意味する場合、国際的な経済活動を促進するよりもむしろ妨げる傾向にある。消費者の嗜好に反応して多くの種類の製品を取り揃えたり、トレンドに機敏に反応したりすることが要求される業種も、それに伴う費用がかかるために、クロスボーダーでの海外活動の水準は比較的低い。

支払意志額やコストほど具体的ではないが、経済に対する感応度を測る上で役立つ尺度もある。そうした尺度には経済的な隔たりが、それぞれの国の顧客、販売網、ビジネスシステム、産業構造などの差異にどの程度つながるかといったものがある。これらは業種レベルにおける隔たりの影響を予想する上で重要である。ある研究によれば、アメリカへの輸入障壁を形作る大きな要因になっているのは、海外輸送費と関税の合計よりも、国内のマージン（国内輸送、卸売、小売にかかる費用）である。[注21]

このセクションをまとめると、CAGEの枠組みは通常、業種レベルで最もうまく当てはまるということになる。言い換えれば、CAGEの枠組みの目的は国ごとの差異を見つけるだけではなく、分析しようとしている業種において最も重要な差異は何であるかを理解することにある。これによって、分析をマクロレベルからミクロレベルに掘り下げることができる。

活用例

業種レベルで考えると、CAGEの枠組みは非常に応用範囲が広い。最も重要な応用例を五つ挙げてみよう。

CAGEの枠組みの応用の一つは、鍵となる差異を顕在化することである。これは長々と説明するまでもなく明らかかもしれないが、スターTVの事例を見ると、強調する価値があることがわかるだろう。[注22]

差異の顕在化

スターTVは一九九一年に放送開始した、アジア人口のうち所得で上位五パーセントに入る人たちを対象にした衛星テレビ・サービスである。当時、伝統的に地上放送は地理的な隔たりという制約に支配されていた。衛星を巨大な放送アンテナとして使うことによってそれが解消された。それを受けてスターTVは、電波が届く汎アジア域内の国際的なエリートをターゲットにした。彼らは衛星放送の受信料を払うだろうし、彼らに向けた広告も集まるだろうし、彼らは別の地域で作られた英語番組の再放送を見たいだろう（このやり方ならスターTVは現地語の番組を改めて制作する費用を削減できる）と考えたからだ。ルパート・マードックのニューズ・コーポレーションは、ケーブルテレビよりも衛星放送が優位だと考えていた。ニューズ・コーポレーションはスターTVのビジネスモデルと、アジア全体に英語番組を投入するという同社の考えに傾倒し、一九九五年に創業者である香港の大富豪、李嘉誠からスターTVの全株式を八億二五〇〇万ドルで買収した。

二〇〇六年にスターTVはようやく黒字となった。しかし、ニューズ・コーポレーションにとって、これは投資の失敗例になった。その原因が隔たりである。衛星放送は確かに地理的な隔たりを減少させたが、彼らは他の側面の隔たりを考慮せず、残念ながらスターTVは当初、その隔たりを軽視しすぎたのを後から思い知らされた。

・**文化的な隔たり**　スターTVは当初、ターゲットとする視聴者層の多くが英語を第二言語とするというだけの理由で、アジアの視聴者は英語番組で満足すると思っていた。大陸ヨーロッパの事例を見れば、視聴者はたとえ外国語が理解できても、選択肢があれば現地語のコンテンツを強く選好する場合があるのがわかっただろうに、スターTVはそれを無視した。

・**制度的な隔たり**　視聴者に与える影響が大きいテレビ業界は、株式の外国人保有割合が政治的な制約を受ける。ニューズ・コーポレーションは制度に無頓着だったようだ。スターTVを買収してまもなく、ルパート・マードックは、「衛星放送は（当局以外が出所《でどころ》の情報を視聴者が得られるようになるので）世界中の全体主義国家にとって明らかな脅威である」と言い放った。[注23] これを受けて、中国政府は海外の衛星放送を中国国内で受信することを禁止した。その後、マードックの中国戦略の多くは、この墓穴から抜け出すことに四苦八苦することとなった。

フォックスTVを買収するにあたってアメリカ国籍を取得しなければならなかったというマードックの経験や、政治面での彼の直感は概ね正しかったことを考えると、マードックが制度的な隔たりの問題に気づかなかったのは驚くべきことである。しかし、彼やニューズ・コーポレーションの海外経験は英語を話す民主主義圏に限られていた。結果を見てもわかるように、彼は中国に進出するには準備不足であった。

鍵となる差異をはっきりさせるのは非常に重要なことだ。CAGEの枠組みを使えば差異が明らかになる。国境を越える経営者の多くは、国境の向こうの事情をよくわかっていない。クロスボーダーの問題に対応しようというとき、個人的な経験では不十分である。アメリカ人の広報担当は、反全体主義の発言が問題になりかねないなどとは思ってもみなかったのかもしれない。こういった死角も、ＣＡＧＥの枠組みの全ての側面に十分注意を払うことによって最低限に抑えることができる。

外来種であることの負荷の理解

ＣＡＧＥの枠組みの二つ目の活用例は、第一章で論じたグローバリゼーション津波論に基づく構想を持つ意気揚々とした多国籍企業の妄想に対する解毒剤である。ここでは、ＣＡＧＥの枠組みを使って、多国籍企業であることが現地の競合他社と比較してハンディキャップとなる場合を考える。具体的には、多国籍企業の相対的ポジションに影響を及ぼしうるような差異、いわば外来種であることの負荷（不慣れな現地の環境で戦う際の不利な条件）を洗い出す。[注24] これは多国籍企業にとっても競合する現地企業にとっても役立つ分析となりうる。

視野を広げ、多国籍企業が必ず成功するという思い込みを克服してもらうために、多国籍企業が現地の競合他社に対して不利になりうる点を**表２－４**にまとめた。具体例として美容化粧品を挙げる。この業界では、フランスのロレアルとアメリカのプロクター＆ギャンブルという二つの多国籍企業が過去数十年グローバル市場での競争力を高め、今では世界各地の主要市場でトップを走っている。その中で最大の例外が韓国で、同国では現地のアモーレ・パシフィックが化粧品市場の三〇％を握る。韓国第二位のメーカーのシェアは八％、多国籍企業大手のロレアルのシェアは五％である。アモーレ・パシフィックの営業利益はこの業界では世界で最も

表2-4

多国籍企業が対現地企業で背負う可能性のある不利な条件：CAGE分析

<table>
<tr><th>文化的に不利な点</th><th>制度的に不利な点</th><th>地理的に不利な点*</th><th>経済的に不利な点</th></tr>
<tr>
<td>現地化する際に不利な点：言語、伝統、アイデンティティ（放送局 vs セメント）

さまざまな嗜好にあわせる（水平的差別化）際の不利な点

• 特殊な嗜好（魚肉ソーセージ、トランクス）
• デザインの違い（家電）
• 標準の違い（電気製品）
• 大きさ、包装の違い（加工食品）
• ターゲット層の違い（ポータブルラジオ、カセットプレーヤーの日米での購買層）

確固とした地元製品選好

需要の現地品への偏り（国産品キャンペーン）

社会的つながり、ネットワークの不足</td>
<td>現地政府による海外製品や企業の差別。通常以下を伴う

• 政府の深い介入
○規制（ヘルスケア）
○調達、資金（建設）
○政治的に重要（テレビ放送）
○国有（インフラ）
○公認の国産企業（航空宇宙）
○国家安全関係

• 国内における転換への組織的な抵抗（農業、織物）
• 愛国主義の影響（天然資源）
• 規模／特徴／戦略的性格（自動車）
• 資産特有の問題や、プロジェクト遅延の可能性（インフラ）

現地政府との交渉が世界の別の場所における活動のために受ける制約（ダライラマをめぐるディズニーと中国）

現地国による制約（汚職）
複数の規制要件
本国・現地当局間の関係の制約（中国におけるモトローラ）</td>
<td rowspan="2">高い輸送費用
通常以下を伴う

• 価値対重量・容量が小さい
• 輸送に伴う危険、困難
• 傷みやすさ

必要な交通・通信のインフラの欠如

現地の監視要件が厳しい

価値を生む活動について現地で満たすべき要件を課せられる（多くのサービス業）</td>
<td rowspan="2">価格面で不利（労働力、管理者、リストラ、適応）

納入業者、仕入れ・流通網、商業システム、規制が異なる場合ノウハウ面で不利

消費者ニーズにあったさまざまな商品を機動的に提供する際の不利

グローバル市場における価格設定が制約されること（本国の株主が現地の市場についてなじみがない）

生存競争が厳しい中、現地の競争が効率的かどうか
そこへ進出することによる収益性の希薄化

後発組としての不利

ある市場に対するコミットメントが小さいと見られること</td>
</tr>
<tr><td colspan="2">衛生、安全、環境等に関する自国の標準（あるいはもっと一般に文化）の影響度（アメリカの靴やアパレルのメーカー）</td></tr>
</table>

* こうした地理的に不利な点は、海外からの投資よりも国際貿易に及ぼす影響のほうが大きい。

高い水準にある。多国籍企業が韓国市場でこれほど苦戦するのはなぜだろうか。

ＣＡＧＥの枠組みを使えばこの質問に対して複数の回答が浮かび上がる。なによりも、美容化粧品は文化的先入観に左右される自己顕示商品の最たるものである。韓国は特にスキンケアやメイクアップへのこだわりが強い。アジア人特有の肌や美の概念、特に東アジア市場の「美白」という嗜好を背景として、スキンケア製品は水平的な差別化が可能な分野である。そんな影響があいまって、多国籍企業のグローバルな製品ラインナップの文化的魅力に制約となった。更に多国籍企業は関税、製品規制における差別、韓国化粧品工業協会の「韓国人に適している のは韓国製化粧品」というキャンペーンなどの制度的な障害にも直面した。更に経済面では、韓国では訪問販売が非常に重要な販売経路であるのに対し、多国籍企業は訪問販売へのアクセスがなく、規模が小さくコストも高い百貨店という販売経路に限定され、規模の経済の恩恵を得られなかった。これらは、美容化粧品メーカーの多国籍企業が韓国に進出し、事業を拡大し、認知度を高めるようとする際、考慮すべき非常に重要な点である。

外来種であることの負荷を克服するために取りうる最も手っ取り早い手段は、現地の競合他社を買収することだ。しかし、現地の競合他社を買収したら現地で競合できるようになるかどうかは場合による。スターＴＶに関しては、マードックが当初の李嘉誠とのパートナーシップ、更に李氏の持つ中国政府との深い関係へのアクセスを維持していたほうが、会社を完全に買収するよりもよい結果が得られたであろうというのが大方の見方である。

自然な所有者の特定と海外の競合者との比較

多国籍企業がある市場で現地企業に勝てる自信がある場合でもＣＡＧＥの枠組みは有効だ。

CAGEの枠組みを使えば、多国籍企業の国ごとの相対的位置をより細かい解像度で見ることができる。たとえば、フィデル・カストロ死後のキューバはどうなるだろうか？　という興味深い疑問について考えてみよう。国の開放が一段と進むと仮定して、キューバで勝つのはヨーロッパ企業だろうか、アメリカ企業だろうか？

キューバとの政治的関係は、現在ではヨーロッパのほうがずっと良好であるし、同国はヨーロッパの一国であるスペインと、言語・植民地のつながりがある。しかし、その他のほとんどの側面ではアメリカのほうがずっとキューバに近い。地理的な近さは極めて明らかで、晴れた夜にはマイアミ市街の紫のネオンがハバナの港から見える。更に、少なくとも文化的な面からもキューバとアメリカはけっこう近いのである。たとえば、キューバはサッカー圏ではなくて野球圏である。スペインの言語面での優位は、アメリカ、特にマイアミ周辺でスペイン語が第二言語として使われているという点で部分的に相殺される。マイアミ自体はラテン圏の外にあるが、ラテンビジネスの地域ハブになっているし、アメリカに移住した大量のキューバ人のハブでもあり、現在は活用されていないものの、将来は両国の接点として拡大する可能性がある。

キューバがアメリカの植民地になったことはない（ただしアメリカは何度もキューバ島の購入を試みている）。しかし、カストロ革命以前は、犯罪組織を含むアメリカのビッグ・ビジネスがキューバ経済を独占していた。そうしたビッグ・ビジネスや、アメリカに脱出したキューバ人たちが、カストロ政府と利権を争っている。カストロ後の正常化の時期になれば、非常に大きな富の移転が起きるだろう。アメリカ企業が参入する前にヨーロッパ企業が先発組の優位を確保する業種を除けば、アメリカ企業がヨーロッパ企業に勝つだろうと私は思う。

ここでの分析は業種レベルに掘り下げることができる。最近では、どの国の企業がどの市場で勝ち組になれるかを予測するのに役立った成功例が報告されている。たとえば、全体的に言ってアメリカの企業は中国よりもインドで業界上位の地位を得ていることが多い。また、そのインドよりもっとアメリカ企業が成功しているメキシコでは、彼らはスペインの企業をも凌駕している。注25 こうした「自然な所有者」としての優位は認識しておくべきだが、他の要素、たとえば国際戦略の巧拙によってこの優位は簡単に覆されうることを理解しておく必要がある。

市場の比較

CAGEの枠組みは、ある会社の観点から市場を比較するのに使うこともできる。このトピックについては既に基本的な考えを示したので、ここでは応用として、前述したアモーレ・パシフィックにとっての中国およびインドの二市場について考える。

韓国企業の立場から見た場合、いくつかの点で中国のほうがインドよりも魅力的である。おそらく最も明白なのは、ニューデリーがソウルから三〇〇〇マイル近くも離れているのに対し、北京は六〇〇マイルも離れていないことだ。更に、人々の往来が盛んだったことによる民族的な類似点、儒教や仏教の影響、古代に中国東北部から北朝鮮まで広がっていた高麗王朝の存在、韓国が一〇〇〇年にわたり漢字を利用していたことといった、韓国と中国の歴史的なつながりが、両国の関係をいっそう強いものにしている。最近では、韓国映画、テレビ番組、ミュージシャンなどが中国で人気を得ており、この熱狂ぶりを両国のメディアは「韓流ブーム」と呼んでいる。

国レベルの類似点が更に強化されたのは、業種レベルでは中国の漢方薬システムが韓国に及ぼした影響（歴史的に、韓国は中国から日本への漢方薬の輸送経路であった）によるもので、企業レベルでは、アモーレ・パシフィックが朝鮮人参、緑茶、竹の樹液を独自の成分として謳っており、これが中国の伝統の共感を呼んだことによるものであった。インドは、こうした側面のどれをとってもさほど韓国に近くなく、したがってより難しい市場であろうと思われる。

隔たりで割引く

以上の例は全て定性的なものだが、隔たりの影響を測るのに数量的なアプローチをとることも可能である。たとえば、企業がどの市場で競合すべきかを決めるのに最も一般的なツールは国別ポートフォリオ分析であるが、これは市場規模の尺度を基本的な構成要素としている。残念ながら、この切り口はまさに私が第一章で批判した「規模至上主義」の処方箋である。改善策の一つとしては、市場規模または可能性の尺度の原数値を、広義の「隔たりの尺度」で割引く（具体的には割り算する）ことである。こんな調整のやり方はかなりおおざっぱだが、隔たりがどれだけ大事かを考えると、隔たりに関する何らかの調整を行うほうが、調整を全く行わないよりもまっとうなやり方である。

例として、ペプシが一九九七年にスピンオフしたヤム・ブランズ（ピザハット、タコベル、ケンタッキー・フライドチキンなどのファーストフード・チェーン）を見てみよう。当時のヤム・ブランズの海外事業は世界中に散在しており、二一カ国でレストランを展開していたが、そのうち僅か七カ国が海外売上高の三分の二、利益ではそれ以上を占めていた。更に、債務負担が重く、海外事業の収益性が低いため、投資可能額は最大のライバルである、マクドナルドのアメリカ国外への投資額の一〇分の一にも満たなかった。その結果、ヤム・ブランズの海外事業部門のヘッドであるピート・バッシは、事業を展開する市場を主要な一〇カ国に減らそうと決めた。しかし、どの一〇カ国にすべきだろう？

図2－3は、ヤム・ブランズが事業を展開している市場のうち、主要な二〇箇所について、一人当たり所得、一人当たりのファーストフード消費額、ファーストフードの市場規模（図の中の円の面積）を描いたものである。企業はだいたい、こういうチャートを描いて国別ポートフォリオを考え、主要一〇市場を選ぼうとすると、チャートの真ん中から右のほうにある大きな円ばかり見てしまう。しかし、このやり方では、隔たりの影響を全く無視することになる！

隔たりを考慮することによってどれほどの差が出るかを感覚的に理解するにあたり、図に示されているメキシコの例を挙げる。メキシコはファーストフード消費量では二〇カ国中で一六番目にあたる。[注26] このランキングと、予想される一人当たり所得および消費が低いことを考慮すると、ヤム・ブランズはメキシコから撤退すべきだと思える。しかし、各国の市場規模を、会社の本拠地ダラスからの地理的な隔たりの大きさで割って調整すると、メキシコの市場機会は第六位に躍進するのだ。更に、国境を共有すること（共有する国境がない場合はビジネス機会が半減すると仮定する）、そしてメキシコがアメリカ同様にＮＡＦＴＡの加盟国であること（共有する貿易協定がない場合もビジネス機会が半減すると仮定する）を反映するために数字を調整すると、メキシコはカナダに次いで第二位に上昇する。もちろん、調整の全てがプラスではなく、メキシコがアメリカと同一の言語を使っていないことでランキングは僅かに後退する。それでも同国はカナダ、イギリスと並んで上位三市場に入る。[注27] 結論として、隔たりをしかるべく考慮すると、メキシコの市場機会は比較的大きいことがわかる。対照的に、隔たりの調整を行わない国別ポートフォリオ分析では、ヤム・ブランズはメキシコから撤退するべきだとの結論になっていたかもしれない。

図2-3

世界の主なファーストフード市場：一人当たりの消費額と所得

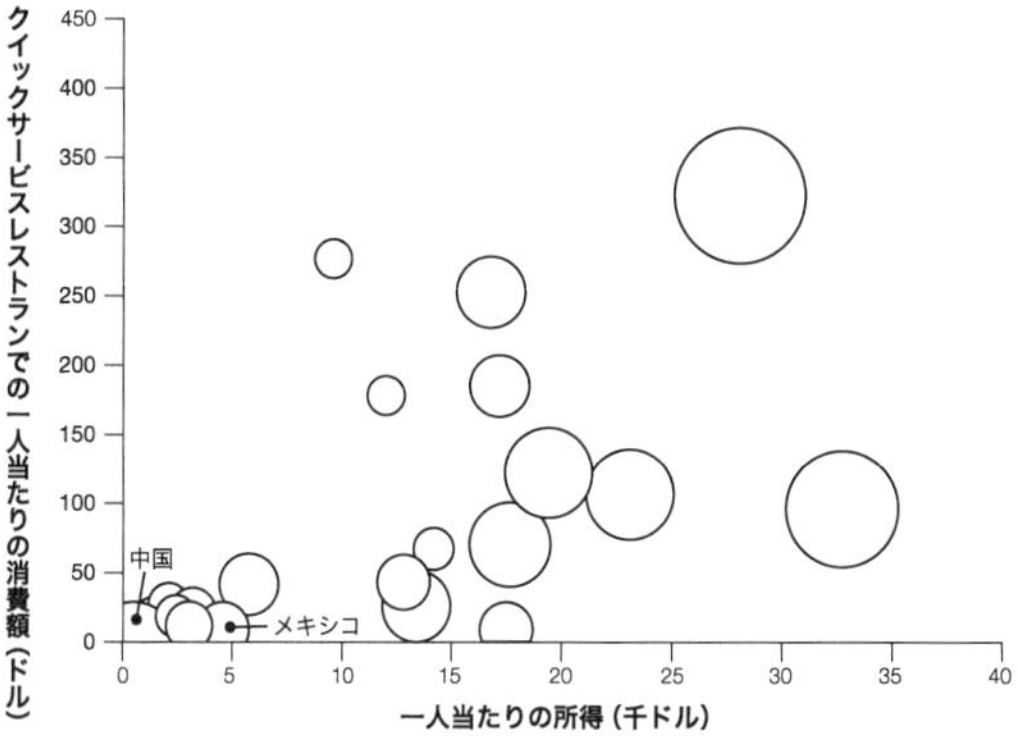

出典：Pankaj Ghemawat, "Distance Still Matters: The Hard Reality of Global Expansion," Harvard Business Review, September 2001, 146.

バッシの見解はどうか？　「メキシコは当社が最優先して注力する市場である」

ここでのやり方はおおざっぱであるし、加えて他にも二つ欠点がある。まず、隔たりで割り引くというやり方がどこまで有効かは状況によって違う。本拠地と、考慮対象のさまざまな海外市場との隔たりの大きさがまったく異なる場合（ヤム・ブランズはこの条件を満たしている）に、この手法は最も有効である。

もっと重大な欠点は、市場分析は分析なり事業なりを成功させる要素のほんの一部分（場合によっては本当に小さな一部分）にすぎないことだ。分析や事業を大成功させるには、市場の可能性をただ単に機械的に調整するだけでなく、競争上のポジショニングやその他の新しい改善された戦略に基づいて創造的に考えないといけない。

バッシがアメリカ外の事業をどのように再建するか決めてからのヤム・ブランズの躍進が、そのよい例である。一九九八年に二六三箇所しかなかった中国の店舗は、二〇〇五年には一八〇〇店舗に増加し、二〇〇五年に中国であげた営業利益は一九九八年に会社が海外事業全体であげた営業利益よりも大きかった。会社の資本コストが九%なのに対し、中国における投資収益率は三〇%を超え、今ではヤム・ブランズは独占的な中国ブランドを作ることを主要な企業戦略の一つと位置づけている。また、同社は中国のケンタッキー・フライドチキンの成長ぶりを、いつか「(アメリカにおける) マクドナルドと同じぐらい」ビッグになる勢いだとしている。[注28] このすばらしい成果の裏には何があるのだろうか?

短く言えば、ヤム・ブランズは、中国のケンタッキー・フライドチキンの業態を変え、メニューを拡大し、テーブルでのフル・サービスを提供し、設備も改善した。中国は急速に発展を遂げたが、割安なカジュアル・ダイニング、特に信頼できる品質を持った店は依然として不足しているという現実を認識したのがそうした理由である。ヤム・ブランズ中国は、この拡大する業態でいまだに大きな競争相手に出会っていない。

この結果と、一九九八年における市場の隔たりで指標を割り引いただけの分析から得られた予測の違いに注意してほしい。後者の分析では、中国は注目すべき市場のトップ一〇にも入らなかったであろう。この考えを拡張すると次のように言える。隔たりを調整する試みは通常は正しい。しかし、それはよく考慮された競争上のポジショニングや戦略のその他の要素の分析に取って代わるのではなく、あくまでもそれらを補完するものである。競争上のポジショニングやその他の戦略の要素については、第三章以降で深く議論する。

結論

「第二章のまとめ」で、本章の具体的な結論をまとめた。復習しよう。第一章ではグローバリゼーションを考えるときは本拠地と外国の差異が大事だと論じた。本章では差異があるという点だけではなく、差異自体の大きさが国ごとに違っているという細かい点を検討した。本章の革新的なところは、CAGEの枠組みという新しい手法を紹介した点である。これはさまざまな尺度から「差異の差異」、つまり二国間の隔たりの違いを測るものである。伝統的な国別分析モデルに二カ国間の隔たりという尺度を加えることで、グローバル・ネットワーク上の格子点として国を捉えることができる。

CAGEな隔たりの枠組みの主旨とその利用方法を説明したが、ここで言っておきたいのは、国際戦略を構築するのに隔たりだけでは基礎として十分でないということである。だから本書はここでは終わらない。CAGEの枠組みはグローバルな状況を地図に描くのに役立つ。しかし、その地図の中でどのように行動するかを決めるには、国境を越えることで得られるものと失うものを、より詳しく理解する必要がある。たとえば、ウォルマートの市場参入に関する意思決定をもう一度考えてみよう。本社のあるベントンヴィルからの隔たりが拡大するにつれて店舗の収益性が低下している（65ページ、図2－1）というのは確かに驚くべき発見だ。しかし、その関係を分解してみるともっと有意義なことがわかる。即ち、ウォルマートが利益をあげている国では、市場に占める同社の売上高のシェアが五％を上回っており、利益をあげていない市場では同社の売上高のシェアは二％を下回っている。調達や流通へのアプローチが機能するためには、比較的大きな市場シェアを現地で確保する必要があるのは明らかだ。だとすると問題は、「隔たりを考慮し、また会社の戦略や考え方などに鑑みて、あるターゲット市場で目標とする市場シェアは達成できそうかどうか？」だということになる。第三章では、そうした観点から、価値創造と価値創造を駆動する要因について検討する。

第二章のまとめ

1　セミ・グローバル化した市場では、国ごとの差異も類似点も共に考慮する必要がある。
2　クロスボーダーでの経済活動において、差異が及ぼす影響は、類似点が及ぼす影響よりもずっと大きく、その影響がなくなることはなさそうである。
3　隔たりは、国ごとの類似点よりも差異の度合いをはかるのに優れた尺度である。
4　隔たりは、文化的、制度的、地理的、経済的の四次元で形成されるものとして検討すべきである。これを要約したものがCAGEの枠組みである。
5　CAGEの枠組みは、通常、業種レベルで最もうまく機能する。国ごとの隔たりの重要性は、業種の特徴によって異なるからである。
6　CAGEの枠組みを使えば、隔たりを顕在化させ、外来種であることの負荷を理解し、海外の競合他社を理解し、市場を比較し、隔たりで市場規模を調整することができる。

第三章

ハーゲンダッツは
ヨーロッパの会社ではない

GLOBAL VALUE CREATION
The ADDING Value Scorecard

人の不幸の大部分は、ものの価値を間違って
予想した結果であると私は認識している。

ベンジャミン・フランクリン
Whistle（1779）

第二章では、CAGEな隔たりの枠組みを通して国ごとの類似点と差異について述べ、それが国レベル、業種レベルでどれほど重要であるかを説明した。本章では、隔たりが依然重要である世界において、なぜ企業はグローバル化する必要があるのかという点について議論する。

本章は、まずグローバル戦略がよく掲げる（または掲げることを怠る）「なぜグローバル化するのか？」という点について手短に概観する。次に、一国向けに開発された価値創造のロジックを、クロスボーダーの状況に応用したADDING（付加）価値スコアカードを提示し、セメックス社の事例を使って説明する。セメックスはメキシコを本拠地とし、一九九〇年代初頭以降グローバル・リーダーとしての地位を確立したセメント会社である。本章では、ADDING価値スコアカードとその要素について詳細に考察し、同時に分析の指針や実践に関しての具体的な疑問点について検討する。最後に、持続性の問題に対応するにはどのように分析を広げるべきか、どうやって分析の精度を高めるか、更に有利な戦略オプションを手に入れるには戦略的オプションをどう分析し、行使すべきかについて簡単に述べる。

なぜグローバル化？

企業のグローバリゼーションに関する文献のほとんどは「（そもそも）なぜグローバル化すべきか」という疑問に答えようとしていない。これが省略されている理由はいくつかあるが、最大の理由は、グローバリゼーション津波論の信者がはびこっているからだ。だから必然的にこの質問は無意味なものにされてしまう。

あるいは、「なぜ」の議論は脇へ追いやられてしまったのかもしれない。一九八〇年代後半以降に企業の観点から書かれたグローバリゼーション関連の文献は、「なぜ」ではなく「どうやって」に関する内容が圧倒的に多かった。つまり、遠隔地の事業同士をどうやって結ぶか、どうやってグローバル・ネットワークを構築するか、グローバル・マネージャーをどうやって発掘し教育するか、真にグローバルな企業文化を作るにはどうしたらよいか、等々だ。[注1]また、文献がグローバル組織ではなくてグローバル戦略を論じている限り、グローバル市場でのプレゼンスをどうやって獲得するかが話の中心になる。具体的には、適切な市場への参入、適切な買収、適切な提携先の選択などだ。[注2]どこで誰がといった重要な疑問には答えているが、依然として「なぜ」についてはほとんど触れていない。

三番目に、もっと実践的な観点から見ると、グローバル戦略行動は非常に複雑で不確実性に左右される。その結果、話は結局、信じるかどうかに行きついてしまう。比較的小さな意思決定を考える際は費用対効果を細かく分析するのに、重大な意思決定を行うにあたっては単に両手《もろて》を挙げて動物的勘に従うという、単一国戦略でよく見られる傾向がここでも見られる。これは故C・ノースコート・パーキンソンの法則（彼の法則の中ではあまり知られていないが）が明らかにした傾向だ。[注3]

理由が何であれ、グローバル企業またはそれを目指す企業のトップは、グローバリゼーションの理由を聞かれると、本質よりもスローガンをまくしたてることが多い。ポール・ヴェルディンとニック・ヴァン・ヘックがまとめた一連のスローガンは滑稽ですらある。ただし、恐ろしいほど身につまされなければの話だ（**図3―1**）。

更に、こういったスローガンの誘惑にひっかかるのは未経験者や軽率な輩にとどまらない。第二章で述べたように、一九九〇年代前半に始まった電力業界における海外直接投資の大きな波は極めて不採算な結果となった。一九九三年から二〇〇二年の間に、アメリカの公益企業二四社が行った二六四件の海外投資プロジェクトの分析から推察できるのは次の点である。

・「ステータスの高い企業」（例：フォーチュン五〇〇社に入る企業の現役員、元役員、またはトップ経営者が取締役会に名を連ねている企業）は大規模な海外直接投資を行う傾向がある。

・株式アナリストは、二〇〇一年まで一貫して大規模な海外直接投資を行う企業に着目し、そうした企業の株式について買いを推奨していた。

・株式市場は一九九八年までずっと海外直接投資に好意的な反応を見せていた。投資の波自体は一九九八年から二〇〇一年にピークをつけたが、それは海外直接投資のネガティヴな影響が決算発表で報告されて徐々に明らかになった時期よりも後のことだった。[注4]

もちろん、クロスボーダーの一歩となると、熱意が見当違いの方向へ進んでしまうのは企業の幹部や金融市場だけに限ったことではない。国際ビジネスについて書く連中もそうなりがちである。この点を示す事例を三つ挙げよう。ウォルマートは、第二章で論じた欠点はあるものの、国際的な規模と成長を背景に、国際的な巨大小売企業として広く賞賛されていた。しかし最近は収益性の低い市場から撤退しようとしている。セメックスは国際ビジネスの教科書や多

図3-1

国際化スローガン網

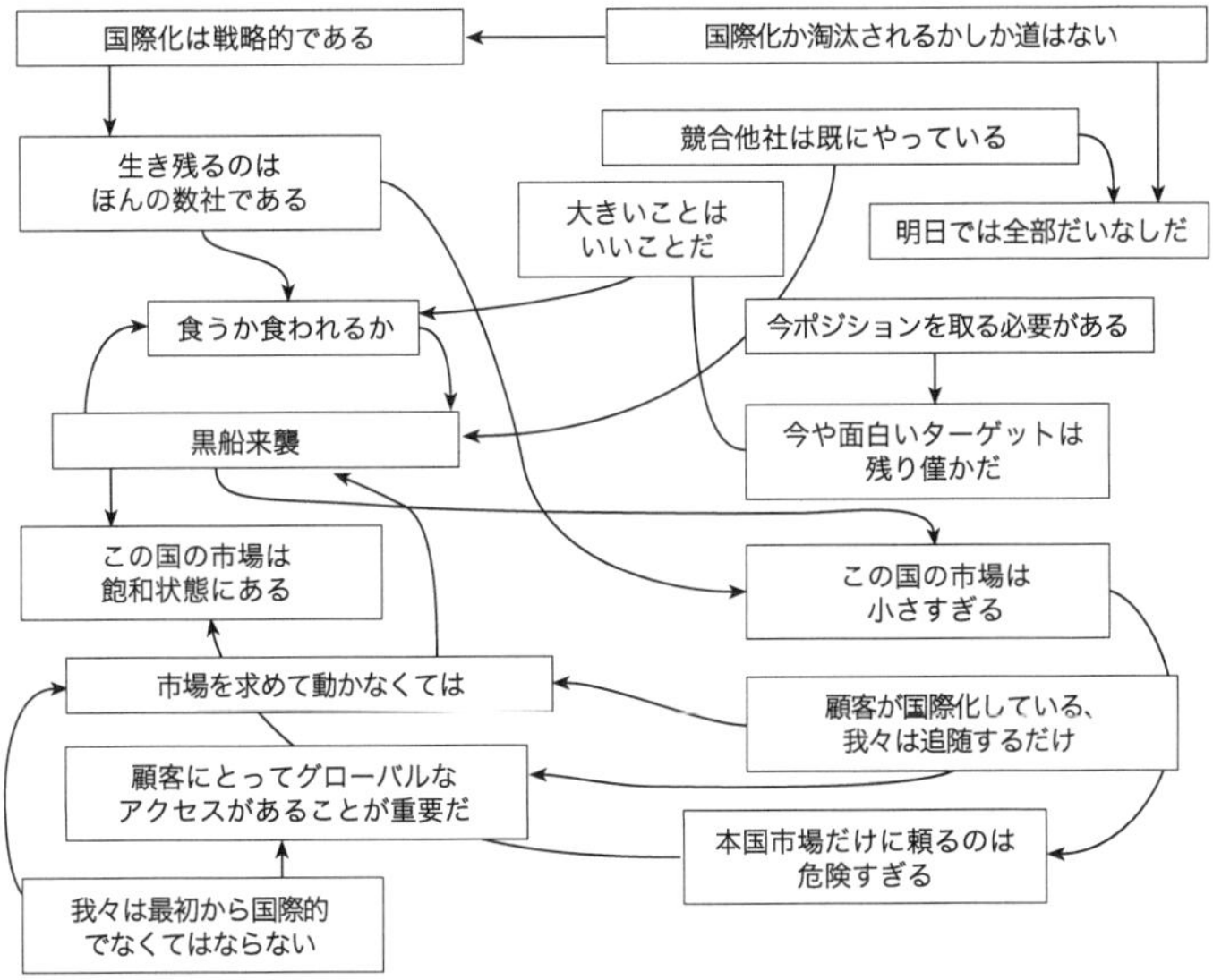
国際化は戦略的である
国際化か淘汰されるかしか道はない
生き残るのは
ほんの数社である
競合他社は既にやっている
大きいことは
いいことだ
明日では全部だいなしだ
食うか食われるか
今ポジションを取る必要がある
黒船来襲
今や面白いターゲットは
残り僅かだ
この国の市場は
飽和状態にある
この国の市場は
小さすぎる
市場を求めて動かなくては
顧客が国際化している、
我々は追随するだけ
顧客にとってグローバルな
アクセスがあることが重要だ
本国市場だけに頼るのは
危険すぎる
我々は最初から国際的
でなくてはならない

出典：Paul Verdin and Nick Van Heck, From Local Champions to Global Masters, 2001

くのビジネススクールのケース・スタディに登場し、情報テクノロジーの利用と販売業者の要求への対応における先駆者と位置づけられているが、本章で見るとおり、それらは同社が優れた収益をあげられた最大の理由とは言いがたい。更に、フィリップスの革新については第四章で述べるが、同社は倒産の瀬戸際に立たされてもなお、さまざまな現代風の組織モデルがまず機能している事例としてよく紹介されている。

これらの事例に共通する問題点は、経済的価値の創造が十分に重視されていないことである。つまり、価値を無視する、価値の分析が表面的である、価値の創造が企業の存続にすりかえられている、業績の遅行指標ばかり見ている、といった問題が見られる。解決策はもちろん、価値創造にしっかり集中する戦略を導入することだ。価値の創造に集中した戦略が機能することは、単一国の事例で実証されている。この点については本章の後半で厳密に検証するが、まず価値に着目することが重要だと示す実例から話を始める。

セメックス――セメント企業の国境を越えた拡大による価値創造

一見、セメントはグローバリゼーションには不向きに見える。海外直接投資の先行指標である研究開発費対売上高比と広告費対売上高比は非常に低い。製品の価値対重量比も低い。これは地理的な隔たりの影響を大きくする要因である。更に、セメントを遠くに運ぶには水上輸送が費用対効果の高い唯一の方法であるが、その水上輸送の最中に製品が濡れてしまったら使いものにならない。

このような一見見込みのない基礎的条件にもかかわらず、セメント業界では世界的に集中化が進んだ。上位五社が世界市場に占める比率は一九八〇年代には一一%にすぎなかったが、クロスボーダーでの買収により、現在では二五%近くになった。即ち、私がデータを集めた主な業種の中で、セメントはグローバルな集中が絶対水準で見て最も進んだ業種の一つだということになる！　セメント大手がこの期間に継続して収益をあげたのは、クロスボーダー拡大による恩恵を享受する手段を発見したためであろう。特に興味深いのはセメックスだ。一九八〇年代終盤まで全ての生産拠点がメキシコにあり、当時世界のトップ五にも入らなかった同社が、その後、世界第三位に躍進し、大手他社と肩を並べる高い収益率を保っている。セメックスはどのようにして優れた実績をあげることができたのだろうか。そして、グローバリゼーションはどのような役割を果たしたのだろうか。

販売数量

国境を越える理由で一番よくあるのは売上高の成長による市場シェア確保で、セメントの場合もこれが当てはまると思われる。セメックスと、ラテンアメリカを本拠地とするもう一つのセメント会社、ブラジルのヴォトランチン社とを比べてみよう。一九八八年にはヴォトランチンはセメックスよりも少し大きく、世界第六位のセメント会社であった。それからたったの一五年後、セメックスが世界第三位に躍進したのに比べ、ヴォトランチンは一〇位に後退した。この間に何が起こったのだろう？　簡単に言えば、ヴォトランチンは水平的な多角化を行い、紙パルプ、アルミ、その他金属などの業種に進出した。対照的にセメックスは地理的な多角化を行った。セメックスはある程度必要に迫られて国境を越えたのだが、それは、本拠地メキシコの市場規模が、ヴォトランチンにとっての国内市場であるブラジルと比較すると圧倒的に小さいためであった。更にセメックスは一九八九年までに既にメキシコの生産量の三分の二を支配していた。したがって、本国では成長の余地はほとんどなかった。

しかし、単に販売数量を伸ばすだけでは、セメックスがどうやって大きなマージンを維持できたか、もっと一般的には、海外の既存の生産能力の買収に頼る拡大戦略によって価値創造することができたのかは説明できない。電力業界に投資した海外投資家が発見したように、純粋な規模拡大戦略に基づく買収は、国際ビジネスにおける価値創造の最も基本的な「向上度チェック」でプラスとなる項目が一つもない。それぞれの部門が独立した単体の事業として創造するよりも高い価値を、複数の場所での活動を一体化させて調整することで創造できるか？　その回答がイエスでない限り、買収によって優れた価値が創造できるかどうかは価値の移転ができるか（資産を本当の価値よりも割安に買えるか）どうかで決まる。できるならそれはけっこうなことだが、買収プレミアムや取引コストを考慮すると、あまり期待できないことが多い。

マージン

販売数量の項目での議論によると、「向上度チェック」を行うには、事業のグローバルな拡大でセメックスのマージンはどんな影響を受けたか推定する必要がある。マージンの比較図とその二つの構成要素である価格とコストは、いい出発点となる。そしてこのとき、普通にコストとマージンを価格に占める割合で表すと、セメックスの分析は完全に道を踏み誤ってしまうのだ。このやり方で得られる結果を**図3－2**に示した。セメックスと世界最大手であるホルシムを、ともにほとんど多角化していないときの数値で比較している。図によれば、セメックス

図3-2

セメックスvsホルシム：売上高に占める割合

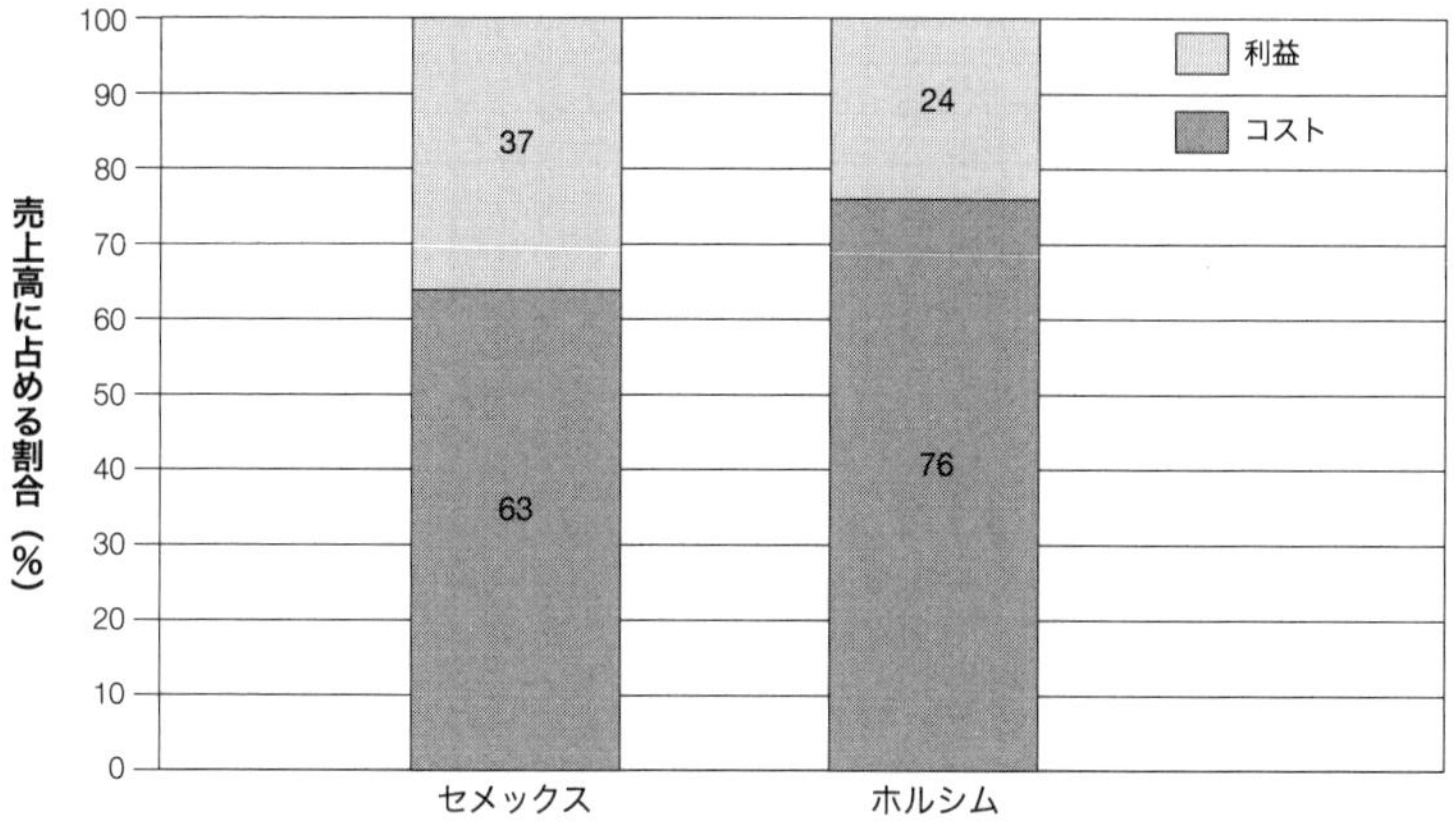

図3-3

セメックスvsホルシム：売上高／トン

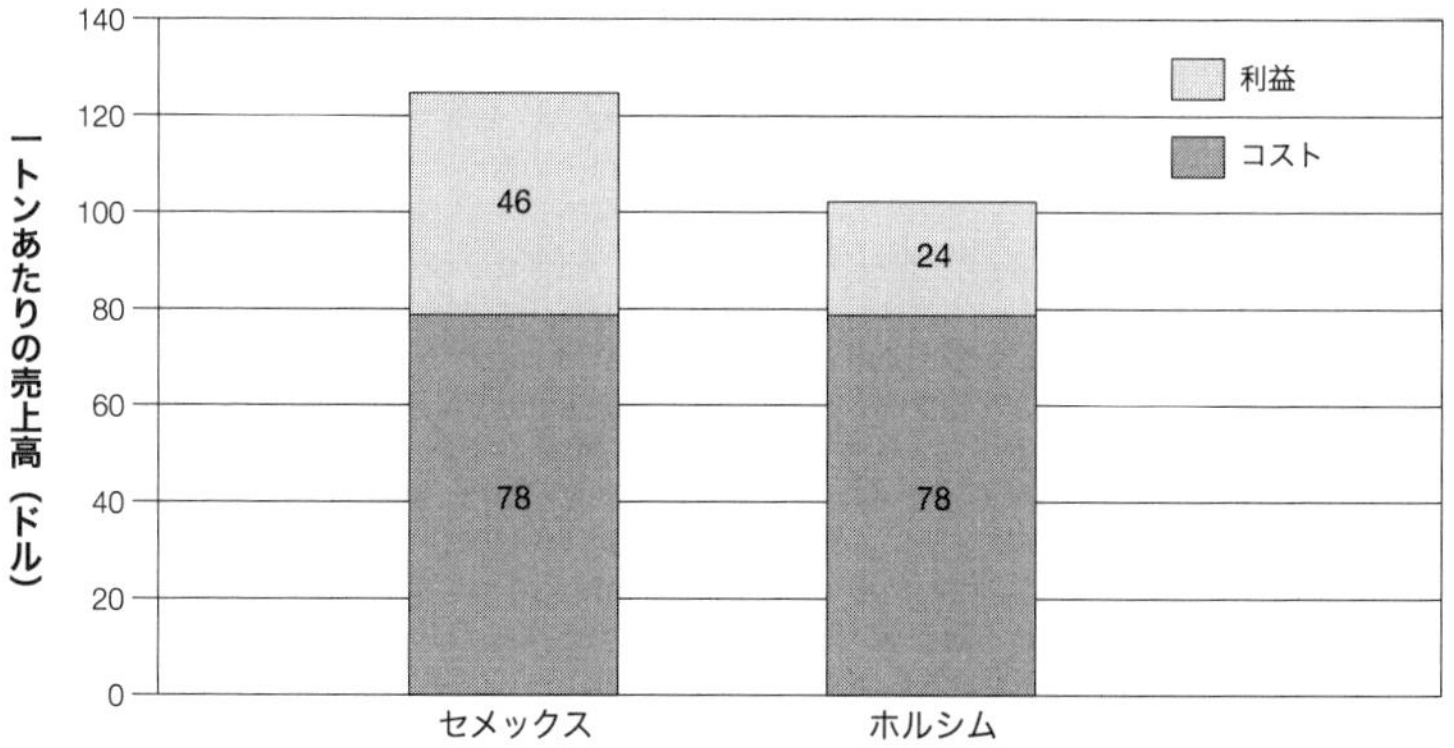

のほうがホルシムより、平均マージンが高いのに加えてコストが低い。

図3-2でとったアプローチの欠点は、コストとマージンを売上高に対する割合で表したことによって、コストの差と価格の差を混同してしまうことである。この二つを区別するのがどれだけ大事かを見るために、セメックスとホルシムの価格の内訳をトン当たりで表してみよう（**図3-3**）。違いは明らかだ。図3-3では、セメックスの優位は平均コストが低いことではなくて、平均価格が高いことだとわかる。

コスト

セメックスとホルシムのトン当たり営業費用はほとんど同じだから、セメックスのコスト面には何も目新しいことが起きていないと考える向きもあるだろう。しかし、結論を急いではいけない。そもそもセメックスはホルシムよりも急速に成長しながらホルシムと同水準のコストを達成している。しかし、成長期、特に大きな買収を行った場合は、事業が複雑になり営業費用が上昇することが多い（言い換えれば、販売数量が増えると、短・中期的にはコストが上昇する場合がある）。この点で特にすばらしいのは、セメックスの買収後の統合プロセスが、後に行われた買収ほど、より迅速に完了していることである。一九九〇年代初めにスペインで買収を行った際は、作業規格の標準化に二四カ月かかったが、八年後に同じ規模の買収をアメリカで行った際はたった四カ月で統合できている。

次に、資本集約的なセメント業界では非常に大きな費用となる資本コストや資金調達コストは、営業費用に含まれていない。財務コストは、加重平均資本コストと生産能力一トン当たりの資本投下額をかけたものに分解することができる。セメックスの投資および買収コストは競

図3-4

セメックスの資本コスト

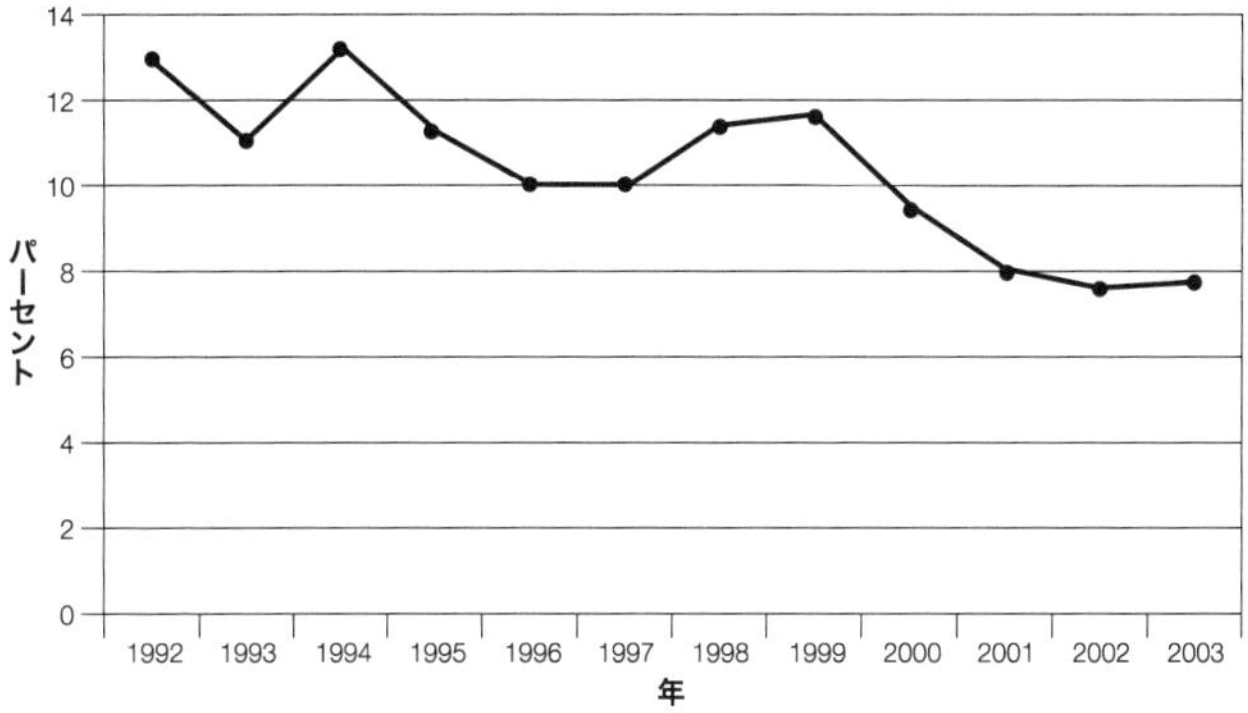

出典：" Cemex Financial Strategy," Rodrigo Trevino, CFO, July 3, 2003, www.cemex.com に掲載されているプレゼンテーション資料

合他社と同程度と思われる。しかし、**図3－4**を見ると、セメックスの資本コストは、一九九二年から二〇〇三年の間に、着実に低下していることがわかる。

図3－4によれば、資本コストは時とともに低下している。この傾向に貢献した要素はたくさんあるが、おそらく、一九九〇年代初めに民営化され、セメックスが出資した、あるメキシコの銀行との深い関係も一因であろう。しかしここで私が着目したいのはグローバリゼーションにかかわる要素で、そのうち二つが加重平均資本コストの低下の根底にあると思われる。まず、複数の市場でキャッシュフローを得られるようになったことでキャッシュフローのばらつきが小さくなった（後出の「リスク」の項で議論する）。更に、同社CEOのロレンゾ・ザンブラノが経験したように、製品市場のグローバリゼーションは資本市場のグローバリゼーションを伴った（更に部分的には資本市場のグローバリゼーションによって製品市場のグローバリ

ゼーションが可能となった）。まだ地場企業だった頃、セメックスは基本的に国内で資金を調達していた。しかしスペインで大規模な買収を行った後は、そのスペイン事業を通じて新しい買収を行うための資金を調達し、スペインで支払利息が課税控除となること（メキシコでは控除対象外）やスペインの投資促進政策、資産担保価値の先進国待遇扱い（「メキシコ・リスク」の適用外）といった恩恵を受けたのである。一九八〇年代に国が対外開放政策をとってから、たくさんのメキシコ企業が海外で資金を調達しようとしたが、セメックスは珍しく初期の段階でアメリカよりもヨーロッパの資本に頼り、海外で買収した資産を担保として使うなど、コーポレート・ファイナンス部門が洗練されていた。

もちろん、資金調達先としてヨーロッパ資本に頼ったからといってそれが主な競合他社に対する優位になるわけではない。主な競合他社の本拠地は全てヨーロッパにあるからだ。しかし、それで資本コストが割高という大きな弱点を緩和することができる。特にセメントの資本集約性を考えると、資本コストがほんの僅かに不利なだけでもクロスボーダー進出戦略にとっては致命的になりうる。アナリストのレポートで示されている前提に基づく感応度分析によれば、セメックスの加重平均資本コストが〇・五％低下すると、時価総額は五％上昇することになる。そんな中、買収の資金調達をスペインで行うことにすれば加重平均資本コストが二・五％低下するとセメックスは予想していたのだ！

価格と支払意志額

セメックスと世界の競合他社との違いの中で真に驚くべき点は、セメックスの要求する平均販売単価がずっと高いことである。買収後の現地ブランドと並行して国際的にセメックス・ブランドを前面に出す作戦は、大規模な買い手向けではなく、小規模な買い手向けに少量を販売する際に大きな役割を果たしているかもしれない。そして、大規模な買い手に販売する際は、予定時刻からの誤差が一五分以内の納品保証（ドミノピザの宅配にヒントを得た）を行っている。作業を休止するのは企業にとって高くつく。セメックスは、納品時刻の保証で、買い手の作業休止時間を減らし、買い手に与える価値と支払意志額を向上させたのだ。

評論家は、セメントのようにコモディティ化した、つまり誰がどこで作っても同じようなものである業種でも、差別化が力を発揮する事例としてこのケースを挙げる。しかし、これは平均価格がホルシムよりも二〇％も高いという現実を説明するには不十分である。セメントの広告集約度は非常に低い。更に、現地ブランドを継続することによりグローバル・ブランドの力は一段と限られたものになる。そして、納品保証のような鍵となるサービスは最近まではセメックスの本拠地メキシコに限定して行われていた。価格サイドで大きな牽引力となったのは、次に述べるように、交渉力と市場支配力であった。

価格と交渉力

コストと支払意志額で違いがないのに価格に違いがあるのは、交渉力の効果だと一般的には思われている。セメックスの場合、確かにこれは重要な要素である。セメックスは買収を行うにあたって、非常に統制のとれたやり方をとった。同社がある国における企業（生産設備）を買収する際には、⑴現地の競合他社の数が減ること、⑵競合他社を上回る最大の市場シェアを確保すること、⑶企業買収を行う場合は買収先の支配権を握ることを、条件としたのである。**図3－5**（119ページ）に国別の業績をまとめた。

セメックスの主要各市場における営業利益とその市場の市場シェアには明らかに相関関係がある。そんな相関が現れるのは、事業の効率が高いおかげではなく、むしろ交渉力が高いおかげだ。セメックスが、ある国を「クリーンアップする」（その国の市場に進出して圧倒的なシェアを握る）と、その市場の競合他社も恩恵を受けるという事実がそれを裏付けている。たとえば、メキシコでセメックスと競合する小規模企業は恐ろしく利益率が高い。

国内価格が一定の水準を超えそうになると安い輸入品が流入してくるなら、一国内でこうした業界再編が起きても収益の向上にはつながらない。しかし、セメックスは軍事の世界で「要害」と呼ぶものを支配しているため、主たる市場における輸入に影響を及ぼせる。特に重要なのは、セメックスが世界各地に六〇もの海上ターミナルのネットワークを持っていることだ。スペイン沿岸だけでもそんなターミナルの九箇所を支配下に置き、低価格で参入しようとする侵略者から市場を守ることに成功している。商品を外に出すことができ、同時に、容易に中には入らせない。この支配は、セメックスが世界最大のセメント仲介業者（そのセメントの大半が第三者の生産によるもの）であることで一段と強固になっている。仲介業自体はあまり収益性の高いビジネスではない。しかし他社商品を仲介することは、自社の主たる市場から低価格の輸入品を遠ざけるよい方法であり、同時に、他の市場に関する経験が得られ、それを現地で買収を行うかどうかの判断材料とすることができる。

皮肉にも、セメックスのグローバリゼーションを推進したのはこの側面からの脅威であった。具体的には、一九八九年にホルシムがメキシコに投資を行ったことを受けて、セメックスは一九九二年に、既にホルシムが多額の投資を行っていたスペインに巨額の投資を始めたのだ。メキシコで価格戦争が起きればスペインにも飛び火したのは明らかだろう。実際には価格戦争は

図3-5

セメックスの国・地域別の収益性（1998年〜2002年）

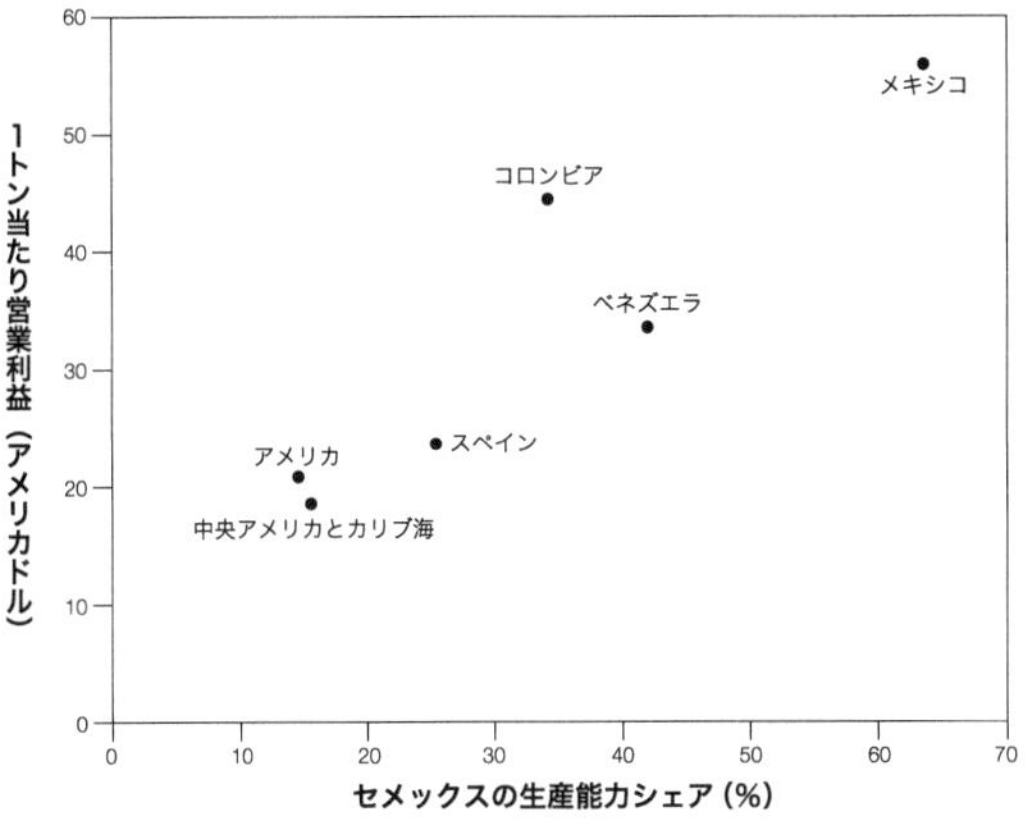

起こらなかった。無論、ここで用心すべきは、セメックスのように市場を支配したり、競合他社とのグローバル市場での相互依存関係を利用したりすれば独占禁止法の捜査や訴訟を引き起こすことであり、事実、現在係争中の案件もある。

リスク

グローバリゼーションを通じてセメックスはリスク管理を学んだ（前述のように資本コストの低減も実現した）。セメント業界の景気を左右する建設業界は、現地や地域の景気循環に強い影響を受ける。建設サイクルが異なる市場を握っていたことで、セメックスの四半期ごとのキャッシュフロー・マージンの標準偏差は一九七二年〜一九九二年（スペインで買収を行う直前）の期間で二二％だったのが、一九九二年〜一九九七年の期間には一二％まで低下している。更に、一九九〇年代半ばに起きたテキーラ・ショックと呼ばれるメキシコ通貨危機を切り抜けるのにも市場の分散が役立った。市場の分散がなければ、セメックスはグローバル市場での競合他社に身売りを余儀なくされていただろう。グローバル化によってセメックスは、今やグローバル化した競合他社と同様に、新しい設備を再調達コストの何分の一かで取得できるのに対し、現地の競合他社は現地の景気循環に左右される（例：一九九〇年代後半のアジア通貨危機の際におけるアジア市場）。

知識

最後に検討するのは、知識の創造と移転に対するグローバリゼーションの影響である。いったんメキシコを出てセメントを生産し、第三者に販売すれば、新しい便利なことをいろいろ習得できる。セメックスが一九九〇年代から二〇〇〇年代初めまでに、自社のグローバル事業に植え付けたベスト・プラクティス（最良の実施例）を121ページの**図3－6**にまとめた。セメックスがクロスボーダーで学習したことの中には偶然の発見もあるが、目的をもって情報を求め、それを世界中で実践しようとする決意の賜物もあった。[注5] そうした決意は、会社の指針である「セメックス・ウェイ」に要約されている組織メカニズムに反映されている。たとえば、世界共通言語の採用（スペイン語ではなく英語）、グローバルなマネージャーの配置転換、国際コンサルタントの活用、情報技術を含む技術開発への継続的な投資などがそうだ。

表3－1にこのセクションの論点をまとめた。グローバリゼーションが国内の高収益事業の利益を海外の赤字事業に注ぎこむ口実ではなかったということをこのケースで説明する上で、アミ点をかけた項目は特に重要である。

図3-6

セメックスにおける知識移転

セメックスのベスト・プラクティスの原点（抜粋）
アメリカ：2001年
• トラックの整備、部品交換の効率化
• 新しい業界事故防止訓練手順
メキシコ：1980年代から現在まで
• フリート管理と物流システムの効率化
• 緻密なキャッシュフロー予測と支払・回収管理
• 流通管理のＩＴプラットフォームの標準化
• コンストルラマのライセンス取得者の流通ネットワーク
バハマ：1990年代中旬
• セメント・パレット構築
南アメリカ：1990年代中旬から現在まで
• 経理、会計分野の合理化と頻繁な財務内容見直し
• 顧客サービス文化の強化
スペイン：1990年代上旬
• 数値目標と予算編成プロセスの効率化
• 金融交渉における統制の強化、情報の充実
• 工場経営テクノロジーとツール
• セメント・キルン（窯）でペット・コークスの使用
アジア：1990年代後半
• フィリピン、台湾、シンガポールにおける実装試験後、新しいＩＴネットワークと生産性基準の実装

出典：Cemex Annual Report, 2002

表3-1

グローバル市場進出によるADDING価値：セメックスの事例

価値の構成要素	セメックスの成果、試み、意図	影響、コメント	
A 販売数量／伸び率の向上	業界第６位、更に第３位に躍進	×	業績はグローバルな尺度でなく（さもなくば業界第３位で利益率第１位にはならない）国か地方レベルの尺度
D コストの削減	営業費用絶対額の削減	+?	おそらく限定的。セメックスは合理化を目的としたのではない。むしろ現地のシェアが高い競合他社を買収した。トン当たり営業費用はたとえばホルシムと同水準
	合併後の統合コスト	+?	合併後の統合にかかる期間は1992年の２年（スペイン事業）から100日に低下し、活動休止や統合コストが減少した
	買収費用	×	他社の経営難が買収による成功への鍵だったが、セメックスにもセメントの買い手にも特に恩恵なし
	資本コストは担保、税金の裁定、リスク抑制などで軽減	+	おそらく先進国の競合他社に対する比較優位のもとにはならなかったが、大きな不利になるのを防いだ。メキシコからの対外進出に大きく依存
D 差別化、支払意志額の向上	ブランド確立	×	ブランド化はほとんど地域限定：製造業のうちセメント業界の広告費対売上高比、研究開発費対売上高比は10分位で最も下位
	建築商品の小売り	×	補完商品は通常もっと競争力のある条件で提供可能なため、一括販売の可能性は限定的
	誤差15分以内の納品保証	+	メキシコのみ（他の地域でも展開可能）で提供したが、世界的に話題となった
		+	国ごとの差異が限定的なため、支払意志額の低下を回避できた
I 業界の魅力と交渉力の向上	現地における高いシェアまたはターゲット市場でのシェア拡大	+	地方あるいは国レベルでのシェア拡大に向けて活動、シェアを拡大した現地市場で非常に高い価格と利益率を達成（メキシコ、コロンビア、ベネズエラにおける上位３社のシェアは90%超）
	主要市場への輸入の回避（最大の仲介業者）	+	現地での競争抑制を強化し、競争抑制で強化する。仲介業者としての活動により買収対象の相手を軟化させる
		-	独占禁止法の捜査：メキシコ、コロンビア、ブラジル

表3-1（続き）

価値の構成要素	セメックスの成果、試み、意図		影響、コメント
N リスクの平準化/最適化	四半期のキャッシュフロー・マージンの標準偏差の低減：22%（1978-1992）から12%（1992-1997）へ	+	低減できたリスクの大きさや資本集約の規模に加え、同族会社であることを鑑みると重要 セメント価格の国ごとの相関が限定的なことを利用（もしメキシコ企業のままだったら「テキーラ・ショック」が致命的だったであろう）
	競争リスクの軽減	+	重要：他の現地企業は多国籍企業に席巻された。
		+	リスクを巧妙に上昇させることで成長オプションの価値を高めた。スペインの生産能力を東南アジアの生産能力と交換した
G 知識（とその他の経営資源、能力）の創造	ベスト・プラクティスを「セメックス・ウェイ」に盛り込み、浸透させた	+	均一化した業界、標準化された技術、産出量の可測性によって知識移転は少ない
		+	水平的展開よりもグローバル展開、加えて徹底的な統制と介入（本部集権化と標準化が後押し）

注：（×）影響なし、（＋）プラスの影響、（－）マイナスの影響、（？）不明　アミ点のかかった部分は特に重要な影響を示す

ADDING価値スコアカード

表3－1では、セメックスの価値創造を、販売数量の向上（Adding Volume）、コストの削減（Decreasing Cost）、差別化（Differentiating）、業界の魅力の向上（Improving Industry Attractiveness）、リスクの平準化（Normalizing Risk）、知識（およびその他の経営資源）の創造と応用（Generating Knowledge）という六つの構成要素に分解している。ここでは、この構成要素の一覧をADDING（付加）価値スコアカードと呼ぶ。この頭文字はスコアカードの構成要素を覚えるのに役立つが、もっと重要なのは、これらの構成要素はセメックスに特有なのではなく、一般的に価値の創造を考える際に使えることだ。価値を構成する要素を比較できるように分解し、全体としてどのような価値の増加または減少をもたらすかを判断することができる。

単一国戦略で価値を創造するのに何が重要かは、これまで企業、コンサルティング、更に教育の場で実証されてきた。ADDING価値スコアカードはそれを応用し、拡張するものである。即ち、価値は販売数量とマージンの積で表せる。単一国戦略におけるマージンは、企業が属する業種の平均的な魅力度と、その時々の環境下における競合他社に対する平均的な比較優位性または劣位性で決まる。[注6] おおざっぱに言えば、これらの数字の関係は企業戦略の基本的な公式で表すことができる。

マージン＝（業界マージン）＋その企業の比較優位性

業界の構造分析では、マイケル・ポーターの有名なファイブ・フォース分析の枠組みを使って、業界のマージン（収益性）などの戦略的決定要素を分解したが、この公式の右辺の最初の項、つまり業界マージンがそれにあたる。[注7] そして、ポーターや、アダム・ブランデンバーガーやガス・スチュアートといった戦略の専門家たちは、この公式に右側の二番目の部分である比較優位性という決定要因を発見し、それを支払意志額と（機会）費用という面から捉えて重視したのである。[注8]

比較優位性＝企業にとっての（支払意志額 −《マイナス》 費用）−《マイナス》 競合他社にとっての（支払意志額 −《マイナス》 費用）
＝企業にとっての相対的な支払意志額 −《マイナス》 企業にとっての相対的な費用

言い換えると、単一国戦略では、競争力の重要性がわかれば「競争のくさび」とでもいうべきものの経済的な仕組みがわかる。即ち、企業は自社の支払意志額とコストの差を競合他社よりも大きく広げられる場合に、競合他社に対する比較優位を確保できる。

ADDING価値スコアカードを構成する六つの要素のうち、販売数量の向上（もっとダイナミックな枠組みでは成長）、コストの削減、差別化または支払意志額の向上、業界の魅力の向上という四つは単一国戦略と同じである。後の二つ、即ちリスクの標準化と、知識その他の経営資源の創造については国ごとに大きな違いがあり、その点は第二章で述べた。事業を国際化する際、戦略に新たに必要となるのはこれら二つであり、これら二つの重要性はセメックスの例で示したとおりである。ここでは知識の創造を取り上げるが、私は定義の幅を広げ、グローバリゼーションによって生み出される（または失われる）可能性のあるその他の経営資源も含めるほうがよいと思う。こうして、直接にかつ即座にキャッシュフローに反映されるわけではないが、この先企業に訪れる一連の機会に影響を及ぼす経営資源も含めることで、学習の重要性ばかり強調しすぎるのを防ぐことができる。学習は確かに大切だが、最近、国際戦略ではこれが錦の御旗みたいに扱われているきらいがある。

これで**図3-7**のボックスの論理がわかるはずだ。また、これらは表3-1（122-123ページ）に記載したスコアカードが説明している点でもある。つまり、共通の要因を抜き出し、その要因を積み上げている。こうした論理の構造を持つ点でADDING価値スコアカードは、一般にビジネスで使われている、言ってみれば任意の要素をリストアップしただけの手法とは明確に異なっている。

図3-7の各要素をどのように分析するかを論じる前に、分析のガイドラインについて一般

的に要約しておく。価値の創造を包括的に検討すること、さまざまな種類に分解すること、簡単な数量化を行うこと、そして比較を行うことだ。

包括的な検討

このスコアカードの背景にある戦略的な意図は、普通の規模至上主義が示すよりも幅広くクロスボーダーでの価値創造を見ることにある。世界は広く、市場も広い。その中で自社のシェアを拡大しなくてはいけない！　この手の規模至上主義に共通しているのは、海外に進出して売上げを伸ばし、コストを削減するというお題目だ。この二つの考えは合理的なこともそうでないこともある。しかし、表3－1（122－123ページ）と図3－7が強調するように、これらはADDING価値スコアカードの構成要素の一部分にすぎない。国境を越えることでどのような付加価値が得られるかについて、適切に幅広い構想を持てば、企業の可能性の最大化に近づくことができるのだ。

もちろん、いかなる業種、いかなる会社にとっても、全ての構成要素が同じように重要なわけではない。更に、同じ会社でも発展段階のどこにいるかで、価値の構成要素それぞれの重要度は上下する。たとえば、シティバンクが新しい国に参入するかどうかの意思決定をする際にカントリーリスクを真剣に考えるようになったのは、既に一〇〇カ国に進出した後だったと言われている。今後の章で紹介する企業は、図3－7の全ての項目を満たそうとするのではなく、重要と思われる項目のみを満たそうとしている。しかし、まずは包括的な分析を行ってみるべきだ。六つの価値の構成要素のうち、たとえある構成要素が他の構成要素ほど重要でないとしても、全ての構成要素について少なくとも検討してみることが重要である。

図3-7

ADDING価値スコアカードの構成要素

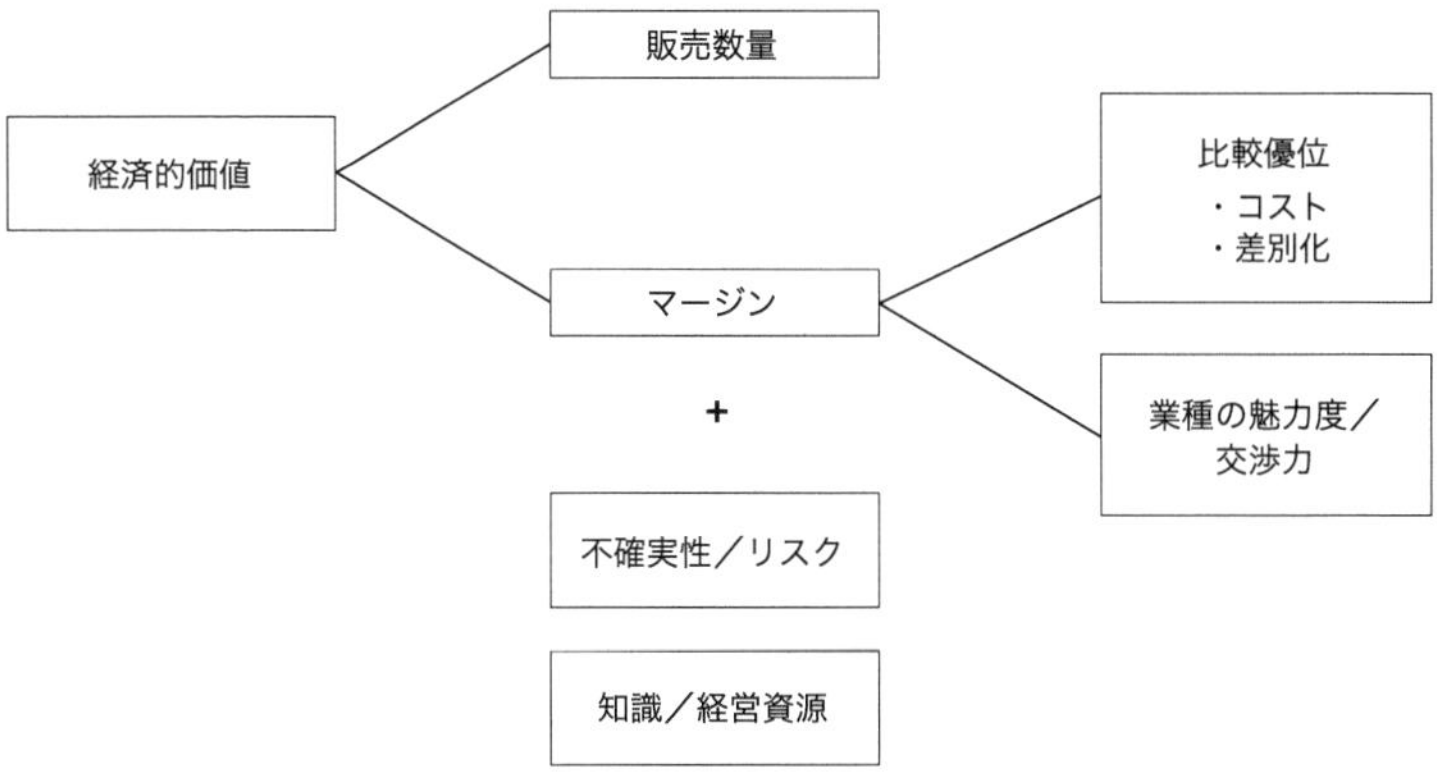

分解

包括的な見方と同時に、分解の重要性も強調しておきたい。スコアカードの構造を見ると、価値を構成要素に分解することが重要だということがわかる。ADDING価値スコアカード以外の方法で分解することも、価値の創造を分析するのに非常に役立つ可能性がある。一つの会社を別々の活動またはプロセスに分解して、それぞれがADDING価値スコアカードの構成要素にどれだけ貢献しているかを分析するのは有意義である。そして、価値の構成要素そのものを分解することもやはり有意義だ。セメックスの事例で営業費用と資本コストをさまざまな形で区別したことを思い出してほしい。

　もちろん、スコアカードの利用の背後にある戦略的意図、即ち付加価値を生み出す可能性についての包括的な状況を描くことを忘れてはならない。したがって、構成要素ごとに行う分析の次には、セメックスについて表3－1でまとめたように、全体像を何度も描く必要がある。

数量化

分析の性能を上げるため、何らかの数量化は不可欠である。私とセメックスのケースを議論したグループのほとんどは、同社がコスト削減と価格引き上げの両方を試みたと考えた。相対的な影響力の感触を得るためにはある程度の計算が必要だし、また数量化は将来の市場選定を行う際の着目点となりうる（たとえばセメックスがコスト面で優位だったため高い収益をあげたのであれば、市場の魅力度は市場選択の意思決定にはさほど重要な要素ではなかったことになるだろう）。

ここで強調したいのは、付加価値の数量化は、多くの場合セメックスのケースで示したように簡単な計算でできるという点だ。さまざまな相対的影響を見つけることや、会社がどこで最も利益をあげているか理解すること、自社の収益力と競合他社の収益力の大きな違いを精査すること、損益分岐点分析を行うことなどである。今私が企業に買収を行うべきかどうかのアドバイスを行うとしたら、私はどこかの時点で割引キャッシュフロー分析を行うことを薦めるが、時間の多くは上述のような分析につぎ込み、キャッシュフロー分析に使う情報の質を重視する。

もちろん、単純な分析にも前提条件を設け、その前提条件に対する結論の感応度がどれほど高いかを分析し、必要であれば繰り返し分析を行う必要がある。更に、関心のある事項全てが数量化できるとは限らないということも指摘しておくべきだろう。一つのアプローチとしては、数量化を行った場合と行わない場合との期待価値の差をできるだけ数量化し、その上で、計算に入れられなかった定性的な要因の重要さに基づいて各選択肢の下での期待価値に与えるウエイトを決め、最終的な期待価値を計算するやり方がある。このプロセスを使えば、定性的要因に基づいて数字による結果を覆すにはその定性的要因がどれほど重要な要因でなければならないかを、おおざっぱであるにせよ感覚的に理解することができる。

同じようなアプローチで、経済的価値以外の価値も考えることができる。経済的価値による結論に反して何かの行動をとりたいのだとしても、実際に行動を起こす前に、その選択肢が会社に及ぼす経済的コストを理解するのが大切だ。

比較

分析に切れ味をもたせるには、通常、比較を行う必要がある。考えられる比較を以下に挙げる。

・**選択肢A、選択肢B、選択肢C、……**　この種の比較は意思決定に特に役立つ。通常、各選択肢を選ぶ場合と選ばない場合を一つ一つ比較して検証するよりも、全ての選択肢をまとめて比較するほうが合理的である。同時評価を行ったほうが、評価が難しい要因（たとえば前述した定性的な要因）を考慮に入れるのが容易になるからだ。[注9]

・**異時点間のポジションの比較**　この種の比較はモニタリングや診断を行う際には特に有効だ。事態が改善するかどうかの確認にとどまらず、改善の度合いが満足のいくものであるか（たとえばそれが目標としているレベルを上回っているか、あるいはそれが業績目標を達成するに十分であるかどうか）を検証することが重要である。時間軸上での推移については、本章の持続性の項目で説明する。

・**競合他社との比較**　この種の比較は診断を目的とする場合には直接に役立つことが多い。ただ、この比較で浮き彫りになる違いが治療法や強化法をあみだすのに役立つことももちろんある。こういった分析から価値を引き出すには、物差しとなる適切な競合他社を選ぶのが重要である。

・**市場からの調達との比較**　ここでの問題は、複数の地域における経済活動を統合したり調整したりすることによって、それぞれ独立した単体としての活動よりも大きな価値を創造できるかどうか、ということであり、既に「向上度チェック」として説明した。この種の比較は、合併を検討する際や、会社が現在社内で行っている業務の再検討で戦略的な思考を拡張するに特に役立つ。

セメックスの分析は、セメックスがどうやって競合他社に勝る業績を残しているかを理解するのが目的だったが、結果としてこれらの比較を全て行っていることに注意してほしい。

次に、ＡＤＤＩＮＧ価値スコアカードの六つの構成要素それぞれについて一般論を述べる。

ＡＤＤＩＮＧ価値スコアカードの構成要素

ＡＤＤＩＮＧ価値スコアカードの六つの構成要素について、セメックスの具体例で説明した。しかし、このスコアカードを更に価値あるものにするためには、この六つの構成要素をもっと一般的な観点から議論する必要がある。以下の議論は、六つの要素を分析するための一連の提言で構成されており、それを**表3－2**にまとめている。

A　販売数量／伸び率の向上

グローバリゼーションの理由として最もよく挙げられるのは、第一章でも触れたように、本拠地の市場では事業拡大の余地がなくなったため、というものだ。しかし、それだけが理由ならば、おそらくムダを絞るほうがよい。したがって、セメックスの議論で述べたように、パイの拡大がないとすれば、買収で価値が創造できるのは買収先の会社を実際の価値よりも安く買える場合に限られる。ごりっぱな目標だが、そうやすやすと達成できるものではない。

最近この事実を発見したグローバル企業のシンボルの一例として、マクドナルドを挙げる。ジム・スキナーCEOはこう述べている。「我々は、一段と大きくなったことを証明してきたが、一段と進化していることは証明できていない。もっと進化しなければ。我々は四年間にわたり、四〇億ドルから五〇億ドルの設備投資を行って新店舗を作っているが、営業利益の伸び率はそれに見合っていない。それを受けて、我々は既存の事業に注力すると決定した」[注10]

しかし、販売数量の向上が利益の向上に必ずしもつながらないことを発見する会社もあれば、そうでない会社もあろう。どうすれば業績が上がるのだろうか。

■経済的利益、即ち会計上の利益と資本コストの差を見る

資本コストを財務会計上の利益から差し引くことにより、真の価値創造に焦点を当てることができる。典型的な大規模多国籍企業があちこちの国で長期にわたりマイナスの経済的価値を創造しているのを見れば、彼らにはこの視点が欠けていることがわかる（第八章を参照）！

こういった悪い結果を詳しく分析すれば、それが熟考した上での投資の結果なのか、事業の結

果がかんばしくなかったからなのかを議論することができる。

■規模または範囲の経済が重要となるレベルを理解する

販売数量とADDING価値スコアカードのその他の構成要素を最も直接に結びつけるのは規模の経済である。しかしその影響は、追加される規模または範囲が重要となるレベル（もしそんなレベルがあれば）によって異なる。つまり、グローバル市場での規模、国別市場での規模、プラントの規模、消費者の予算に占める割合などのうち、どのレベルなのかで違う。インターナショナル・ペイントの海外事業が長い間よい業績をあげることができなかった理由は、この業種で鍵となるのは国ごとの規模の経済なのに、同社はグローバル市場での規模の経済に焦点を当てていたためである。セメックスの場合とは状況が違うのだ。成功例を挙げると、ゴールドマン・サックスは、グローバル市場において特定の顧客層を相手にした投資銀行業のシエアに焦点を絞ったことで成功したのだと思われる。更に注目すべきは、集約戦略によって規模の経済の効果を意図的に高めることもできる点だ（第五章参照）。

■規模または範囲の経済の強さを測定する

明らかに、規模または範囲の経済がどこにあってどれだけの効力を持つかは非常に重要である。一九九〇年代後半に、家電大手のワールプール（第四章参照）は世界中で提供していた商品の品数を半分に減らそうとしたが、すぐ撤回した。家電業界の規模の経済が限定的であることを考えると、この戦略によって削減できるコストは売上高の二％にすぎず、戦略の実行にあたり、隔たりという障害を乗り越えるには十分ではなかったからだ。対照的に、自動車メーカ

表3-2

ADDING価値スコアカードの応用

価値の要素	ガイドライン
A 販売数量／伸び率の向上	・販売数量の向上による真の経済的利益を見る ・販売数量の増加が規模（または範囲）の経済をもたらすレベルを、グローバル、国内、工場、顧客レベルで検証する ・規模の影響の強さを測定する（傾向、影響を受けるコストまたは売上高に占める比率など） ・販売数量のその他の影響について判断する
D コストの削減	・コストの影響と価格の影響を分ける ・コストを更に細かく分類する ・コストの削減だけでなくコストの増加も検討し（例：複雑化、適応のため）、両者を相殺する ・規模と範囲以外のコスト要因を見る ・業界（または会社）のコスト対売上高比を見る
D 差別化、支払意志額の向上	・業界の研究開発費対売上高比、広告費対売上高比を見る ・支払われる価格よりも支払意志額に着目する ・グローバルであることが支払意志額にどのような影響を与えるかを熟考する ・特に、クロスボーダーでのCAGEな差異による嗜好の違いが、提供する商品の支払意志額に影響を及ぼすかを分析する ・市場を正しくセグメントに分ける
I 業界の魅力／交渉力の向上	・業界の利益率が国ごとに違う点を考慮に入れる ・業界のシェア動向を理解する ・業界の構造変化のインパクトを幅広く観察する ・どうすれば競争が緩和あるいは激化するかを十分検討する ・自社の行動が、競合他社の製品のコストや支払意志額に対し、どのような影響があるかを理解する（競合他社のポジションを後退させることは、自社のポジションを向上させるのと同様の付加価値がある） ・規制、その他市場以外の制約、そして倫理を守る
N リスクの平準化（または最適化）	・自分の業界の主なリスクの大きさと本質的な性質を理解する（例：資本集約的、その他撤退障壁を高くするような点、需要の変動の大きさ） ・海外での活動によってリスクがどの程度低下（または増加）するかを見定める ・リスクの増加がもたらしうる恩恵を認識する ・リスク管理の方法を複数みつけておく、あるいは選択肢を考えておく
G 知識（およびその他の経営資源や能力）の創造	・ある地域特有の知識か、別の地域でも使える知識かを見定める ・知識の創造と移転の方法を複数考えておく ・同じような条件の別の経営資源や能力を考える ・ダブルカウントを避ける

ーの商品の品数を減らすという戦略が成功してきたのは、ワールプールが模倣しようとした自動車業界の規模に対する感応度が家電業界よりもずっと高いためであった。

■販売数量の向上がもたらすその他の影響を見極める

前述の議論は特にコスト面の規模の経済に注目していた。しかし、販売数量の向上が会社の業績に及ぼす影響は他にもあり、その全てがプラスの影響ではない。販売数量の向上がコストを下げるのではなく上げることもある。万一原材料が供給不足に陥った場合、買収後の統合に伴う費用がかさむ場合などがその例である。更に、販売数量は明らかにＡＤＤＩＮＧ価値スコアカードの他の構成要素にも影響を及ぼすが、それについては後に述べる。

Ｄ　コストの削減

海外進出を検討している企業は、意思決定にあたりコストの削減を考慮していることが多い。しかし、海外進出によって目標としたコストの削減が実現していない点に不満を感じているケースも多く、この面では大いに改善の余地がある。[注11]

■コストの影響と価格の影響を分解する

セメックスのケースでは、マージンを対売上高比で見るのではなく、コストの影響と価格の影響は分けたほうがよいということを学んだ。単一国戦略では、コモディティ化していない製品のコストについてはこうした分解を重視する。しかし、セミ・グローバル化したクロスボーダーという環境では、セメントのようなコモディティ化した製品の場合でも、こうした分解が重要となりうる。

コスト効果と価格効果を分けると、もはやコストを売上高に対する比率では見られなくなる。対売上高比以外の形で標準化を行わなければならない。セメックスの分析では、売上高、コスト、および利益をトン当たりで評価することにした。場合によっては、製品の単位当たりではなく、生産に使われる経営資源の単位当たりで標準化するほうが合理的かもしれない。また、セメックスの場合は資本が最も共通の経営資源であるが、業界の特徴によっては別の経営資源のほうが合理的かもしれない。ソフトウェア産業では資本の集約性が非常に低く、熟練労働の集約性が非常に高いため、コストと売上高を従業員一人当たりで数量化するほうが合理的かもしれない。この点については第六章で述べる。

■コストを更に細かく分解する

セメックスのケースでは、営業コストと資本コストを区別するのが有効だと強調した。損益分岐分析のような場合は特に、固定費と変動費を区別するのが重要だ。分析するケースによって、コストの有効な分け方は異なる。たとえば、家電業界では製品によって販売費用、一般費用、管理費用が異なるので、これらの費用を別々に追跡するのが重要である。

■コストの削減だけでなくコストの増加も考慮する

これについては既に簡単に触れたが、重要なので再度説明する。たとえば、国境を越えた合併で一般的には成功ではなく失敗だと考えられているケース、ダイムラークライスラーを見てみよう。この合併にはさまざまな問題点があったが、特に旧ダイムラー・ベンツの株主の視点から見て重要な点の一つに、コストの増加があった。クライスラーの株主に支払われたプレミアムは正味二八%で、何億ドルという費用が投資銀行の仲介料や手数料に費やされ、更にドイツのマネージャーの給与体系をアメリカのマネージャーに匹敵する水準に引き上げることで追加の費用が継続して発生した。合併で得られるはずの調達、財務、管理、IT、物流といった後方支援部門における費用削減の効果と比較して、この額はあまりに大きかった。

■規模と範囲以外のコストの増加要因を見る

ここまでの議論は規模と範囲に関するものであったが、コスト増加をもたらしうる要因は他にもある。場所（クロスボーダーのケースでは特に重要）、設備稼働率、垂直統合、タイミング（早期参入者に有利）、各機能を組織のどの部分に持たせるかという方針、労働組合などの組織要因、関税などの政府規制がその例だ。コストの増加につながる要素をまんべんなく見ておくことによって、海外への拡大によって生じるコストを削減または少なくとも抑制する能力が高まる。

■費用の絶対額の削減を、労働集約度や能力集約度に結びつける

労働あるいは能力の集約度は、経済的裁定を可能にする要素のほんの一つにすぎないが、大きな注目を集めてきた。自分の業界を他業種平均と比べてみようと思う向きには参考までに、アメリカの製造業では、人件費が売上高の一七%だと下位四分の一で、二三%なら平均、三一%なら上位四分の一に入る。自分の会社がこれらの基準に比べて高いなら、労働裁定によって費用の絶対額が削減できる可能性が高い。

以上はADDING価値スコアカードを使う際に考慮すべきコスト関連要素の一部にすぎない。他の要素についてはもっと簡潔に述べる。機会費用のほうが実際の費用と著しく異なる（例：安価な原材料が品薄である）場合は、特に機会費用のほうに注意を払うべきだ。また、それが問題とならない場合でも、恐ろしく不適切な原価計算システムを使っている会社は多い。間接部門の費用については特にそうだ。コストを戦略分析へのインプットとして使う前にコストを整理しておく必要がある。またアナリストも、企業ごとの費用の違いを比較対象となる製品同士で比較せず、製品ラインナップの違いと混同することがある。海外展開に付随する不確実性（例：為替レートの変動）に関する問題はリスクの平準化のセクションで述べる。コストにばかり注目して差別化や顧客の支払意志額の検討をないがしろにするべきではない。次はこの点について述べる。

D　差別化、支払意志額の向上

企業が海外事業を展開する際に行うコスト分析をおおざっぱというなら、差別化や支払意志額に関する分析は輪をかけていい加減だ。ああいうことをする連中は、本拠地で成功したものなら少し手を加えるだけで海外でも同じように（または本拠地以上に）成功すると思い込んでいるのかもしれない。しかし、そういった仮説は、価値要素を正しく分析することの代用にはならない。有用なガイドラインを以下に述べる。

■自社や業界の研究開発費対売上高比や、広告費対売上高比で差別化できる可能性を検討する

研究開発費や広告費の対売上高比率は、多国籍化の指標として長年使われており、製品の差別化が（水平的）多国籍企業の特徴と考えられている。[注12]アメリカの製造業では、研究開発費対売上高比が〇・九％の場合は下位四分の一に入り、二％が中央値で、三・五％だと上位四分の一に入る。広告費対売上高比では、それぞれ〇・八％、一・七％、三・五％である。セメックスのケースで見てみよう。セメントの集約度は、研究開発費と広告費のいずれで見ても、アメリカの製造業の中で下位一〇％前後だ。だからといって、差別化の機会が全くないわけではない。セメックスは仲介業者向けの納品体制を刷新し、個人顧客に対する袋詰めのセメントのブランディングで独創性を押し出し、更に購入資金の調達にも独創的なやり方を用いた。ここでわかることは、セメント業界は、洗剤、ソフトドリンク、医薬品などと比較して差別化できる範囲が限られており、差別化に関しては現実的な対応が重要だということだ。

■支払価格よりも支払意志額に注目する

価格イコール買い手が対価として支払う意志がある額と解釈するのは二つの点で問題だ。まず、セメックスのケースでわかるように、価格には業界の魅力度や交渉力などの他の要素も反映されている。また、支払意志額に着目することによって、物事の現状そのものよりも、むしろ物事の望ましいあり方について思い描くことができる。ゲームのルールを変えるこうした戦略については、本章で後述する創造力の項目で、より系統立てて説明する。

■グローバルであることが支払意志額にどのように影響するかを熟考する

グローバル企業の仲間入りをしたいと熱望する向きは多く、スペインのファッション小売のザラもその一例である。ファッションに敏感な人々なら、流行の最先端を行く他の国のおしゃれな人たちの装いに、ある程度は興味を持つであろう。しかし、グローバルであることそのものが支払意志額の向上につながるのは極めて稀で、消費関連製品では特にそんな傾向が強い（一方、企業間で取引される商品やサービスでは、買い手自体がグローバル化している可能性があり、支払意志額が向上する可能性が高い）。同様に、重要であるが隠れた存在と言えるのが原産地である。漠然とグローバルであることよりも国・地方独特のモノのほうが有利なのであり、これも戦略によって影響力を与えることができる。[注13] ハーゲンダッツはその一例だ。ハーゲンダッツという名前は、ブロンクスを本拠地とするアメリカの創業者が、自社のアイスクリームを北欧っぽい名前でアピールするためにつけたものである。

海外事業によって得られるであろうさまざまな利点と同時に、外国人であることや、特定の国にまつわる原産地のマイナス面など、外来種であることの負荷も考慮しておく必要がある。ハーゲンダッツのような成功例もあれば、デンマークのアーラ（こちらは本当に北欧の乳製品メーカー）のようなマイナス例もある。デンマークの新聞がイスラム教を侮蔑した風刺漫画を掲載したことが中東で物議を醸し、アーラはその被害をこうむった。原産地のマイナス面（アーラの場合デンマーク企業であること）は、非常に目立っている国や幅広く嫌われている国に限って現れるわけではない。

■国境を越えることで、嗜好のCAGEな差異が、提供する商品の支払意志額に影響を及ぼすかを分析する

このトピックは第二章で議論したので、この側面の問題があると再確認するにとどめる。嗜好が一様でないことは極めて単純明快だが、そんな嗜好の多様性も、効率的に扱うには切り口を変える必要があるかもしれない。二〇〇六年上旬のマッキンゼー四半期報による調査で、「この先五年間で最も驚異的となるグローバル・ビジネスのトレンド」に選ばれたのは、新興国の消費者数の伸びである。[注14] 新興国に見られる所得格差は、第二章で議論した国ごとのその他の差異と比べると比較的単純に見える。しかし、先進国で使っていたビジネスモデルを新興国にも応用するには大きな労力を要するし、成功するかどうかは不確実だ。応用に伴う問題については第四章で述べる。

■市場を正しくセグメント分けする

セグメント分けをすれば支払意志額の差が（そして時にはコストの差も）わかる。通常、考慮すべきセグメントの数は、顧客ニーズの多様性と、会社の製品やサービスのカスタム化の容易さに比例して増える。状況に応じて観点を変え、戦略的思考を広げてセグメント化をやり直すのもさまざまな形で役立つ。セグメント分けの効果は、単一国向けよりもクロスボーダーの状況で重要度を増す。一般的にクロスボーダーでの差異は国内での差異よりも大きいからだ。しかし、国内外の状況をより深く検討すれば国内の状況にも役立つこともある。アメリカの大手多国籍消費財メーカーに勤めるヨーロッパ人マネージャーは、「セグメント分けについて、今本社を再教育している」と言っていた。

＊　　＊　　＊

結局、支払意志額の動向が何を示唆しているかを理解するのは、コストが何を示唆しているかを理解するより難しいかもしれない。嗜好が非常に主観的な要素を持っているときは特にそうだろう。しかし、一般的に注目度が低いこの分野でも、改善を目指さない理由はない。ここで述べた指針は、どうすれば改善できるかのヒントになるだろう。

I　業界の魅力と交渉力の向上

ＡＤＤＩＮＧ価値スコアカードの二つのＤ、コスト削減（Decreasing cost）と差別化（Differentiating）の議論では、効率に着目した。セメックスのケースでわかるように、業界の魅力や交渉力の検討に目を向けることも重要で、次にこれを行う具体的な指針の例を挙げる。

■業種の利益率が国ごとに違う点を考慮に入れる

業界の利益率が国ごとにどれほど違うかを理解するのに最もわかりやすい方法は、各国の平均利益率の散らばりがいかに大きいかを認識することである。**図３－８**（143ページ）は、四二カ国の企業四〇〇〇社以上のデータに基づく分析である。図が示すように、業種間の平均利益率の違いはクロスボーダーでの差異の源の一つである。もう一つ理解すべき点は、同じ業界内でも国が違えば利益率も違うということである。国による違いも業種による違いも、構造に根ざすシステマティックで大きな違いであり、無視することはできない。

■自社の業界のシェア動向を理解する

経営者達はグローバルな統合が進めばグローバル集中も高まると深く信じていたが、実際はそうではないという点は第一章で触れた。これは一般的な誤解にとどまらない。往々にして経営者は自社の業界のシェア動向さえ知らなかったりする！

自動車業界を例に挙げてみよう。ダイムラークライスラーのような巨大合併を正当化するのに使われた信念は、この業界は一段と寡占が進むというものだった。[注15] しかし、集中度のデータが示すように、第二次世界大戦後の大きなトレンドを見ると、グローバル市場における自動車業界の集中度は低下しており、数十年前よりもずっと低い水準で横ばいとなっている（144ページ、**図3－9**）。[注16] 実際、世界の自動車業界で最も集中が進んでいた時期は八〇年前で、フォードのモデルTが世界の自動車在庫の半分以上を占めてきた時期なのだ！　そして、差異も重要である。規模の経済がグローバル市場での集中度を実際に高める場合には巨大合併は意義があるが、自動車産業の現状を象徴するのは細分化と設備過剰である。このような細分化された状況下で行われる巨大合併は、競合大手を市場から取り除くことになる点で、業界全ての企業に有利な状況を作るために一社のみが巨額を投じるのと同じである。競争相手は喜ぶだろうが、株主は必ずしも喜んでくれない。

■業界構造のその他の変化も幅広く観察する

前述のガイドラインの要点は、グローバリゼーションが業界の集中を促進すると仮定するのではなく、実際にそうなっているか、証拠を見て判断するべきだということだ。業界構造のそ

図3-8

42カ国の平均利益率(1993〜2003)

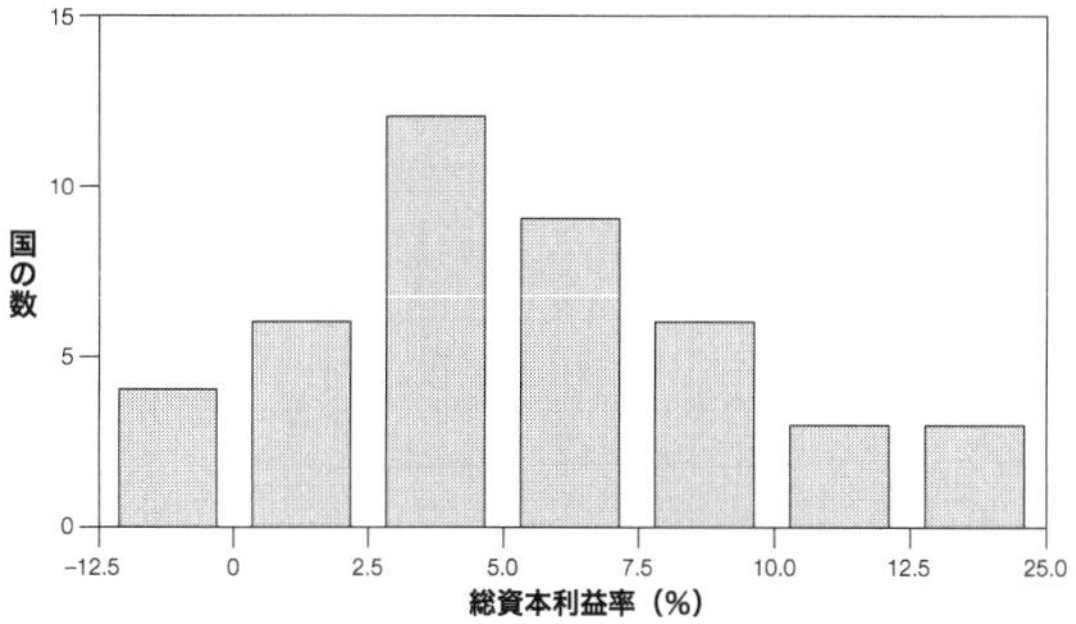

出典：Rogerio Victer and Anita McGahan, "The Effect of Industry and Location of Firm Profitability in the Global Market: Empirical Evidence That Firm Performance Depends on the Interaction Between Industry Affiliation and Country Identity," working paper, Boston University School of Management, Boston, February 2006.

の他の要素、たとえばマイケル・ポーターのファイブ・フォース分析で着目する要素などが変化しつつあるかを見定めることも同様に重要である。例としては、販売や製造が新興国に移りつつあることや、国を超えた活動が活発化した結果、後戻りできなくなったところで、力を持ったグローバルな納入先や卸元から不利な条件を押し付けられるホールドアップを食らうリスクが高まることなどが挙げられる。

■**競争をどうやって緩和または激化させられるかを熟考する**

合理的な理由はないが、競合他社の行動は、追随する（例：新規市場に参入する）、脅威を感じて後退する、全力疾走するなど、数種類の標準形しかないと考えられがちである。しかし、こちらの動きを受けた競合他社がとりそうな行動は、詳しい構造の分析や競合他社の分析をもとに考えるべきだ。詳しい分析によって、たとえば、複数の市場で事業を行うことが、セメン

図3-9

自動車業界のグローバル市場の集中度

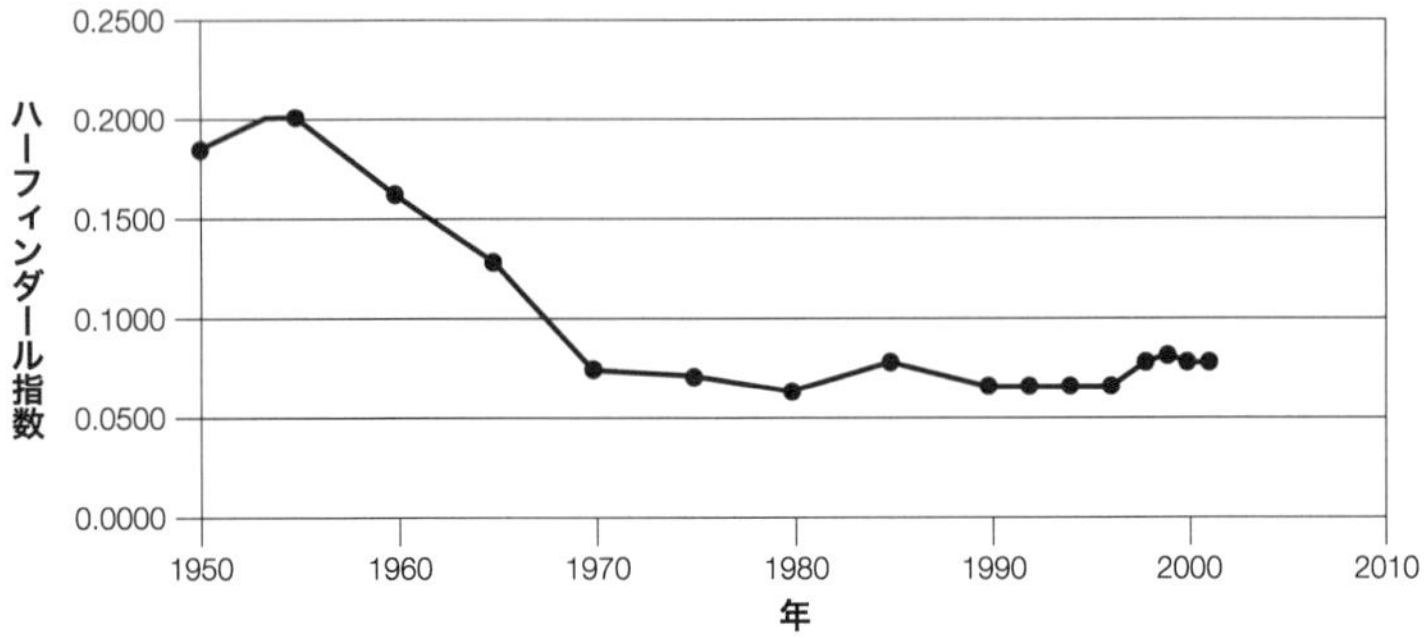

トのような業界では価格上昇につながるが、タイヤのような業界では価格競争につながるのはなぜか、といったような疑問を説明することができる。

■自社の行動が、ライバルのコストやライバルの製品の支払意志額に与える影響を理解する

競合他社のコスト上昇や支払意志額の低下は、自社のマージン拡大による絶対的な地位の向上と同じ効果がある。したがって、インドの低コストのソフトウェア・サービス会社に仕掛けられた競争に立ち向かうべく、ＩＢＭやアクセンチュアなどの欧米企業は現地に大きな活動拠点を開設した。競争相手の労働コストを引き上げ、自社の労働コストを引き下げようとしたのである。

■法律、市場外の制約、そして倫理を守る

前述の二つの戦略の法的な解釈は国によって異なる。企業の行動、特にこのセクションで考

察している交渉力を得るための行動に対して、法規制またはその他の市場外での制約はさまざまな問題をもたらす。セメックスの行動は価格上の問題にとどまらず、法的・倫理的な問題にもなった。

このようなケースに関して私がビジネススクールの学生たちに言っていることがいくつかある。まず、もし競合他社と交渉し、価格の引き上げで合意しようと思うなら、おそらく考え直すべきだ。手が後ろに回るかもしれないからである。次に、私は学生たちに次のような行動の是非を検討させている。

1　独占または相互依存の意識が、価格の上昇を助長しうることを認識する（例：暗黙の協調）
2　現地の窓口を利用する（例：保護を求めてロビー活動を行う）
3　シェアの拡大を間接的な形で行うことにより寡占規制を回避する（例：株式持合い）
4　機会を捉えた取引の再交渉（例：供給者としての地位を確立した後、サービスの提供を止めると脅す――自然独占では最も効果的）
5　政府筋と密約を交わす（例：民営化後、民営化価格を実質的に引き下げるような付加価値税の抜け道を「発見」する）
6　政府筋にリベートを払う合法的（または準合法的）な手段を模索する（例：仲介者を通す）

セメックスが実際に行ったのは最初の二つだけで、学生の多くは六つの中ではこの二つが最も問題が小さいと考えた。しかし、もっと大きな問題に発展しそうな他の行動に直面することも珍しくない。このリストのどれを行動に移す意思があるかについては、学生の間でも意見が大きく分かれることが多い。私が彼らに注意しているのは、もしこのリストのいずれの点にも問題を感じないとすれば、おそらく倫理に対する感覚が不十分だということだ。読者にも同様に注意を喚起したい。

N　リスクの平準化／最適化

この要因を意図的に「リスクの中和 neutralizing」ではなく「リスクの平準化 normalizing」と呼んでいる理由は、リスクを最適化することと標準化することは大きく違う可能性があると認識するためである。更に、ファイナンス理論では、割引キャッシュフロー分析で分母に現れる「リスク調整後の割引率」の計算方法が非常に明確であるが、戦略的観点からリスクを見ると、重要なのはむしろ、この分析の分子に現れるキャッシュフローのばらつき具合をうまく扱うことのほうだ。非常に難しい課題だが、一般的なガイドラインを提示することはできる。

■自分の業界におけるリスクの大きさとリスクの本質的な特徴を理解する（資本集約的である、その他撤退障壁を高くする要素がある、需要の変動が大きいなど）

戦略的観点からリスクを分解する大まかな方法は、リスクを次のカテゴリーに分類することだ。

・需要サイドと供給サイドのリスク
・為替レートや、国内の利益と海外部門の利益のシステマティックな相関などの財務リスク
・競争のリスク（投資をしないことで競合他社が本拠地の市場で安定した収益をあげられる状態を確保することも含む）
・市場以外のリスク

これらの他、他の分類の枠組みを応用する際、ダブルカウントを避けるのは重要である。更に、重要となるリスクは戦略ごと、業種ごとに異なるという点も忘れてはならない。グローバリゼーション戦略において、クロスボーダーのサプライチェーンを重視する会社は、地域ごとに完結する事業活動を行っている会社とは直面するリスクが大きく異なる。ラーン・トゥ・バーン・レシオ（learn-to-burn ratio）という形でリスクをまとめると役に立つ。これは、主な不確定要素を解決する情報をいかに早く入手できるか（learn）と、（回収不能な）資本がどれだけ投下されたか（burn）を比較（to）する指標（ratio）である。たとえば、ラーン・トゥ・バーン・レシオは、ファーストフード業界のほうが電力業界よりも高い。

■クロスボーダーでの活動がどれだけリスクを低下させるか、または増大させるか評価する

セメックスはキャッシュフローを複数の市場から得ることで事業リスクを軽減したよい例である。対照的にコカ・コーラは悪い例で、アジア危機以降に同社が需要の伸びのブレに直面したのは、同社のアメリカ以外の事業がアメリカ国内の事業と比較して未成熟だったことに起因する。グローバルに手を広げることも、問題が複数の市場に伝播するリスクを増大させる。ア

ーサー・アンダーセンがエンロン以降アメリカで直面した問題も、国ごとに別々の会社として活動していれば、たとえばフランス事務所には影響を及ぼさなかったはずなのだ。このようにリスクが拡大する事例に加え、多国籍企業が活動する市場間の利益の相関は、それぞれの市場におけるその企業と現地の競合他社との利益の相関よりも高いという調査結果もある。

■リスクの増大によって生じうる恩恵を認識する

リスクの平準化というと、リスクは常に最小化すべきだと思うかもしれない。しかし、行動を選択できる場合はそうとは限らない。金融の世界では、ボラティリティが高いとき、つまり価格が激しく動くときはオプションの価値が高まることがよく知られている。それと同じように、状況によってはリスクにこそ価値がある。セメックスは一九九〇年代後半に、低リスクかつ低成長のスペインの生産拠点に代えて、高リスクかつ高成長のアジアの生産拠点を拡大した。それまで多くの多国籍企業と戦ってきた成熟先進国市場と比較して、新興国市場への進出を高リスクの行動としてではなく巨大な戦略的オプションの一部だと考えて選択肢を広げたからだ。

■リスクへの感応度や選択肢の管理の方法を複数考える

リスク管理にはさまざまな方法がある。ある会社が海外市場に参入する場合、一〇〇％自力による参入、買収、合弁パートナーとの協調、単なる輸出のいずれを選ぶかで、リスク（そしてリターン）は非常に異なるはずだ。あるいは、株主がさまざまな資産を保有しているならば（セメックスの場合はそうではなく、一族の資産の大半は同社の株式である）、業種特有のリスクの抑制は株主に任せ、戦略構築の際に株主の判断でそういったリスクを割引くやり方も合理的である。可能性の幅が広がれば、会社の直面するリスクとリターンの状況も改善されることが多い。

G　知識およびその他の経営資源や能力の創造

知識（と、その他の経営資源や能力）の創造は、ADDING価値スコアカードの要素の中で、会社の戦略的利益ではなく資産として考えるべきものは何か、という問題を最も強く提起する。この要素は時間を費やして経営資源や能力を開発し、展開することに焦点を当てている。経営資源や能力の中では、おそらく知識が最も広く研究された要素であろう。

■ある地域特有の知識か、それとも他の地域でも応用できる知識か、応用できるならその知識をどう応用するかを見定める

セメックスは非常に単純化された知識の移転に成功した。セメントはセメントであるから、世界のある地域で考えられたアイディアは、世界の他の地域にも比較的容易に（即ち、深い解釈をしなくても）応用できる。別の環境の下では、さまざまな側面での国ごとの差異は大きな課題となる。知識の移転を試みる場合は、注意深く、知識をある状況から別の状況へと再度当てはめる必要がある。さもなくば、知識の移転は物事を改善ではなく改悪しうる。

■複数の方法で知識の創出と移転を管理する

知識の移転に関する研究は、多国籍企業の社内で公に知識を移転することにばかり着目し、他の手段で知識の開発・展開を行うことを除外している傾向がある。公式の手段以外にも、人

と人との交流、買い手、納入業者、コンサルタントとの協調、オープン・イノベーション、模倣、知識の利用契約など、非公式の移転の手段はさまざまだ。[注17] 更に、内部での知識移転の効率そのものが、管理の巧拙によって大きく異なる。

たとえば、化粧品メーカー、アモーレ・パシフィックは韓国本国のシェアをうまく守っている。それでも、韓国外の事業から知識を得、統合するのは難しい作業だった。同社のフランス事業は新しい香水ロリータ・レンピカを発表することに成功したものの、フランス事業と本社の関係が弱かったために、親会社への知識の還流は限られていた。日本の化粧品メーカー、資生堂はこの点ではもっと成功している。フランスで香水を作って売り出すことに成功した後、同社はフランスの生産設備を使って日本向けの「資生堂ライン」を作り始め（コンセプトの開発と最終の調香の大半は日本で行っている）、別の商品のフランスでの管理テクニックを日本に移転したのである。[注18]

■同じような条件の他の経営資源や能力を考える

知識の移転は依然として技術色、テクノロジー色が強い。しかし資生堂のケースのようなマネジメントの革新も、国境を越えて有効に移転できるものだ（情報テクノロジーによってより活発化できる）。この価値のコンセプトの中には、もっと幅広く、別の種類の経営資源や能力が含まれる。

別の種類の経営資源や能力の重要な一例として、コネが挙げられる。セメックスが国内における独占禁止法の捜査を退けたことや、ロシアのセメントをメキシコへ持ち込もうと六カ月にわたってあちこちの港をさまよったメリーノウア号の事件に象徴されるように、メキシコへのセメント輸入をセメックスが阻止できた理由は何だろうか？　その答えの一つは、CEOのロレンゾ・ザンブラノの国内における人脈であろう。サダス、ガルザスなどモントレーに拠点を置く他の企業家一族との親族関係、彼らの会社やその他大手メキシコ企業の取締役会のメンバーになっていること、メキシコ企業家協議会のような影響力のある経済団体の会員であること、それに政界との緊密な関係などがそれにあたる。

この例は国内中心であり、倫理的な問題もあるが、倫理的な問題とならないクロスボーダーの関係を考えるのは容易だ。昔から多国籍企業が現地企業と提携してきた理由は、たとえ現地の規制がない場合でも、現地のパートナーの国内ネットワークやコネを利用することができるためである。

■ダブルカウントを避ける

ADDING価値スコアカードを適用する際に一般的に陥りがちな問題だが、ダブルカウントはスコアカードのこの項目で特に起こりがちだ。もし既にコスト、支払意志額など、価値を発生させる（または消滅させる）源を説明できているのなら（そのほうが一般的には望ましい）、その項目はスコアカードのこの部分には含まないほうがよい。

ADDING価値スコアカードを超えて

ADDING価値スコアカードは、ある戦略的行動を起こすのが合理的かどうかを判断する基礎を提供する。更に、戦略上の代替手段について本格的に考える際には、次のような付随的だが重要な疑問に答えるべきである。

1　選んだ戦略上のオプションは、持続的な価値の創造や獲得につながるか。
2　経験則は、分析の結果と一致するか、それとも矛盾するか。
3　他にもっと優れた代替案が得られるかどうかについて、十分な検討がなされたか。

これら三点については、別途にセクションをまるごと一つ費やせるほどだ。そんなわけで、実際そうした。[注19] ここでの議論は簡単に済ませる。

1　持続性

実際、戦略上のオプションの重要な点は、ある時点において価値を創造するかどうかではなく、時とともに持続的に価値を創造し続けられるかどうかである。持続的に価値が創造できるとしても、他社との競争があることを考慮すると、創造できる価値のうち、実際にどれだけを享受することができるだろうか？

■優れた実績は往々にして短命だということを認識する

持続性を真剣に考える第一のステップは、持続性はあって当たり前ではないと認識することだ。業界レベルでいうと、「サイクルが短い」業種は実質価格の下落が速く（目安の一つは年率三％と言われている）、企業が継続的に革新を行わない限り優れた実績は長続きしない。たとえば、家庭用電化製品はこの目安を超えるが、セメントはそうではない。一方、会社レベルで持続性の欠如を示唆する目安には、全盛期が短い経営資源による収益への依存度が高いことなどが挙げられる。

■自社の環境がどのように展開していくかを考える

持続性があるかないかの指標を見るのは感覚を鋭くするのにいい手段であるが、だからといって、指標さえ見ていれば、ある具体的な戦略が現在のトレンドに沿っているかどうかを広く十分に考えなくていいということにはならない。

ニューズ・コーポレーションによるスターTV買収をもう一度見てみよう。この行動で、ニューズ・コーポレーションは自社のライブラリにある英語番組を再利用し、番組制作費用を削減することで付加価値を得られるはずだった。しかし、そもそも買収当時、アジアのテレビ市場ではそんな戦略の有効性を損なう変化が起きようとしていることに、同社は気づいてしかるべきだった。特に、契約者数が急激に増えれば国ごと・言語ごとに番組制作を行うコストの重要性が低下するのは半ば当然に予想できる成り行きだった。そうした事態は、まさしくニューズ・コーポレーションが何とか回避しようとしていた事態に他ならない。常識なり当時入手可能であったはずのデータ（図3-10、155ページ）なりから明らかであった、相対的コストや国内制作番組のアピール度などを、そうした変化に重ね合わせれば、英語番組は時とともに重要性を失っていくのが目に見えている。

■自分の価値システムの中の他社がどういった動きに出るかを予知する

自分を取り巻く環境のさまざまな変化を考慮することに加え、持続性の有効な実験として、自分が出合う他の会社の立場に自分を置いてみるとよい。直接に競合する他社がどのような行動に出るかを見極めるべく分析を行うのがどれだけ重要か、本書では既に述べた。同様の分析を、新規参入する可能性のある企業、顧客、納入業者、自社の製品の代替品または補完品を提供する企業の立場で行ってみるのだ。彼らが自分の価値を最大化しようとすればどんな行動に出るだろうか？　彼らの特徴から見て彼らは何をするだろうか？　自社がどんな行動に出ると、彼らの攻撃的、または協調的な反応を引き出す可能性が高いだろうか？

■行動がどこまで模倣（または中和）されうるかを見極める

自分の価値システムの中の競合他社や他のプレイヤーの詳細な分析は、彼らがどのような行動をとるかを予測することを目的としているが、プレイヤーの数が増えるとすぐに収拾がつかなくなる。そういう場合は、価値創造を目的としてとった行動が、模倣されて希少価値がなくなると考え、どこまで模倣（または中和）されうるかを直接に見極めるほうが早い。

■次にとる一連の行動を考える

持続性は蓄積できるし、行動を起こすことでその機会は広がる。最初の行動に出るかどうかを決める前に、行動やプロジェクトの連鎖を考慮しておくのが重要である。これには将来を深く見極める必要があり、難しいことも多いが、基本的なロジックは明白である。戦略の専門家は戦略の一部となるプロジェクトや行動を個別に評価するのではなく、戦略全体を評価すべきである。

図3-10

海外テレビ番組と国内の市場規模

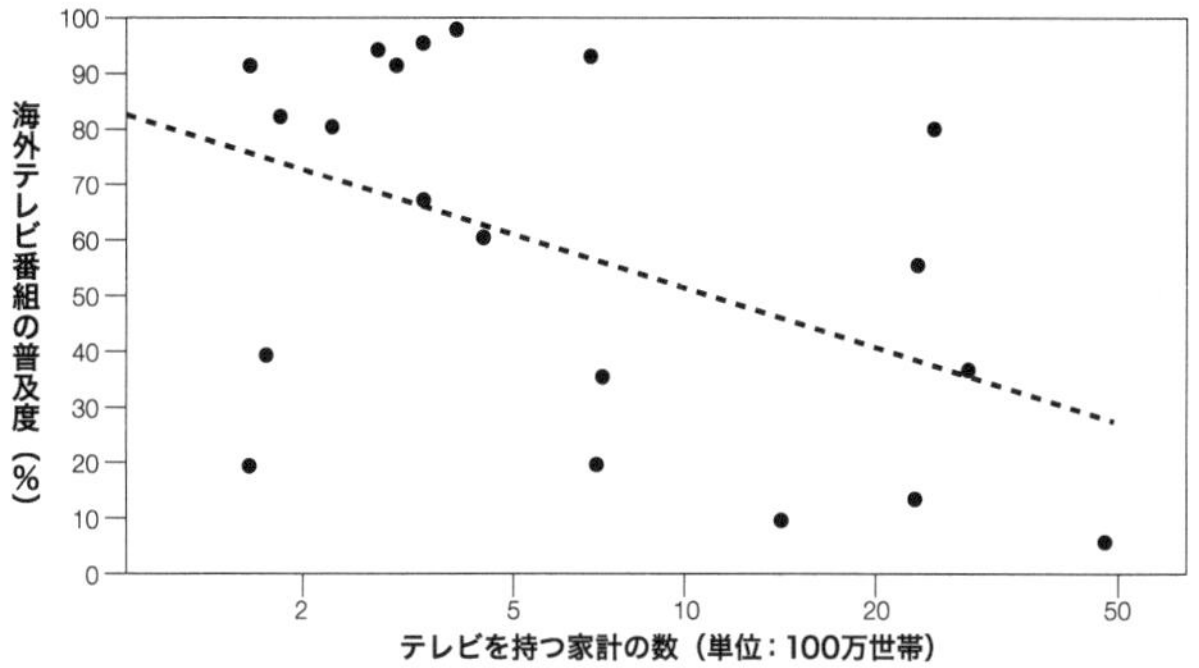

出典：Pankaj Ghemawat, "Global Standardization vs Localization: A Case Study and Model," in The Global Market: Developing a Strategy to Manage Across Borders, ed. John A. Quelch and Rohit Deshpandé (San Francisco: Jossey-Bass, 2004) 123.

■もし持続的な優位を得られないとしても、行動をとるに値する場合もある

もし自社がある行動をとらなければ持続的に不利になるという場合がある。これは、前述した価値の創造に関する議論に関係している。競合他社と自社を比較するのはいいことだが、最終的な目的は競争に勝つことではなく、自分の会社の価値を高めることである。

2　判断

戦略的な意思決定には、通常、分析に加えて判断を必要とする。判断を下す際は、分析には常に間違っている可能性があること、したがって分析から得られる結論が合理的かどうか再検討しないと正しい判断を得られる可能性は低くなることを、認識しなければならない。

分析の精度を高める方法はたくさんあるが、戦略的意思決定に不可欠なのは次の三つだ。

・ぬきんでた能力や競争力　よい機会に出合

える可能性は、自分の会社が高い競争力を持つ領域のほうが高い。

・経営資源のバランス　大きな戦略的意思決定をする際、主たる経営資源（資本を含む）の供給および需要の大まかなバランスを保つよう注意を払う。

・構造上の流れ　検討している戦略的オプションがどのように顕在化し、評価されたか、それが誰の支持によって部分的にでも実現されたかに注意する。

たとえば、二〇〇四年にスペインのサンタンデール銀行はイギリスのアビー・ナショナルを買収して、当時の時価総額で世界第一〇位の銀行となった。サンタンデールがアビー買収にあたって検討した項目は、ADDING価値スコアカードの全ての要素をカバーしていた。加えて、のちにサンタンデールの頭取であるエミリオ・ボティンと話した際、私は彼の意思決定には前記の三点の判断基準も全て織り込まれていたと確信した。まずサンタンデールは、買収する側として優位にあると考えた。同社はリテール銀行の買収と再編の経験が豊富だった。同社は一九八八年のロイヤル・バンク・オブ・スコットランドとの戦略提携により、既にイギリスでの事業の足がかりを得ていたのに加え、ロイヤル・バンク・オブ・スコットランドによる大手銀行ナショナル・ウェストミンスターの買収を目の当たりにしていたため、たとえイギリスの大手銀行がアビーに買収をかけてもおそらく当局に認可されないのがわかっていた。更に、この買収はサンタンデールの財務内容では可能な最大の取引であったが、実現すれば減少しかかっていた資産を拡大することができた。更に、アビーへの投資機会を精査したのはホアン・ロドリゲス・インシアルテだった。彼は過去の成功例で指揮をとっており、ボティンとともに、サンタンデールがロイヤル・バンク・オブ・スコットランドの取締役会に派遣していた人材でもあった。

3 創造力

これまで、本章は戦略的なオプションの価値を向上させることに注目してきた。しかし、考えうる一連のオプションを改善する創造力は、戦略の立案において非常に重要で補完的な要素である。代替案を改善せずに実験を繰り返しても、実践しない頭脳集団になるだけだからだ。

創造力を完全に体系的に扱うことはできないが、検討している一連の戦略的オプションを充実させる単純明快な方法がある。既に本章のあちこちで軽く言及しているが、補完的なアプローチを五つ挙げる。これらのほとんどは一般化できて、単一国戦略にも使うことができるが、グローバル戦略では特に有効である。

■検討しているオプションを、管理、発展形態、規模、タイミング、その他の要素に分ける

国際的企業はさまざまな形で製品市場に参加できる。具体的には、輸出、供給についての合意、ライセンス供与、フランチャイズ、戦略提携、合弁、子会社化などだ。最後の二つの形態が最も注目されている。子会社化を提案する人は、安全面と管理面で有利だと主張する。一方、合弁を提案する人は、現地の能力やネットワークにアクセスでき、同時に、次章で説明するように、適応のための労力を減らすことができると指摘する。

議論は尽きないが、経営という側面から見ると、市場に参加する形態の選択は状況次第であり、一般的な判断は役に立ちそうにない。むしろ、経営者に必要なのはＡＤＤＩＮＧ価値の各要素の意味するところや、持続して達成できる付加価値の大きさを理解することである。更に、

インプット市場への参加（例：海外子会社による生産か否か）や、自社開発か買収かといった形態についても同様の議論ができる。

■精査する試みの範囲を広げる

持続性の議論でこの種のアプローチに触れた。新しいものを見つける手段として変化に焦点を当てること、自分の業界における価値システム全体を含め、外部に精査の範囲を広げること、他社の立場になって考えることなどがこれにあたる。もちろん、精査する試みの範囲を広げるのに最もいい方法は、いろいろな場所を見ることだ。自分の会社がインドや中国に直接何の関係もないとしても、現地にいる競合他社がとっている戦略は見る価値がある。ワイヤレス電話のサービスを提供する会社なら、インド市場第一位のバルティ・エアテルが始めた過激なアウトソーシング戦略に少なくとも気づいているはずだ。この戦略によって同社は、多くの先進国では通常一分二十数セントである電話料金を、一分当たり二セント以下に抑えることができた。

私自身の業界を例にとると、多くのビジネススクール（特にアメリカ）は非常に国内志向である。彼らは、インドのＩＣＦＡＩビジネススクールの例に学ぶことができるはずだ。同校は、拡張性、遠距離学習や市場の必要性などを強調し、一〇年間でＭＢＡプログラムに入る人の数を一〇倍に増やし、世界で最も大きなビジネススクールの一つになった。もちろん、隔たりを考慮するとこういった例は他の状況ではうまくいかないかもしれない。特定の国の環境から離れ、別の国の環境に知識を当てはめてみる必要があろう。

■視野を変えてみる

全く違う地域を本拠地とする競合他社を見ることは、全く違う側面から物事を見るやり方の一つにすぎない。他にもいろいろなやり方があり、ここではその一部を挙げるにとどめる。前提条件を一つ、いくつか、あるいは全部取り払ってみよう（たとえば、新しく何かを始めるとしたら、あるいは利益が目的でないとしたら、どのようにして、ある特定の問題を解決するだろうかと考えてみる）。業界や、競争行動を動かしている暗黙のルールを見つけ、その打破を試みよう。機会と同時に脅威も、変化への受容力を高めることだと捉えよう。事業が直面する脅威や機会といった課題から解決手段へという経路だけでなく、逆に解決手段から課題へという経路をたどってみよう。自分が達成しようとすることの逆はどうやったら達成できるかを考え、その反対をやってみよう。「やってみよう」と自分に言い聞かせ、現状に対して「やればできる」という姿勢をとろう。物事を逆転させる別の方法を考えよう（たとえば、誰が誰に支払うか）。考え方をタテまたはヨコに広げるために開発されたテクニックを使ってみよう。また、自分を競合他社の立場に置くやり方を一歩進めて、競合他社の立場から自分の会社を競争相手として分析してみよう。

ここで言及した方法は抽象的でぼやけているように聞こえるかもしれないが、こういった過激な視野の転換がどれほど重要か、例を挙げてみよう。ダイヤモンド採掘販売のデビアスは、当初、紛争地のダイヤモンドの貿易制限に反対していたが、後に制限は自社がダイヤモンド市場の供給過剰やコモディティ化に抵抗する際の支援材料になると悟り、方向転換した。ヨーロッパの格安航空会社ライアンエアは、利用度の低い空港へのフライトを利用する乗客から料金を徴収するだけでなく、そういう空港やその土地の観光協会から、乗客を動員したことに対する対価を徴収する戦略を考え出した。スペインのファッション小売のザラは、デザインと生産のサイクルを短期化することによって、在庫を減らして顧客の支払意志額を向上させることができると発見し、トレンドを予測するのではなく、今シーズン流行のアイテムを生産することにした。更に、現アルセロール・ミタルCEOのラクシュミ・ミタルは、一九九〇年代半ばに買収を始めた元東ヨーロッパ圏の統合製鉄所の価値は、生産能力そのものよりも、製鉄所に付随する資源の採掘権にあるかもしれないと考えた。

■組織全体の創造力を利用する

戦略のオプションについて更に考えを広げるには、戦略イノベーションの「一つの大きな脳」モデルを乗り越え、我々の創造力に関する知識を反映させた組織プロセスや組織構造を作る必要がある。もう一度手短に書くと、推奨する行動は次のとおり。柔軟な思考を身につけること、リスクをとることの奨励や学習にコミットすること、異なる考え方を受けいれること、適切な感知・発見を求めること、話していて気づいたことをそのまま形にしたように戦略を立てること、情報フローの重視やビジネスを熟知すること、データに基づく分析を行うこと、既知バイアス（「そんなことは前からわかっていたよ」症候群）に抵抗すること、報酬による動機付けのような付随的なコミットメント手段と同時に情熱のような本質的なコミットメント手段を使うこと、継続して組織を再活性化させ、やりがいを持たせ、時には不安定なものにすることなどだ。このような組織の特性は、新しいオプションの創出およびその評価に影響する。

こうしたメカニズムは包括的だが、国境を越えて組織全体の創造力を利用することは、コカ・

コーラの事例で示したように、セミ・グローバリゼーションの環境の下では特に大きな反響を呼ぶ。ネヴィル・イスデルがコカ・コーラのCEO職を受け継いでからの最大の課題は、社内のトレードフェアなど、グローバルな交流の場の再開であった。「ローカルに考え、ローカルに行動」主義のダグラス・ダフトの下ではそのような場はなかったと言われており、一方、ロベルト・ゴイズエタの下で開催されていた時は「一つの大きな脳」志向だったと思われる。言い換えると、当時の組織は現場に指示を出すための本部の導管体という役割にすぎなかったのだ。

■本書を最後まで読む

グローバル戦略策定の創造力を広げる方法の残りは、本書のこの先に網羅されている。ここまでで導かれた結論、つまり我々は国ごとの差異が依然大きいセミ・グローバリゼーションの世界にいるという事実を前提として、第二部では差異に対応するさまざまな戦略を検討する。このように差異を体系的に扱うことで、グローバル戦略を補完するだけでなく、よりカスタム化された価値創造を考え、この項目で述べた創造力を広げるアプローチを策定することができる。

結論

「第三章のまとめ」に本章の具体的な結論をまとめた。短く言えば、本章は国境を越える行動による価値創造を追求するための包括的で確固とした基盤を提供している。そういった行動を分析するためのより現実的な手段を読者に提供するのが目的だ。しかし、現実性は創造力に取って代わるものではなく、会社の業績を最適化するには両者を組み合わせる必要がある。

第三章のまとめ

1　我々は国ごとの差異が依然大きいセミ・グローバリゼーションの世界にいるという現実の下では、「なぜグローバル化するのか?」という質問の回答が重要となる。この質問に答えるには真剣な分析が必要である。

2　その分析の基礎となるのがADDING価値スコアカードで、付加価値を販売数量の向上、コストの削減、差別化、業界の魅力の向上、リスクの平準化、知識（とその他の経営資源）の創造と活用という六つの構成要素に分解する。

3　ADDING価値スコアカードを利用するにあたり、六つの構成要素を頭に入れておくだけでなく、分解してできるだけ数量化し、比較を行うことが重要である。

4　ADDING価値スコアカードに基づく分析を補完するべく、持続性に注目することが重要である。

5　分析結果を評価する際は判断が必要になるし、それがあるべき姿である。

6　検討した一連の選択肢を充実させ、その一連の選択肢の評価を高めることによって得られるものは多い。

ＡＤＤＩＮＧ価値スコアカードで武装して、本書の第二部では国ごとのさまざまな差異に対応するだけでなく、類似点を認識し、活かせる戦略を検討する。本章で特に詳しく議論したセメックスの事例は、セメントはセメントにすぎない（この業界でさえ地理的な隔たりは非常に重要だという注意点はあるが）ために、比較的単純であった。次章以降では、差異が非常に複雑かつ顕著である状況に、第一部で開発した概念やツールを応用する。

第二部

国ごとの違いを成功につなぐ

STRATEGIES FOR GLOBAL VALUE CREATION

第二部は、国ごとに存在するさまざまな差異の中で付加価値を生み出す戦略に焦点を当てる。第四～六章は差異への対応としての三つのA、適応（Adaptation）、集約（Aggregation）、裁定（Arbitrage）から成るAAA戦略を紹介する。第七章と第八章は包括的な見解を述べる。

・第四章は、国ごとの差異に順応する適応戦略について述べる。差異に適応するやり方は既に広く行われているため、ここでは考え方を広げ、効率的に適応するために必要なさまざまなツールに焦点を当てる。

・第五章では、国ごとの差異のうち、類似するものの集約によって差異を部分的に克服する集約戦略について述べる。分け方にはいろいろあるが、ここでは地理的な、地域ごとの集約に焦点を絞り、詳しく議論する。

・第六章では、国ごとの差異を制約条件として扱うのではなく、その差異を活用する裁定戦略について述べる。ここでは、第二章で述べたCAGEな差異に基づいた裁定戦略について述べるが、中でも経済的な裁定、特に労働力の裁定について詳しく議論する。

・第七章はAAA戦略間でのトレードオフや、同時に複数のA戦略を使うほうが望ましい場合を考える。言い換えれば、差異に対応する包括的な戦略の策定について述べる。

・第八章は本書を締めくくるにあたり、グローバリゼーションの今後について、楽観的および悲観的な見解の両方について述べる。これまでに得られた結論に基づいて議論を進め、企業がグローバルな価値創造を続けていくための、段階を踏んだアプローチを提言する。

第四章

インドのマクドナルドには羊バーガーがある

ADAPTATION
Adjusting to Differences

全てのものはできるだけ単純に作られるべきだが、
単純すぎてはならない。

アルベルト・アインシュタイン
The Silverado Squatters (1883)

第一部では、セミ・グローバリゼーションの環境を説明し、国ごとの差異を考える枠組みと、そういった差異に鑑みてクロスボーダーでの戦略オプションを検討する際に使う標準形を作った。今度は、こういった差異をどうしたらいいかを考える。最初に、差異に順応する適応戦略を議論する。

国境を越えて活動する企業ならどこでもある程度の適応は不可欠である。第一部で示した例のうち二例を見てみよう。

・セメントは成熟した技術で生産される純粋なコモディティに近い。それでもセメックスはエネルギー価格、小売と卸売向けの需要バランスなどに関する国ごとの差異に適応しなければならない。

・これまでの実績を見る限り、ウォルマートは本拠地であるアーカンソー州ベントンヴィルからの距離が遠くなるほど業績が落ちる。柔軟性と適応性の不足が最大の原因と考えられる。その一例として、サッカー熱の高いブラジルでアメフト用のボールの在庫を持つなどの取扱商品の失敗が挙げられる。しかし問題はもっと深いところにある。私の推測では、一二項目同社を国内で成功に導いた五〇項目の方針のうち、三五項目は概ねそのままで、一二項目は部分的に、海外事業でも使われている。国ごとの差異に左右される業種でこの数は驚くべき多さだ。

ウォルマートの事例は、ありがちな先入観によって、クロスボーダー戦略が適応不足に陥っているケースのように見受けられる。[注1]前にも述べたように、解決策の一つは、国ごとの差異をいずれ重要でなくなるだろうと考えて無視するのではなく、差異を分析することだ。しかし、会社にとって同時に重要なのは、そういった差異に適応するツール、あるいは実際に適応を達成できるように条件を改善するツールをひととおり考えることだ。適応への挑戦、さまざまな適応障害への対応を検討するにあたり、本章ではさまざまな面で多様性を要求される家電業界を取り上げ、世界の大手一〇社の戦略を検討する。[注2]そして、他の事例をもとに、適応のためのツールについて一般論を述べ、それから適応にあたって生じる組織の問題について触れる。

大手家電業界

一九六〇年代以来、アメリカと西ヨーロッパの大手家電業界では再編が進んできたが、地域を越えたグローバリゼーションが始まったのは一九八〇年代の中盤であり、この頃から大規模な合併が始まった。一九八六年に、ヨーロッパ最大手、スウェーデンのエレクトロラックスがアメリカで業界三位のホワイト・コンソリデーティッドを買収した。アメリカの大手メーカーは一九八九年から一九九〇年にかけて応戦し、最大手のワールプールが業績不振に苦しんでいたヨーロッパ第二位のフィリップスの家電部門を買収した。アメリカ第二位のゼネラル・エレクトリックはイギリスのGECの家電事業に出資し、第四位のメイタグはフーバーを買収し、イギリスとオーストラリアへの足がかりを手にした。一九九〇年代は業界内企業の海外進出が目立ち、特にヨーロッパではボシュ・ジーメンス、アジアではパナソニックをはじめとする日本企業、更に韓国のLGやサムスン、中国のハイアールなどが世界市場へ参入した。

世界市場への拡大については、一九九四年にワールプールCEOのデイヴィッド・ホイットマンがインタビューで極めて如実に語っている。ホイットマンは同年にワールプールがフィリップスの家電ビジネスを買収した際のワールプールのCEOであり、こう述べている。「いずれ、我々の業界は我々の意向と関係なくグローバルになる。それに対し、我々に与えられる選択肢は三つある。まず将来の市場環境を無視することで、これはワールプールを徐々に死に追いやるだろう。次に、グローバリゼーションが始まるまで待って、それから対応する。そして三つ目は、自分で自分の将来を決め、我々の業界におけるグローバリゼーションのあり方を自ら形作っていくことだ[注3]」

しかし海外への事業拡大は業績の拡大には結びつかなかった。**図4-1**は世界の大手一〇社の最近の業績を示したものである[注4]。収益データに照らしてみると、他社に先駆けて自社の本拠地以外の地域に進出した会社、エレクトロラックスとアメリカの大手四社は、先行したことの有利さを生かせていないようだ。また、これらの会社は自社の家電ビジネスを大きく拡大させてもいない。先にグローバル市場に進出した会社は、二〇〇二年から二〇〇四年の売上高成長率（グラフにカッコで示している数字）で見ると下位にランクされる。同様に、大手一〇社のうちでも最大手にあたる会社は概ね地理的な活動範囲が広いが、収益は最も高いわけではない。その結果、家電業界で業界再編は起きたものの、業界再編の動きに加わった企業の業績は概ね低下した。なぜ思ったとおりにいかなかったのだろうか？

図4-1

大手家電メーカー10社の利益率と規模（および増加率）

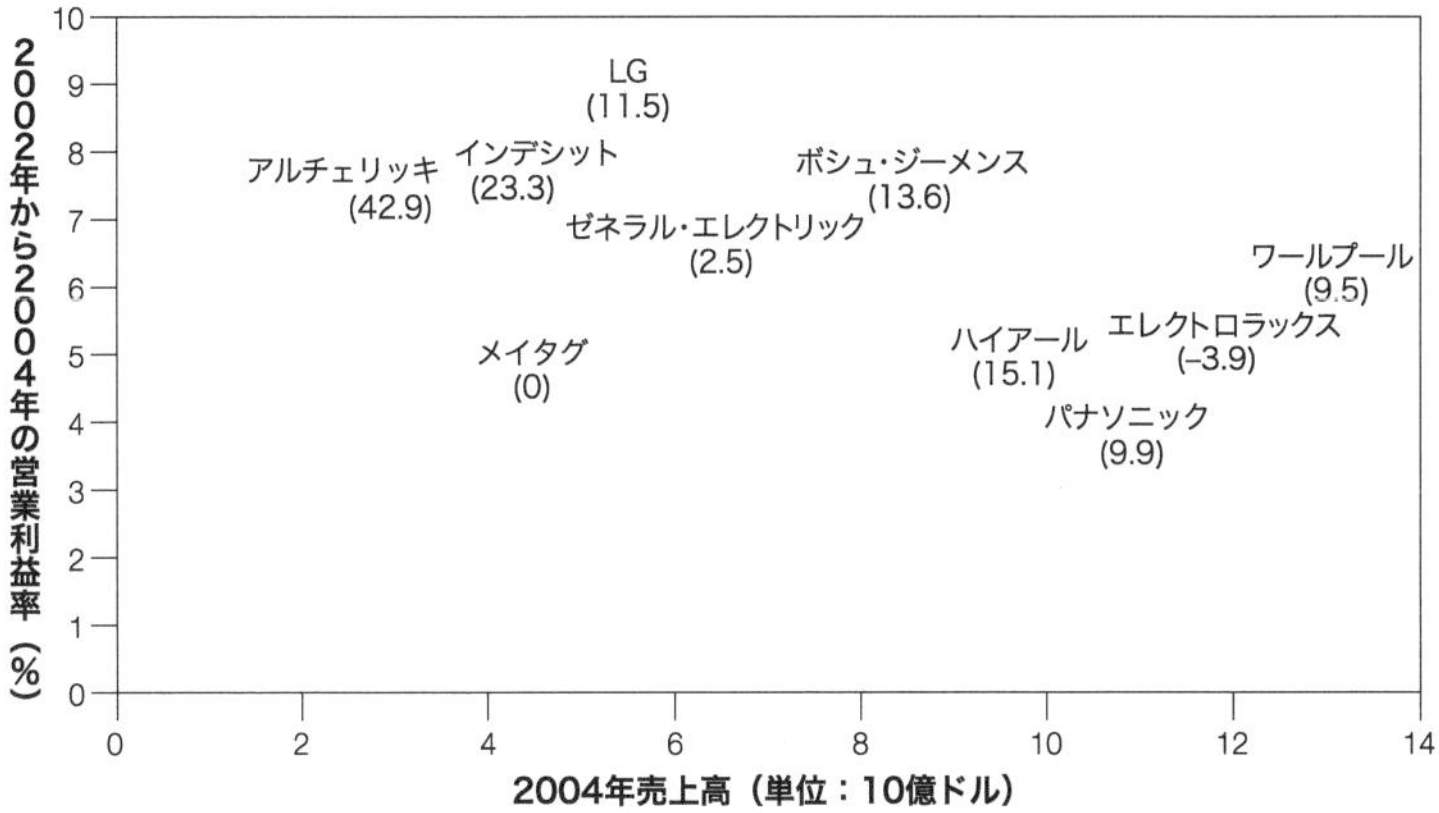

出典：図に掲載されている会社のアニュアルレポート、Freedonia Group, "World Major Household Appliances,: World Industry Study with Forecasts to 2009 and 2014," Study 2015 (Cleveland: Freedonia Group, January 2006), Pankaj Ghemawat and Catherine Thomas, "Arçelik Home Appliances: International Expansion Strategy," Case 705-477 (Boston: Harvard Business School, 2005); Pankaj Ghemawat and Thomas M. Hout, "Haier' s U.S. Refrigerator Strategy 2005," Case 705-475 (Boston: Harvard Business School, 2005); Global Market Information Database.
パナソニックの営業利益率は2002年〜2003年の数字。ゼネラル・エレクトリックとハイアールの数字は予想。

業界事情

ワールプールは、「世界中の消費者は同じ製品を求めている」というテッド・レヴィット説に基づいて世界市場に進出し、付加価値を得ようとした。同社の一九八七年の年次報告書では、「世界の主要先進国の消費者のライフスタイルは似通ってきており、消費者向け製品への期待もやはり似通ってきた」と述べている。

家電に限らず他の業種でもそうだが、こういった理由付けの問題点は、チャールズ・ダーウィンがかつて言ったように、観察ではなく感覚に基づいていると思われる点だ。大手家電メーカーは二〇〇〇年代初頭も依然として何千種もの製品を提供しており、エレクトロラックスに至っては一万五〇〇〇種類にのぼっていた。しかし、第二章のCAGEの枠組みを当てはめれば、クロスボーダーで生じる一連の差異が原因となって消費者の嗜好は収束しないことが説明できるし、第三章の診断ツールを使ってみれば、海外進出で得られるプラス面はただでさえ少ないのに、更に希薄化する要因がどれほどあるかが明らかになったはずなのだ（**表4－1**）。

表4－1を左から右に見ていくと、複数の市場で効率的に競争していく上で必要な要素はどんどん増えていく。まず、文化的な差異は非常に大きい。単なる好みからもっと根本的な差異を原因とするものまでさまざまだ。前者の単なる好みの例として挙げられるのは洗濯機である。洗濯機のような製品ではこういった差異は限定的だと考えられているが、実際はそうではない。

フランスでは、上開き（タテ型）が市場の七割を占めており、前開き（ドラム式）は上開きに比べて通常少し安く売られている。実際の製造コストは概ね同じである。ドイツの消費

表4-1

主要家電の仕様に関して要求される国ごとの差異

文化的な差異	制度的な差異	地理的な差異	経済的な差異
・特有な好み ・固定観念 ・概ね成熟製品 ・消費の外部性の欠如	・電源の標準 プラグ、コンセント 電圧 ・その他の規則（環境等） ・保護主義：アメリカへの輸入は20% 関税	・気候 気温 日照 ・容積または重量当たりの価値が低い	・所得水準 低コスト 支払意志額 ・成長 世帯数の増加 ・価格、代替品や補完品の有無（場所、電気）

者は、脱水速度が一分当たり八〇〇回転以上の高速スピードのドラム式を選好し、イタリアの消費者は一分当たり六〇〇～八〇〇回転のドラム式を好む。イギリス人は一分当たり八〇〇回転のドラム式を好むが、供給水が水だけでなく湯と水の両方が可能なタイプを好む。[注5]

好みの差異の大半は、別の種類の、国ごとのもっと基本的な差異から生じる場合が多い。文化的な面では、各国の料理は家電の仕様に対する需要に非常に大きなインパクトを与える。冷蔵庫で言えば、アメリカ人と比較してドイツ人は肉の収納スペースが大きい製品を好み、イタリア人は野菜専用室があるものを好み、インド人はベジタリアンもそうでない家庭も、においが混じらないような構造を望む。イギリスのオーヴンがドイツのオーヴンより大きいのは、クリスマスにイギリスでは七面鳥を食べるがドイツではガチョウを食べるためだ。ドイツ人は自動クリーニング機能のついたオーヴンを必要としないが、その理由はドイツ人がフランス人よりも低温で焼くためだ。更に、インド人の家庭は通常はオーヴンを使わない。

更に、昔からある家電に対する嗜好は比較的安定している。あるマーケティング専門家は、「家庭は、人の人生で最も文化の影響を受ける場所だ。パリの消費者にとって、ニューヨークでどんな冷蔵庫が使われているかなんてどうでもいい」と言う。[注6]

制度的に家電に要求されるのは、世界で使われている電源の標準、主な一三種のプラグの形や壁のコンセントの形、電圧や周波数などの規格の違いへの対応だ。[注7] その他の制度、特に環境面の規制は国によって大きく異なる。また、各国の保護主義や高い輸送コストなどによって、全く同じ製品でも異なる場所で生産されれば完全な代替品ではなくなる。言い換えると、こういった要素が業種内での貿易を制限している（提供する製品の種類を増やしつつも、一箇所で生産する製品の種類を必ずしも増やさない）。従来、貿易の大半は地域内で行われており、最近の数十年は特に地域化が進んでいる。[注8]

地理的要因で重要なものに気候がある。エアコンは暑くない所や暑くない時期には必要ではないし、地中海の日照時間が長い地域では衣類乾燥機の需要は低い。

純粋に経済的な差異の中では、国ごとの差異をもたらす最も重要な要因は各地域の所得水準であろう。冷蔵庫の価格はインドでは一人当たりの年収にも匹敵しうるが、アメリカでは年収の数％である。その結果、インドは気候が暑いが冷蔵庫の普及率はいまだに非常に低く、アメリカに比べると製品の種類が限られており、小型で機能は単純で低価格である。その他の経済的要因には、場所と電気という点での代替品・補完品の有無と価格がある。たとえば、アメリカ人は非常に広い生活空間を持っているため、大型の製品を買うし、騒音に対する許容度が高い。アメリカと比較すると、他の国では通常電気代が高く、エネルギー効率に対する関心が高い。中国など、電気供給が不安定な地域では、停電の後に自動的に初期化する制御機能に関心が高い。国内でさえ、色、素材、大きさ、エネルギー効率、騒音レベル、その他の環境対応度、基本的な間取り、ドアのデザイン、棚のつけ方、冷凍庫の場所、霜取り機能の有無、コントロールなどといった選好の差異があるのに、更に、前述のような国際間の多様性も考慮する必要がある。したがって、種類も増え、一段と複雑化する。これが重要な差異の全てではなく、好みの差異をもたらす国際間の差異に着目しただけである。第二章で議論した他の差異もこの業界には適用され、世界市場での管理を一段と難しくしている。アメリカでエレクトロラックスが展開して悪名をはせた掃除機の広告キャンペーン、Nothing sucks like an Electrolux. は言葉の壁の産物かもしれない（suck 吸うはセックスを連想させる。また、「サイテー」の意味もある）。

　国ごとの差異で逆方向に作用する（つまり海外での活動を促進する）要因といえば労働コストだ。労働コストの高い国では、製品の販売価格の二〇%から三〇%を労働コストが占める。しかし、輸送費が比較的高いことを考えると、国境を越えて、特に地域を越えて競合できる製品は限られるだろう。よって、ハイアールが世界で最も製造コストが安い中国からアメリカに冷蔵庫を密輸し、アメリカの輸入関税を回避できたとしても、輸送費がかかるので採算はとれないと思われる。

　業界の経済をもっと系統立てて見るために、さまざまな費用の売上高に対する割合で見てみよう。広告、研究開発、労働といった面での集約性を見ると、主要家電業界は製造業一般よりも高いが、トップ一〇%には入らない。また、広告集約性や、特に研究開発費は自動車業界に及ばないので、海外へと拡大する動機は薄いのではないかと考えられる（しかし、家電メーカーの経営者の多くは自動車は家電に似ていると考え、自動車が自分たちの指針となると考えている）。したがって、海外における競争で必要な、差異や複雑性を克服する原動力は限られている。

業界再編をもくろむ企業の観点でなく、我々の観点から言えば、これは障害というよりは支援材料である。主要家電業界が海外で適応するのは非常に大きな課題であるが、グローバルな事業展開による付加価値の創造を左右する決定的な要素はない。そのため、各社はそれぞれにこの課題の答えを出している。次に述べる大手一〇社が採用した戦略は、適応という課題に立ち向かうにあたって使えるツールの大部分を動員している。

競争の戦略

主要家電メーカー一〇社のうち数社は、単一国戦略で重視されている基本的な競争の戦略である、コスト・リーダーシップ（パナソニック、ハイアール）や差別化（ボシュ・ジーメンス、LG）を思い思いに採用している。確かに、コストや差別化という点での大きな競争優位は、異なる市場に適応するプレッシャーを和らげるのにある程度役立つだろう。しかし、国ごとの差異があるため、こうした基本的な戦略をそのまま使うことはできない。パナソニックは日本国内の数箇所で比較的標準化された製品を生産していたが、海外の競合他社からの圧力に対抗するため、これまでの規模ベースの低コスト路線の修正を余儀なくされた。ハイアールがアメリカに輸出する際の、「まず難しいことを、簡単なことはその後で」というアプローチは、小型冷蔵庫や他の輸送しやすい製品への注力だけでなく、企業家のマイケル・ジェマル氏をハイアール・アメリカの社長に起用するパートナーシップに発展した。また、ボシュ・ジーメンス

図4-2

適応のためのツール

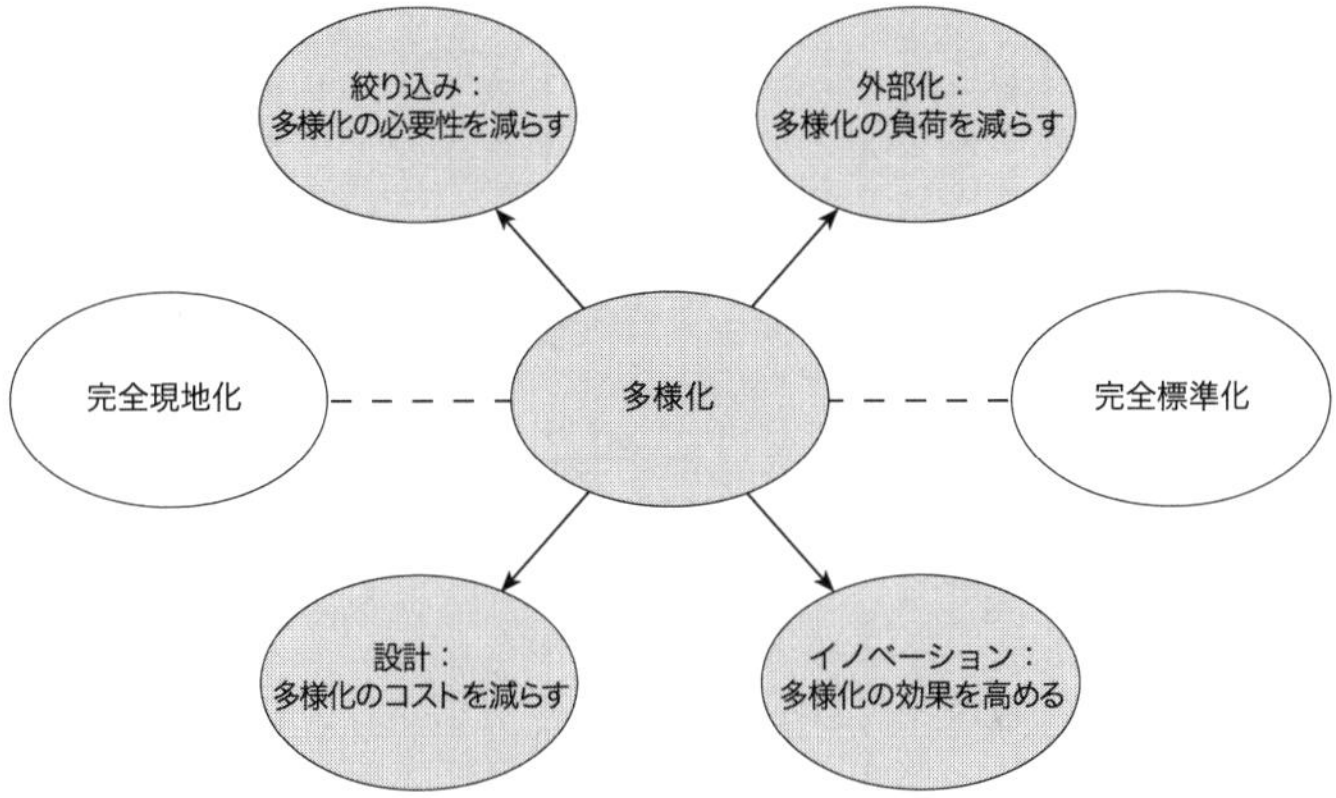

とLGの製品ラインナップは、新興国と先進国で極めて異なっている。差異に対してさまざまな対応がありうると認め、戦略の自由度を最大化するためには、ADDING価値スコアカードにおけるコスト・リーダーシップ対差別化、あるいは他の要素のいずれかに、差異を分類するだけでは不十分だ。スコアだけをつけても中身のある戦略の代わりにはならない。

この考え方を採用すると、大手家電メーカーがとった戦略は、**図4－2**で塗りつぶした楕円で示された、適応への挑戦に応えるための全てのツールを動員していることがわかる。

国ごとの差異への適応のうち、まず一番誰でもわかるアプローチは多様化である。エレクトロラックスはこのアプローチの極端な例だ。エレクトロラックスは一九九〇年代後半には一万五〇〇〇種にのぼる製品ラインナップを抱えていた。実際、ある時点でエレクトロラックスは製品のカスタム化まで試験的に行っていた。顧客が、冷蔵庫だけで一万通りにものぼる色や素材を選べるようにしていたのだ！[注9]　しかし、単純な多様化だけでは家電業界の地理的に広いプレゼンスが示唆するようなさまざまな好み全てに適応するには十分でない。最近の業績悪化に伴って、エレクトロラックスは合理化を試みている。

適応という課題に取り組むための二番目のツールは、特定の地域や特定の商品、あるいは、垂直的な価値創造の過程の中で特定の段階などに焦点を絞り、不均質さを抑制することだ。上位一〇社の中では小規模な、イタリアのインデシットやトルコのアルチェリッキ、メイタグ（二〇〇五年にワールプールに買収される前）は、世界全域で競争するのではなく、特定の地域に焦点を絞っていた。ハイアールの小型製品への特化については既に述べた。そして、特定の段階への特化で例として挙げられるのはブラジルのコンプレッサ製造企業、エンブラコである。同社はグローバル市場でほぼ四分の一のシェアを持っており、これは家電で最大のシェアを持つワールプールの二倍のシェアにあたる。ワールプールはエンブラコの主要株主でもあるので、二社のグローバル市場における集中度の差異は経営のアプローチというよりも製品の特徴にあるといえよう。コンプレッサは研究開発の集約度が高く、特に価値対重量比が高い。

三つ目のツールは、合弁、パートナーシップなどにより、内部の負荷を軽減する手段としての外部化である。一例は、ハイアールがなじみのないアメリカ市場の要求に適応する手段として、マイケル・ジェマルとパートナーシップを組んだことが挙げられる。大手一〇社の他の会社も外部化を重視した。特に、ゼネラル・エレクトリック・アプライアンシズはイギリスのゼネラル・ドメスティック・アプライアンシズとの大規模な合弁の五〇％を取得し、日本の大手小売と提携して日本の流通ルートにアクセスを得、中国への投資を抑えるために現地メーカーの製品にブランド供与するなどの行動をとった（しかし二〇〇二年にゼネラル・エレクトリックはゼネラル・ドメスティック・アプライアンシズの五〇％の持分をインデシットに売却し、北アメリカ市場の強化を優先した）。

適応への四つ目のツールは、多様化のニーズではなく多様化のコストを減らせる設計をすることだ。主要家電メーカーで明確にこれを採用しているのはインデシットである。各工場での製品の規格を一つの基本的な形に統一し、それぞれの工場が一種類の家電だけを作るという戦略で成功している。

適応へのツールの最後はイノベーションである。イノベーションの効果はさまざまな分野を横断して及ぶものであるから、適応の効率を高めることができる。家電業界で首位のワールプールは、大手家電メーカーの中ではこのアプローチで非常に優れている。同社は、中途半端な規格化を試みた後、二〇〇〇年以降は戦略を「全地域の全社員のイノベーションによる」、「ブランドに着目した価値創造」に変更している。同社はヨーロッパ部門がデザインした「デュエット」というドラム式洗濯機を、長年にわたりタテ型が主流だったアメリカ市場に投入した。しかし、「世界共通の洗濯機」を開発しようという大胆な挑戦はあまり成功しなかった。

ここで述べた大手一〇社の競争戦略は、国ごとの差異に対応する手段として、適応を重視している。また、事実上一〇社全てが、価格やマージンへの圧力に直面し、コスト削減の手段として、地域レベルの集約（ある特定の地域に焦点を絞るか、または地域を越えてどのように組織を作るかに着目する）、あるいは裁定という他の二つの戦略もある程度重視している。集約と裁定という二つの戦略については、それぞれ第五章、第六章で述べる。

適応のためのツールと補助ツール

どうやって適応するかを検討する際に、完全な現地化や標準化といった極端な方法を避ける必要があるというのは目新しい話ではない。目新しいのは、図4－2（179ページ）に示した適応のためのツールを複数組み合わせることだ。この図は「うまくバランスをとる」、「グローカル化する」といった漠然とした指針ではなく、とりうる具体的な手段の一覧になっている。多様性は適応の本質であり、だから、それぞれのツールに対応する補助ツールもさまざまである（**表4－2**）。補助ツールは表4－2に掲載したもので全部ではない。この他にも、適応の基本となる補助ツールが考えられ、少なくとも特定の業界や会社においては機能するだろう。たとえば、外部化の中に、ライセンス供与やその他さまざまな形態の会社間の契約を加えることもできるだろう。[注10]しかし、表4－2に掲載している二〇の補助ツールだけでもかなり広範囲だし、「適応するにはいろいろな方法がある」という基本的な考えを示すには十分である。

ツールも補助ツールも排他的ではない。とはいえ、それぞれの要件や効果に特徴があることを考慮すると、ツールと補助ツールを全て駆使してしかも全てで同時に優れた効果を得ようとするのは無意味である。どんな形式であっても、うまく適応するには、通常は機能的な組織が必要になる。戦略実行のために選択が必要となるもう一つの理由は複雑性であり、これは主要家電業界で競う各社の悩みの種である。ＡＤＤＩＮＧ価値スコアカードで指摘した価値の要素の大部分にとって、複雑性は致命傷となりかねない。具体的には、規模の経済の効果を出にくくし、コストを引き上げ、差別化を妨げ、イメージを希薄化し、販売経路との摩擦を引き起こ

表4-2

適応のためのツールと補助ツール

多様化	絞り込み：多様化の必要性を減らす	外部化：多様化の負荷を減らす	設計：多様化のコストを減らす	イノベーション：多様化の効果を高める
・製品 ・方針 ・ポジションの変更 ・数値目標	・製品の絞り込み ・地域的な絞り込み ・垂直的な絞り込み ・セグメントの絞り込み	・戦略的提携 ・フランチャイズ化 ・ユーザー側の適応 ・ネットワーキング	・柔軟性 ・領域分割 ・規格化 ・モジュール化	・移転 ・現地化 ・再結合 ・変革

して顧客へのサービス提供能力を低下させ、リスクを高め、柔軟性不足を悪化させ、経営資源（特に管理職）の活用でなく浪費をもたらす可能性がある。更に重要なのは、適応だけでなく集約と裁定にも取捨選択が必要な点であり、これについては後の章で述べる。

言い換えれば、表4-2にあるツールや補助ツールのリストは、チェックリストというよりは一連の選択肢を提供しているのだ。全てを満たそうとすると消化不良になりがちである。選択肢だけでは戦略的判断の問題の解決にはならないが、一連の可能性を提示することによって、会社が適応すべき条件に改善の余地を与える。たとえば、以前議論したように、ダグラス・ダフト指揮下のコカ・コーラの適応戦略が一部の成功にとどまったのは、同社が世界中でアトランタの本社が決めた戦略をたどるのではなく、国ごとに別々の戦略によって適応するようにしたためである。もっとさまざまなツールや補助ツールに目を向ければよかったかもしれない。

そこで、いろいろな例を挙げて詳細に見てみよう。

多様化

多様化は、国ごとの差異に適応する最も単純明快な手段であるし、何にでも使える。多様化は製品の変更だけでなく方針、ポジショニング、そして更に数値目標（たとえば目標リターンなど）の変更も含む。社会科学者や生物学者は、多様化・選択・維持・増幅という進化のサイクルのうち、多様化の役割を重視してきた。戦略的な観点から言えば、多様化は手当たり次第にやればいいというものではない。計画的に行われるべきである。つまり、戦略的に進めながら少しずつ細部の調整を行うべきだ。

製品

標準化されていそうな製品でも、実はさまざまな変化がつけられるものだ。マイクロソフトは、海賊版や一人当たり所得の違いへの対処は言うまでもなく、ウィンドウズ、そして最近ではビスタをうまく適応させようとしている。具体的には、右から左に書くヘブライ語や、単語が英語より約三〇％長いドイツ語などの言語、更にどこででも認められるわけではないアイコンやビットマップ、地図に記載されている国境に関する紛争などに対処している。ユニリーバは全世界で、ラックス・ブランドの石鹼を一〇〇種類以上提供している。世界共通のように思われているコカ・コーラ・クラシックでさえ、実は地域ごとに甘さやその他の味に変化を加えている。実際、ブランディングの専門家、マーチン・リンストロムによると、現在広く普及していて完全に標準化されている唯一の製品はプリングルズのポテトチップであり、プロクター&ギャンブルは製品の画一化を試みることで不利な状況に置かれている。[注11]

ここで述べた多様化は比較的小規模なもので、それがなければここの事例の商品はいずれもグローバル製品と分類される程度である。製品によっては、国ごとに極めて独特なものもある。世界で最もグローバル標準化が進んでいると考えられているコカ・コーラでさえそうだ。第一章の囲い込み記事で紹介した「日本におけるコカ・コーラ」で述べたように、同社は日本で二〇〇以上もの製品を提供している。アトランタで開催される「コカ・コーラの世界の味」展示会に来場する人（大半がアメリカ人）は、日本やその他の国の製品を試飲して、あまりに不快な味に吐き出してしまうことも少なくない。[注12]

方針

国ごとに方針を変える必要性は、製品に変化を加えることに比べると、さほど明快ではない。クリーブランドを本拠地とするリンカーン・エレクトリックを例に挙げよう。同社は溶接機械とその備品を製造している。[注13] リンカーン・エレクトリックの事例は、ハーバードのケース・スタディで取り上げられる頻度が最も高いが、その理由は、業界随一の生産レベルにより、国内でゼネラル・エレクトリックやウェスティングハウスといった大手を含む競合他社に勝る業績をあげているためだ。これは、出来高払い制と、人的資源を支援する方針を採用していることが大きい。

リンカーン・エレクトリックは、海外に事業を拡大した際、世界の中でも特に大きな市場でのプレゼンスを確立することに焦点を置いた。市場の選定に際してＣＡＧＥの枠組みを使ったほうがよかったかもしれない。アメリカのように、出来高払いに制約のない市場で成功してきたからだ。それでも、同社は出来高払いが認められないような環境の下でも業績を上げ始めたようだ。社内の一貫性と外部環境への適応のどちらかを前面に押し出すよりも、むしろ両者のバランスが最適となるような方針を取り混ぜることで、同社は成功している。[注14]

ポジションの変更

事業全体のポジションを変更するのは、商品や方針を変更するのとは多少異なっているし、変更の範囲が広い。第一章で概要を述べたとおり、コカ・コーラはインドや中国といった巨大新興国で、いいとこ取り以上のことを試みて失敗した後、マージンを下げて販売数量を増やすという方針に転換した。この戦略で販売価格を引き下げ、コストを削減し、リーチを広げている。

同じ飲料というカテゴリーで実施されたポジショニングの大胆な変更例として、韓国の眞露を挙げる。眞露は多くの読者にとってコカ・コーラほど身近ではないが、世界で最も販売数量の多いアルコール飲料で、販売数量の大半は韓国の国内市場が占めている。西洋人にとっては、まるで死体に防腐処理を施す薬液の味に思えるのだが、眞露は数十カ国に進出している。中でも日本市場には力を入れており、日本では業界大手である。[注15]この地位を得るには、二〇年以上という歳月をかけたことに加え、本国と比べて砂糖の含有量を一〇分の一に減らす必要があった。これにより、本国ではストレートで飲む製品を、日本では湯や水で割って飲めるようにした。また包装を改良し、ウイスキーに似たイメージにした。更に、他の市場と違って価格設定は高めにした。テレビ・コマーシャルでは西洋人モデルを採用している。[注16]

数値目標

ここでの最後の補助ツールは、国ごとの数値や目標の調整である。第三章で述べたように、同じ業界でも国によって平均利益率は大きく異なるため、もし真剣に全ての国への進出を検討するならば、国ごとに異なる水準の収益目標を立てるべきだ。アルチェリッキがトルコの家電市場で五〇%を超えるシェアを占めているのは、二五〇〇箇所以上の専門販売店を有し、そこで二桁のマージンを得ているからだ。それと同じ水準のマージンを求めるなら、同社は海外市場には一切進出しないであろう。一方、リスクの抑制という点では海外進出には間違いなく意義がある。二〇〇一年にトルコの経済危機で需要が三分の二に落ち込んだことが現在の海外戦略を推進するきっかけとなった。

とはいうものの、価値の創造でなく価値の毀損《きそん》となる水準にまでこの理屈で突き進むのは間違いだ。ヨーロッパでは本国よりもずっと収益性が低いにもかかわらず、ワールプールが大きなプレゼンスを維持したのは、エレクトロラックスの「地元の利」を阻止するべく同社に圧力をかけるためだった。しかし、状況を数字で見てみると、ワールプールはフィリップスのヨーロッパ部門の買収に一〇億ドルを投じており、その結果ヨーロッパ部門は当面は赤字だと予想されている。投じられた資金の時間価値を計算してみると、ワールプールの現在の時価総額の半分を超える大きさである。ワールプールがヨーロッパに進出するならもっと安くつく方法があったに違いない。

絞り込み：多様化の必要性を減らす

適応のツールとして多様化のみに依存することの問題点は、事態が複雑になることだ。複雑化を制御する方法の一つは、管理できる程度の狭い範囲に意図的に焦点を絞り、必要な適応度を下げることだ。ここでは、製品の絞り込み、地理的な絞り込み、垂直的な絞り込み、セグメントの絞り込みの四つの補助ツールについて述べる。

製品の絞り込み

製品の絞り込みは適応という課題に取り組むのに最強の補助ツールになりうる。というのは、広い製品カテゴリーの中でも、現地市場で有利に競争していこうというときに必要な多様性の幅はさまざまに異なるためである。テレビ番組は、ほとんどの大国では現地制作番組が支配しているが、映画、特にアクション映画は依然ハリウッドが支配している。理由は、著名なスターや特撮などに伴う規模の経済と範囲の経済が求められるためである。しかし映画やテレビ番組を一くくりにして分析するのはいかにもおおざっぱすぎる。独特の難点や機会を発見するには、細部にわたる分析が必要である。

国境を越えるのに失敗した例として『アラモ』を挙げよう。といっても、一九世紀のメキシコ軍とテキサス人の戦いではなくて、二〇〇四年の映画のほうだ。この映画の製作費にディズニーは一億ドル近くを投入しており、まさしく大作映画の部類に入る。しかし英語版では製作費に見合う興行収益は得られなかった。着目すべきは、ディズニーがラテン系観客にアピールするために、アメリカ人とメキシコ人をバランスよく描き、映画の中でテハーノ（テキサス）州の英雄を前面に出し、スペイン語でプロモーションを行うなどの努力を行ったことだ。しかしここで強調したいのは、こうした手法がいかにうまくいったとしても、努力が実を結ぶ可能性は小さいということだ。ある専門家の言葉を借りれば、アラモは「アメリカのヒスパニック系にとって古傷」だからである。[注17]

逆に、国境を越えて成功を収めるテレビ番組もある。ドキュメンタリー番組を中心とするディスカバリー・ネットワークスがよい成功例である。創設者であるジョン・ヘンドリックスはかつてこう語っている。「自然・科学ドキュメンタリーは大半の国で放送できる数少ない番組である。こういうテーマの番組は文化的、政治的な偏見がないからだ」。[注18]また、特に自然に関するドキュメンタリーでは吹き替えや字幕もあまり必要ではない。だからといって、多様性が必要ないわけではない。ドキュメンタリーの中でも好みがあり、東アジアでは「流血の動物ショー」が好まれ、一方でオーストラリア人は科学捜査を好むと言われている。ディスカバリーの番組のうち二〇％は現地制作によるものだが、他の種類のテレビ番組を制作するのに比べれば問題はほとんどなく、その結果、ディスカバリーとその関連チャンネル（ラーニング・チャンネル、トラベル・チャンネル、アニマル・プラネットなど）は世界全体の加入件数が一四億件にまで達している。

地理的な絞り込み

地理的な絞り込みも、必要な多様性を減らすために有効な補助ツールの一つである。地理的範囲を意図的に制約すれば、自国の価値基準を少しだけ適応させればすむような国に焦点を絞ることができるし、経営者が世界の限られた地域における適応に集中できるため、成功する可能性が高くなる。本拠地の近くに焦点を絞り込むのは特によく使われる手段である。主要家電メーカー大手一〇社の大半は明らかにこの手段をとっている。こういった地域的な絞り込みは、地理的な隔たりや時差などといった問題を最小限にするだけではない。地域貿易・投資協定が増えていることを考えれば、制度的な隔たりを減らすことも可能であるし、また多くの場合、地域外よりも地域内のほうが文化的、経済的に類似している場合が多いため、文化的、経済的な隔たりを小さくすることもできる。

地域に基づくグローバル戦略については、多地域戦略に重点を置いて、第五章で説明する。しかしその前に指摘しておく点が二点ある。一つ目は、共通点の利用に着目した地理的絞り込みは、自分の本拠地域以外でも行うことができるという点だ。スペイン経済が一九八〇年代に開放された際、スペインは本拠地域であるヨーロッパよりもむしろ、スペイン語圏のラテンアメリカに投資を集中させた。二つ目は、地理的な絞り込みは、会社の国際戦略が類似性よりも差異を利用する場合においても有効である点だ。したがって、第七章で詳しく分析するソフトウェア・サービス会社のコグニザントは、多くの会社のようにインドを拠点とする裁定を重視しているが、各市場に進出するにあたり、よりローカル色を打ち出して差別化するという適応を援用している。この適応の作業は、アメリカに市場を絞り込んだことによって大幅に容易になった。

垂直的な絞り込み

製品や地理の絞り込みの他に、垂直的なシステム内の特定の「ほんの僅かな価値」に絞り込むことでクロスボーダー活動を単純化することができる。ブラジル最大手の豚肉、鶏肉加工業者で冷凍食品メーカーでもあるサディアは、まず生肉を輸出することから始め（結果的には世界最大の鶏肉輸出業者に成長した）、そのうえで、冷凍食品や、輸出先の文化的な多様性に合致した加工食品などの川下事業に進出した。注19 また、アメリカのレジャーボートやボートエンジンの業界で最大手のブランズウィックは、海外市場進出にあたり、まずエンジンから始め、それから海外の中でもプレミア市場に焦点を絞り込んでボートの販売に乗り出した。

セグメント別の絞り込み

ブランズウィックは地理的な隔たりとそれに伴う輸送コストを克服する手段として、引き続き高級船舶の輸出に焦点を絞り込んでいる。スペインのアパレルチェーン、ザラも、セグメント別絞り込みを行っている一例である。ザラは五九カ国に展開し、安定的に四〇％超の投下資本利益率をあげているが、製品だけでなく、店舗の外観や雰囲気、ショーウィンドウのディスプレイ、店内のレイアウト、館内音楽や香水に至るまで標準化されている。これは、ザラがファッションに関心の高い消費者に的を絞っているためだ。ファッションに関心の高い消費者は、そうでない消費者と比較すると、国境を越えても嗜好が似ているからである（もちろん、現地のアパレル市場でほんの僅かなシェアを獲得するだけでも採算がとれるような戦略をとっていることも重要である）。更に、インドの加工食品業者やメキシコのメディア・オペレーション会社も同様に、アメリカ進出にあたっては、アメリカに住むそれぞれの地域出身者の社会に焦点を絞り込み、適応の必要性を最小限にとどめている。こういった国外居住者の社会は概ね小規模であるが、本国居住者よりも裕福な傾向が高いため、利益率の高いターゲットとなりうる。

外部化：多様化の負荷を減らす

外部化のツールは、絞り込みのツールと関係がある。しかし外部化は、単に範囲を狭めるのではなく、意図的に事業を組織の中から外に出し、適応の際の内部的負荷を軽減することによって組織の効率を高めるものだ。外部化には、戦略的提携、フランチャイズ化、ユーザー側の適応とネットワーキングなどが含まれる。

戦略的提携

戦略的提携は、買うことができない現地の知識、提携しなければアクセスできない現地のバリューチェーンへの接続、更に現地の政界を含むコネの恩恵へのアクセスを提供する。こういった提携は、特に本拠地から離れている市場に参入する際に利用される。[注20]更に、段階的に買収するという選択が可能なら、ワールプールとフィリップスのケースで見られたような、一足飛びで買収することに伴うリスクを軽減することができる。もちろん戦略的提携にも、財務保証やコントロールの欠如、知的財産の誤用といったコストやリスクが伴う。[注21]加えて、管理も複雑である。だから、提携は適応への負荷を軽減する補助ツールの一つと考えるべきだ。一部の信者が思っているような「万能薬」と捉えるべきではない。

いろいろな要素が複雑に絡むため、提携の成功や失敗は運で決まるところが大きい。だからといって例外がないわけではない。イーライ・リリーが技術的制約とＣＡＧＥな隔たりを克服するために使った提携は特筆に値する。[注22]一九九〇年代後半、医薬品業界が買収合併の波にもまれていた頃、同社は合併の代わりに提携による戦略を選んだ。外部調査によると、提携という分野における同社の能力は同業他社に比べて最低レベルにあった。医薬品業界のリーダーになるため、同社は五つの事業部門と同列に、提携管理部門を設立し、一〇〇件を上回る提携を標準化して管理する仕組みを作った。その中で系統的な研修プログラムや提携管理のツールキット（各提携によって同社が何を学んできたかをまとめたデータベースなど）を作り、それぞれの提携の効果について毎年のように調査を行った。一番の成功例は日本の武田薬品とのグローバル戦略提携である。武田薬品の糖尿病治療薬アクトスはアメリカで爆発的に売れた。この成功で、一般的なイーライ・リリーへの評価が変わり、提携相手として上位にランクされるようになった。[注23] 同社が提携を戦略の要《かなめ》と捉えるようになってから同社のトップは今で四人目である。彼らは今後も現在の方針を続けるだろう。

フランチャイズ化

同様の理屈は提携以外の企業間の正式な協力にも当てはまる。既にヤム・ブランズの例を挙げているので、ここではその事例を紹介する。他のファーストフード・チェーンと同様に、ヤム・ブランズは、知識を「本社から」と「本社へ」の双方向で深く共有することが可能な、フランチャイズ事業の進化形を開発した。こうした「双方向」の組織では、フランチャイズ化した組織と企業が所有する組織がお互いに補完しあう形になっている。[注24] フランチャイズ化により、チェーン店は成長の妨げとなる内部での経営資源の不足を解消でき、現地の感応度を高め、イノベーションを実現することができる（たとえば、マクドナルドのビッグマックやエッグマクマフィンを発明したのはフランチャイズ先だった）し、自主的に自社の意思決定に対する実現度を検証することができる。反対に、会社が直接持っている組織は、条件を満たすフランチャイズ先がない場合の成長の制約を緩和し、岐路に立つたびに相手を説得するのではなく相手に指示を出して行動させることができ、フランチャイズ先が自信を持つ礎《いしずえ》を提供することができる（会社所有の組織の間で新しい企画を迅速に展開するのがそれに該当する）。なお、フランチャイズ先と会社所有の組織の相互学習は重要であるが、分野横断的なキャリア進路や、ラチェッティング（あるタイプの業務の方法を使って、他の業務の基準を示す）といったメカニズムによる調整も必要になる。

ユーザー側の適応とネットワーキング

外部化の分野で更に先にいくと、適応への課題に取り組むにあたり、顧客や表向きは独立した第三者を巻き込むことも考えられる。最近注目されているこの種のアプローチには、ユーザー主導の開発、「マッシュアップ（複数の提供元の技術やコンテンツを組み合わせて新しいサービスを作ること）」、「イノベーション・ジャム（お客や社員を世界中から集めて開くブレインストーミング）」などがある。[注25] おそらく、この路線で最も際立った事例は、オープンソースのソフトウェアを開発しようというリナックスなどの取り組みである。リナックスが開発しているのはコンピュータのオペレーティング・システムである。フィンランドのプログラマー、リーナス・トーヴァルスが考案したこの製品は、マイクロソフトのオペレーティング・システムにとっては大きな世界的脅威となった。しかしマイクロソフトのリッチモンド本社に相当するものをリナックスについて探してもムダだ。リナックスは世界中の個人や企業の努力に基づいて緩やかに結びついたネットワークなのである。[注26]

こんなものがどうやって機能するのだろうか？　おおまかに言うと次のとおりである。トーヴァルスはリナックスの次世代開発へのさまざまなガイドラインを設定する。貢献者たち（さまざまな尺度で測ってアメリカ的でない種類の人々）が、推奨する詳細なコードをトーヴァルス側に送ると、トーヴァルス側はそれをオペレーティング・システムの中核に採用するか否かを決める。更に、各開発者は自由にその中核を改良して別のソフトウエアとして使うことができる。そして、これらのユーザー／開発者に加え、リナックスは、レッドハット（アメリカ）、SUSE（ドイツ）、ターボリナックス（日本・中国）、コンアクティブ（ブラジル）、マンドラーク（フランス）、レッドフラッグ（中国）といった世界中の専門企業のネットワークに加え、リナックスをマイクロソフトに対抗する手段と考えているIBMからの支援を受けている。

リナックスは特殊なモデルで、伝統的な分類における「ビジネス」には含まれないが、いろいろな面でマイクロソフトの独自のコードよりも適応力のあるオペレーティング・システムを生み出している。ユーザーがカスタム化していることに加え、リナックスの中核部分は、マイクロソフトのコード（中国をはじめとして、諜報活動に使われるのではないかと懸念する政府がある）にあるような制度的懸念を呼ぶことはないし、無償だから誰でも利用できる。

設計：多様化のコストを減らす

リナックスの事例は、多様化の必要性や負荷を抑制する手段としてだけではなく、多様化にかかる費用を意図的に削減するための手段として、設計が重要だと示唆している。多様化にかかわる費用を削減するためによく使われる方法には、柔軟性、分割、規格化、モジュール化などがある。

柔軟性

柔軟性は、異なる種類の製品を作ることに伴う固定費を抑制できる事業体制を意図的に構築するという考え方である。ここでも主要家電企業がよい事例となる。この業界は、比較的均質で、長期にわたって製造できる、北アメリカ市場向けの製品に焦点を絞った、大規模で垂直統合されたアメリカの工場と、ヨーロッパの非常に多様な需要に見合うように作られた、小規模で統合度合いの低い工場という、二種類の非常に異なった製造パラダイムを持っている。アメリカの大手製造業者は通常、一製品当たり一〇〇万台を工場で生産するのを目標にしている。初期の研究によれば、この数字は十分に規模の経済が得られる水準だ。対照的に、もっと進化したヨーロッパの電気製品メーカーは規模よりも絶対的な費用の額を削減することにより大きな目標を置いており、比較的短期で工場の設計を変更する。合計の年間売上高は大型のアメリカの工場の半分か三分の一である。

この家電の事例は生産に焦点を当てているが、最近、一部の業界や製品で柔軟性が注目されているのは、在庫や物流における費用削減だ。オンライン書店の品揃えが増えたことで消費者が受ける恩恵は、オンラインで製品が安く買えることより一〇倍も大きいと推定されている。[注27]「ロングテール」製品へのアクセスを提供することによって、このような価値の源を生み出したのはもちろんインターネットである。[注28]たとえば、アマゾンは二五〇万点の商品を提供しているとされているが、そのうち在庫があるのはほんの僅かで、あとは消費者が注文をクリックした後で、商品を出版社や販売業者から仕入れている。更に着目すべきは、品揃えや適応性は、

e書籍やプリント・オン・デマンド出版によって更に広がる可能性があるという点だ。こうなると在庫費用は削減が可能なのではなく、事実上消えてなくなる。

領域分割

領域分割はさまざまなレベルで発生するが、単純にいうと、国ごとに異なる要素と、複雑なシステムの統合された部分とをはっきりと分けることであり、断片的に手を加えるべきものではない。これは初歩的なことのように思われるが、多くの組織にとって障害となっている。だからこそ、ウォルマートの副会長であるジョン・メンザーも言うように、同社が「責任の幅」、即ち現地のマネージャーがベントンヴィル本社の関与なしに意思決定ができる範囲を決めるのには一〇年かかった[注29]。

一般的に、マクドナルドは領域分割の名手と言われている。消費者、特にアメリカの消費者は、マクドナルドはビッグマックとその類似品をこれでもかとばかりに提供する会社だと思っている。しかし、同社の世界各地の店に行ってみると、提供している製品は国によってさまざまだということがわかる。フィリピンのマクドナルドではバーガーマクド（甘いバーガー）やマックスパゲティがメニューにある（そして、マックスパゲティはイタリアのマクドナルドにはない！）。日本ではテリヤキバーガー、インドではヒンドゥー教徒に配慮して羊肉バーガーがある。二〇〇五年には台湾でパンの代わりにご飯を軽く焼いて味付けしたもので具をはさんだライスバーガーを売り出し、二〇〇六年には中国でも売り出した。

業務の極端な効率化と一貫性で知られているマクドナルドのシステムを、このように少しだけ変更するために、現地での適応が可能な要素と、適応を行えばシステムのパフォーマンスが損なわれる要素とに分類する必要があった。その結果、全体の約二〇%が現地ルール、約八〇%がグローバル・ルールに従うことになった。こういった領域分割は製品の選択だけにとどまらない。マクドナルドはグローバルな広告キャンペーンを行うが、マスコットのロナルド・マクドナルドはフランスではマクドナルドワイン、オーストラリアではフィレオフィッシュの販売促進を行う。北アメリカではクリスマス、香港では旧正月を祝うが、世界中からアクセスできるメディアには登場しない。[注30]世界中で現地の文化の中にマスコットのイメージを入れ込もうとしているからである。

規格化

本書執筆中の時点におけるマクドナルドの次なる課題は、組立式キッチンを導入し、同じレストランで二種類以上の食事を調理できるようにすることだ。一度に複数種の料理を調理できる「コンビ・オーヴン」を使い、メニューの更なる拡充が可能になる[注31]（世界各地のマクドナルドで、テラピア・サンドウィッチ、マックロースターポテト、フラウタといったメニューを探してみるといい）。

コンビ・オーヴンは、費用の削減につながるカスタム化された規格の一例といえる。家電業界ではインデシットがよい事例だろう。関係者によると、インデシットが優れた収益を上げているのは、製品カテゴリー一つについて、一つか二つの基本的な規格のみを提供し、それを何百種類ものさまざまな在庫に応用し、管理を行っているからである。インデシットでのそうした合理化は、ワールプールの合理化と対照的である。ワールプールも規格化を追求したが、組織の大規模な変更は行わず、もっぱら調達コストの削減に集中した。その結果、製品の規格はインデシットの二〇倍から一〇倍に減少したにすぎなかったし、売上高の二％相当しかコストを削減できなかったので、業績を改善することはできなかった。これを受けた同社は二〇〇〇年代初めに全社的な戦略をイノベーション中心に変更したので、コストの削減はもはや重視されなくなった。

モジュール化

モジュール化によるアプローチは規格化によるアプローチと区別が難しいが、概念的には、一つの規格とその上に乗る要素を結ぶ橋渡しではなく、全ての選択肢の間を結ぶ標準化された橋渡しを定めるのがモジュール化である。モジュール化の下では全ての選択要素を組み合わせることが可能である。[注32] たとえば、一九六〇年代初めにIBMシステム三六〇が登場して以来、ほとんどのコンピュータ・システムの設計がとってきたのがモジュール化によるアプローチである。この方法で、コンピュータのさまざまな部品をそれぞれ別々の独立した専門家の集団の手にゆだねられるようになった。エリクソンのAXEデジタル・スイッチは一九七〇年代後半に約五億ドル（当時の同社の売上高の半分ほどに相当する）をかけて開発されたが、これはモジュール化の突破口で、いろいろな国で使えるというクロスボーダーでの多様性を拡大するのを最大の目的として設計された。AXEのスイッチング・マトリックスの大きさは簡単に変更できたため、エリクソンはこれを世界の一〇〇カ国以上で販売することができた。[注33] モジュール製品は家電業界で利用され、業績の向上に貢献した。[注34]

ヤフー！は組織設計という点でモジュール化の使い方とその限界をもっと広く示した事例である。ヤフー！は、「プラグ＆プレイ」組織を作った。すなわち、一〇〇名以上の個人の「プロパティ」が、分権化された構造の下で、顧客の特定の目標を追求することができるようになっている。ヤフー！が集中管理しているのは、プロパティと外部環境との橋渡し、特にサイトを見たときのイメージ、これらのサービスと会社の核となっているディレクトリ検索の規格との橋渡し、そしてパートナーと結ぶコンテンツの内容に関する契約の条件である。こういったやり方は数年にわたり水平的、地理的な急成長をもたらしたが、モジュール化戦略のリスクも顕在化するようになった。最近外部に漏れたメモによると、ある役員がこの問題を明快に表現していた。「当社の戦略は、オンラインの世界で次々と出てくる無数の機会に対して、ピーナツバターを塗っているようなものだと耳にした。そんなことをしているから、当社が行う全ての活動に投資が広く浅く使われ、結果として当社は特に何にも焦点を絞れていない」[注35]指摘された具体的な問題には、一貫した目標の欠如、作業を細分化しすぎたことによる担当者間の意見交換の不足、そして組織の構成要素に重複するものがあまりに多いことが挙げられる。彼らはモジュール化より集中を追求したほうがよかったかもしれない。一般的に言って、適応のための設計は効率を犠牲にして手に入れられているケースが多い。

イノベーション：多様化の効果を高める

これまでに議論したツールや補助ツール（軌道修正や適応のための設計など）は、本章で述べる適応へ向けたツールのうち、ここで最後に示す「イノベーション」にも分類されうる。イノベーションは時にグローバルな性格を持つ。たとえば、イケアの薄型梱包デザインは、地理的な隔たりを緩和し、結果としてそれに伴う輸送費を削減し、三〇カ国以上への進出に一役かっている。しかし、クロスボーダーでの差異はこの範囲ではどちらかといえば狭義のイノベーションを示唆しており、ここではもっと急進的で抜本的な補助ツールである、移転、現地化、再結合、および変革について議論する。[注36]

移転

複数の異なる状況下で事業を行う利点の一つは、ある状況のもとで得られたイノベーションや洞察を、別の状況にも応用できるという点である。前に述べたように、セメックスがさまざまなイノベーションを世界のある地域から別の地域に移転したケースはその事例である。ワールプールが、ヨーロッパ向けに設計したドラム式洗濯機「デュエット」をアメリカで売り出したのも一例である。また、そういったイノベーションが起こるのは最も進んだ地域や重要な地域であるとは限らないということを示したのがディズニーである。ディズニー・ラテンアメリカは、売上高ではディズニー全体の売上高の二%にも満たないが、主な事業部門をまたいでディズニー体験を取り揃え、お客へのアピール度を高めるのに成功した。ラテンアメリカの経験から、ディズニーは海外部門の事業効率を改善する術《すべ》を学んだ。難しいマクロ経済環境の下で、テーマパークからのキャッシュフローに頼らずに事業を展開しなくてはならない彼らにとって、こうした経験は大きな価値を持つ。[注37]

現地化

移転が時として運によるところが大きい印象を持つのに対し、現地化はターゲットとした地域におけるイノベーションにもっと具体的に着目している。第二章で挙げた中国でのケンタッキー・フライドチキンの事例や、ユニリーバのインド部門を見てみよう。ヒンドゥスタン・リーバは、流通ネットワークがインドの農村部の奥深くまで浸透していることで有名である。他の消費財の多国籍企業も優れたネットワークを持っているが、そのネットワークを市場のおいしい部分を選別するために使っている。それに対してヒンドゥスタン・リーバは、現地でイノベーションを行い、非常に効率的にネットワークを広げることに成功した。製品のイノベーションは、手洗いの洗濯に適した棒状の洗剤、歯ブラシでなく指で使う歯磨き粉（インドの習慣）、美白クリーム、独自のシャンプー兼ヘアオイルなどといった製品に及んでいる。

また、インド市場の価格弾力性が極めて高いことに対応するイノベーションも実施された。例を挙げると、単位価格が低いパッケージ（袋売りのシャンプーなど）、生産コスト削減のための現地化、棒状石鹼の片側をプラスチックでコーティングする（石鹼を長持ちさせるため）先進技術の利用などがその例である。こういったイノベーションや優れた流通ネットワークにより、ヒンドゥスタン・リーバは非常に価格弾力性が高いこの市場において、五〇％近いグロスマージン、投下資本利益率一〇〇％超（！）という業績を実現している。

再結合

再結合は、親会社のビジネスモデルの要素を新しい状況で発生する機会と合体させることである。この章の冒頭で述べたように、適応は、ただ単に現存する製品やサービスを操作して現地市場にうまく合わせるだけではない。大元の組織を尊重しながら、新しい「遺伝子」を少し継ぎ足すことにより、斬新な組織が生まれるのである。

第二章で、ニューズ・コーポレーションとスターTVの失敗例を挙げたが、ここでは同社の成功例を挙げよう。一九九〇年代後半からの再結合による成功の主な要因は、インドにおけるスターTVの一番組であった。その番組『カウン・バネガ・カロルパティ』(億万長者になりたいのは誰だ)はテレビ番組『ミリオネア』のヒンディー語版で、イギリスの制作会社セラドールからライセンス許諾を得ている。スターTVはヒンディー語版でも基本的に同じセット、音楽、ルールを用いているが、参加者、質問、マーケティングは現地ルールを採用した。特に、ヒンディー語圏で著名な俳優を採用し、彼をイギリスに派遣してイギリスのオリジナル版の収録現場を見せ、ヒンディー語でうけそうなキャッチフレーズを創りだした。マーケティングにも多額の投資を行い、この番組の初回放送はヒンディー語放送における一大イベントとなった。『カウン・バネガ・カロルパティ』の成功でコピー番組がいくつも登場し、中でも現地のZee TVは一〇倍の賞金を提供したが、どれも成功しなかった。ヒンディー語圏でこの番組を作るには、現地企業も外国企業もセラドール社とライセンス契約を結べばよかったので、スターTVのCEO、ジェイムズ・マードックが言うように、「どの会社にとっても条件は同じ」であった。[注38]しかしスターTVは現地の視聴者の好みを把握していたし、ニューズ・コーポレーションの制作能力(他のゲームショー番組も制作している)の高さも利用できた。そういう点で同社は有利であり、通常行われる適応よりもむしろ再結合あるいはハイブリッド化というべきチャンスを発見し、投資を行うことができたのだ。

変革

変革は、会社側が、現地の環境に合わせる能力を高める代わりに、現地の環境を変えて適応しなくてもいいようにする試みである。世界中の市場でこのシステムを構築し、この戦略をグローバルな規模で最初に成功させた企業はマクドナルドだと言われている。スターバックスも興味深い事例である。シアトルを本拠地とするこのコーヒーチェーン店はアメリカの文化帝国主義の尖兵とよく言われているが、これはやや見当違いである。当初の計画はイタリアのエスプレッソ・バーの体験をそのままアメリカで再現するというもので、店内にはオペラが流れ、蝶ネクタイのウェイターが闊歩《かっぽ》するイメージを描いていたとCEOのハワード・シュルツは自伝で語っている。[注39]オペラ音楽や蝶ネクタイのウェイターは適応の段階で消えてしまったが、コーヒーを味わう体験、少なくとも、言うなればダンキン・ドーナツでコーヒーを飲むのとは異なる体験を求める顧客層をつかむことにシュルツは成功した。彼はアメリカのコーヒー消費者を、ソファ、洗練された音楽、禁煙という環境でコーヒーを味わう体験を求める顧客層に変化させたのである。

スターバックスが日本に進出した際の変革は更に衝撃的であった。スターバックスのアメリカの店舗は禁煙を謳って差別化に成功したため、日本でも禁煙の方針を掲げた。これは日本の従来の喫茶店に群生するチェーン・スモーカーのサラリーマンを排除することになるため、懐疑的な輩はスターバックスの将来に悲観的であった。現実は、逆に禁煙の方針がこれまで喫茶店を利用しなかった女性客を捉え、スターバックス・ジャパンを後押しした。

繰り返すが、スターバックスは現地の条件に適応しながらも、現地市場を変えることができたため、最終的に必要な適応の度合いを最小限に抑えることができた。しかし、どんな条件でも変革が可能だという前提に立ち、適応という方法は不要だとする考えには要注意である。マイクロソフトは、中国で一〇年間損失を出して初めて（今では、黒字になるのは一〇年か二〇年先だと認めている）、変革をあきらめた。あるジャーナリストの言葉によれば、「今やマイクロソフトは中国を変えようとしていない。中国がマイクロソフトを変えている」[注40]。

適応の分析

本章で述べた多くの事例、特に主要家電の事例を見て、適応の主な目的は会社が直面する需要曲線を改善すること、即ち販売数量、支払意志額、またはその両方を向上させることだと思うかもしれない。しかし、適応について広く考えるためには、ＡＤＤＩＮＧ価値スコアカードにある他の要素も思い出す必要がある。そうした他の要素に影響を与えるのも重要な目的であり、より重要なのはむしろそっちのほうかもしれない。

現地化のセクションで述べた製品の現地化に向けた試みのいくつかは、コストの削減を目的とした適応の事例である。ボストン・コンサルティング・グループは、プロセスの側に着目した面白いやり方を提唱している。製造過程を新興市場にうまく適応させたかったら使い捨て工場を建てればいいと言うのだ[注41]。使い捨て工場とは、短期的に大量生産を行うためだけに作られた労働集約的な工場だ。柔軟的な自動化ができる（ただし多くの業種で大きなコストがかかる）アメリカの工場に比べて、こういう工場ならその二割か三割の費用で建設できるし、発注してから納品までにかかるリードタイムも短縮できる。使い捨て工場は一般的に製品ミックスやバッチサイズという点では柔軟性に欠けるが、費用、リードタイム、それに撤退障壁が小さいという利点があり、不確実性の高い地域では特にそれが有利に働くため、リスクの平準化に貢献する。

ここまでで、適応によって得られる恩恵を広範囲にわたって説明したが、適応がＡＤＤＩＮ

G価値スコアカードの複数の要素に悪影響を及ぼすこともあるのを指摘しておく。規模の経済、特に量とコストのリンクに関する点が、特にこの文脈では重要である。適応は実質的にグローバルな規模の経済を犠牲にするためだ（それがこの戦略の限界でもある）。市場規模または会社市場シェアが限定的であり、その市場に適応するためにかかる固定費が大きい場合、そうした犠牲は特に大きな痛手となる。

たとえば、韓国の化粧品市場でアモーレ・パシフィックと競合するロレアルの事例を考えてみよう。韓国の大手地元メーカーと競合する、ロレアルなどの多国籍企業の不利な点については、既に第二章で述べた。しかしロレアルは韓国人の肌や美の概念に合わせた製品を開発し、文化的に不利な点を少しは補おうとした。問題は、アモーレ・パシフィックと同レベルの研究開発費をつぎ込もうとしたことである。二〇〇六年にアモーレ・パシフィックが計上した研究開発費は売上高の三・六％であった。市場シェアがアモーレ・パシフィックの六分の一にも満たないロレアルが同じ額を投じたとしたら、売上高の二〇％以上を研究開発につぎ込むことになる。また、現地市場の規模は限定的であり、ロレアルがアモーレ・パシフィックの収益性が最も高い流通経路である訪問販売を模倣するのは輪をかけて敷居が高かった。その結果、ロレアルはフランス製という特徴をアピールし、グローバルな規模の経済、または少なくとも地域の規模の経済を追求することに焦点を絞った（たとえば、「ジオコスメティクス（地美学）的」戦略の一環として、全アジアで美白化粧品を展開している）。

ロレアルの事例は、韓国市場にいっそうの適応を試みることで、ロレアル韓国だけでなく、ロレアル全体の収益をも悪化させたという比較的単純な構図だが、場合によっては、ある適応に関する意思決定によって、その国の事業の収益性と会社全体の収益性が別方向に向いてしままうこともある。その事例を次に挙げる。

適応の管理

企業の観点から合理的と判断する以上に、国が適応を支援する事例は多数ある。その一つとして、ロイヤル・フィリップス・エレクトロニクスを挙げよう。同社はもう一世紀以上にわたって国境を越えた事業を展開している。[注42] 輸送網や通信網は不十分であり、保護主義が蔓延《まんえん》し、更に現地市場で受け入れられるためには現地企業と合弁を設立する必要があるなど、フィリップスはたくさんの障壁に突き当たった。そこで同社は、他のヨーロッパ系の多国籍企業が初期にとったのと同じやり方をした。つまり、多くの面で自立した国単位の組織を作り、その上で「連邦」制を敷いたのだ。フィリップスは第二次世界大戦までに連邦制を増強し、ヨーロッパ大陸の外にある資産を独立した信託の下に置いた。戦後、フィリップスの経営陣は会社の再建に際し、従来は国ベースで行ってきた適応戦略に基づくマーケティングに加え、デザインと製造も国単位の組織を通じて行おうと決断した。組織の二つ目の軸である主要産業グループは、製品ポリシーを調整するための組織であったが、国単位の事業展開を擁護する、ダッチ・マフィアと呼ばれるエリート駐在員のマネージャーたちの前には非力であった。

その結果、一九七〇年にはフィリップスは五〇カ国近くの国で五〇〇箇所もの工場を操業していた。当時の同社は、工場を合理化して低賃金の国へ業務をシフトさせた松下（現パナソニック）などの競合他社に脅威を感じていた。しかし、フィリップスが一九七〇年代前半に始めた産業グループ（後に製品部門と名称変更）の権限を増やす試みは遅々として進まなかった。

その頃のフィリップスの企業文化は、成熟していて複雑で、官僚主義的で、新しい情報や報酬体系に抵抗するものに固まっていたのだ。ＣＥＯ達は入れかわり立ちかわり、地域／製造部門マトリックスの力点を、地域部門から製造部門にシフトさせようとしたが、フィリップスはシエアを失い続け、部門売却によるリストラが続いた。ついに一九九六年から一九九七年にかけて、外部から招いた新ＣＥＯのコール・ブーンストラが、マトリックスの製造部門だけを残し、地域部分を廃止するという大胆な方針を打ち出した。国単位の組織を通じた適応から製造部門を通じたグローバルな規模の経済へと焦点を移そうと動き出してから、はや四半世紀が過ぎていた！

フィリップスの事例を見ると、過剰適応というものがあるのがわかるが、それだけでない。適応の最適な度合いは業種によって異なり、時とともに変化することもある。成熟した組織では、実際に適応の度合いを変えるには長い時間がかかる。また、この事例は、適応という観点から見た場合に最適な組織は存在するのかという議論にとっても重要な意味を持つ。具体的には、多国籍連邦型のヨーロッパ・モデルの企業と、より中央集権化が進んだアメリカ・モデルの多国籍企業を比べると、前者のほうがより多様化が進んでおり、したがって優れているとされている。[注43]特にヨーロッパではそうだ。

フィリップスの事例を見れば、ことはそれほど単純ではないとわかる。もし、変化する現実を目の当たりにしても組織やプロセスが調整できなくなるような大原則を作ってしまったら、組織は膨大な問題に直面することになる。あるときは権限を本部に集中すべきだし、またあるときは現地に権限を委譲するべきである。分権主義か集権主義のどちらかを最適なアプローチと捉えるのではなく、状況に応じて積極的に集中か分権かを判断することが肝心なのだ。もしどちらかに決めてしまうと、第一章でコカ・コーラが直面したようにがんじがらめに陥る。結局、過剰適応と適応不足はどちらも誤りなのである。この前のセクションで議論したツールと補助ツールを使えば完全な現地化と完全な標準化の緊張関係を緩和することができるが、どの程度適応したらよいかという問題は残る。

過剰適応や適応不足を回避する最適な適応を探るには、グローバルな発想を持つことが大事である。しかし、マネージャーの自己評価から見ると、言うは易く行うは難しいのがわかる。一九九〇年代の半ばに、大手多国籍企業一二社の役員一五〇〇人に、国際競争力に大きな影響を与えるさまざまな点について自己評価を依頼した調査がある。「ご自分の会社には、組織の中でグローバルな発想を育てる能力がどれくらいあると思いますかと聞いたところ、多くの回答者は自分の会社に、三四ある項目の全てで最低の評点しか与えなかった[注44]」

更に悪いことに、役員が考える「グローバルな発想」は、戦略のツールとしての適応を過小評価する傾向がある。たとえば、先ほどのグローバルな発想の度合いを測る尺度を得るのが目的の調査が行われた際には、選択肢に与えられた各尺度に対する回答者の反応のよさを測る尺度を新たに追加しなくてはならなかった。というのも、回答者が適応を含む一部の尺度を見過ごす傾向にあったためである[注45]。これは、グローバルな発想を標準化や中央集権化と同じものとみなす傾向の表れと思われる。

どうすれば事態を改善できるだろう？　外国の文化の信仰、習慣、タブーなど（たとえば、インドでは親指を立てる動作は「万事ＯＫ」ではなくて侮辱を意味する）を形式的に学ぶだけでは、発生する状況全てに備えられるようには絶対にならないと専門家は口をそろえて言う。しかし、企業の社内で行われる研修とはだいたいそんなものだ[注46]。むしろ必要なのは、多様な文化や市場の理解や寛容な心（囲い込み記事「国を超えた寛容さ、知識、統合の育成」参照）であり、これは、集約や裁定といった、本書で述べる差異に対応する別の戦略に関しても役立つメカニズムである。

国を超えた寛容さ、知識、統合の育成

適応を成功させるには、海外の文化について事実を形式的に学ぶだけでなく、さまざまな文化についての理解度を深める機会をできるだけ多く作らなければならない。

1　**適応力による採用**

新しい状況や異なる生い立ちの人に囲まれて、適切かつ効率的に行動する能力には個人差がある。そういう能力は研修や経験で改善できるが、最初からそういった状況に積極的に対応する意志のある人材を採用することから始めたほうがいい。

2　**公式な教育**

公式な教育は、教室だけでなく、世界のあちこちに散らばっている同僚とのやり取りでも得ることができる。もちろん、このような公式な教育で何が適切かについては状況により異なる。たとえば、フィリップスのマネージャーに更なる現地化の重要性を説いたり、ウォルマートのマネージャーに適応ではなく標準化が大事だと説いたりしてもう

まくいきはしない。私が企業のグローバル戦略についての教育プログラムを作るときは、実践よりも設計に時間を割いている。

3　クロスボーダー事業チームやプロジェクトへの参加

国境を越える人と人とのつながりを広げるには、チームやプロジェクト業務が鍵となる。これは業務遂行にあたり非常に重要な補完要素になる。グローバルに分散されたチーム同士の協力は、最近の情報技術でより容易になっている。国際的な結びつきの幅を広げるのはそうした情報技術だと考えられるようになるかもしれない。

4　チームやプロジェクトのミーティングにおけるさまざまな場所の利用

最近私はバンガロールで開催されたIBMの株式アナリスト・ミーティングに参加した。CEOのサム・パルミザーノの説明によれば、これはIBMの戦略がバンガロールでしか説明できないからではなく、バンガロールへのコミットメントを示し、三年で一万人以下から五万人近くに拡大した事業の統合に尽力するためであった。

5　海外文化の集中研修

サムスンが一九九一年に開始した海外地域スペシャリスト・コースは、この点で今でも模範となっている。毎年、厳格な審査により選抜された参加者は、関心のある国を選び、三カ月の言語・異文化研修を経て、一年間その土地で過ごし（特に業務指示はなく、現地のサムスンの事務所への連絡も求められない）、二カ月間ソウルで結果報告を行う。

6　**海外派遣**

集中訓練のもっと極端な形である。海外派遣は更に費用もかかるし、本人にかかる負担も大きい。したがって、目障りな人を追放する手段としてではなく、ポテンシャルの高いマネージャーを対象に実施すべきである。

7　**上層部に地理的・文化的な多様性を育成**

本国以外で展開する事業が非常に重要である大手企業でも、トップ経営者や役員のほとんど全員が国内業務出身であることも珍しくない。中国は特に目立つ例だ。中国で活動する大手欧米企業で、中国人がトップにいるケースはいまだに非常に少ない。

8　**事業部門の本部や研究拠点の分散**

プロクター＆ギャンブルと競合他社との大きな違いは、事業部門の本部が地理的に分散していることだと、同社CEOのA・G・ラフリーは考えている。もちろん場所はよく考えて決めないといけない。プロクター＆ギャンブルはグローバル事業部門の一つの本部をカラカスに置こうとしたが、まもなく問題に突き当たり、変更を余儀なくされた。

9　**会社全体の核となる価値観の確立と教育**

会社全体の文化が確立していれば、場所や市場条件などが分散していても、地域偏重主義に打ち勝つことができる。多くのプロフェッショナル・サービス会社がいい参考になる。

10　**組織の境界の開放**

この問題を組織内における開放的な空気を作ることと捉えてしまうのは了見が狭すぎる。開放的イノベーションは、組織を外の世界に開放することによって得られることもある。もちろん、外部への開放はリスクも伴う。

（出典：Vijay Govindarajan, Anil K. Gupta, the Quest for Global Dominance. San Francisco: Jossey-Bass, 2001, 129-136 より許可を得て加筆・転載）

このようなメカニズムが手中にあっても、戦略変更の障壁となる要素を全て克服するには、組織の後押しが必要だろう。サムスン・コーポレーションは特にめざましい事例である。[注47] 数年にわたる構想や、囲い込み記事にあるような集中訓練プログラムがあってもなお、リー・クンヒ会長はグローバル化のペースに満足しておらず、ついに一九九三年に彼は新しい経営の取り組みを始め、社内の幹部一五〇名をフランクフルトの豪華ホテルに集めた。彼は参加者へのプレゼンテーションを午後八時に始め、サムスンを真の世界水準の会社にする必要性について七時間ぶっ続けで（ある参加者によれば彼はトイレ休憩もとらず）講義を行い、最後には「家族以外の全てを変える」よう呼びかけた。講義を終えた後、彼は参加者たちに一週間フランクフルトに留まり、外の世界に出てみるよう命じた。彼は他にも別のグループの上級管理職を海外に連れて行った。行き先の一箇所はロサンゼルスで、「当社の実際のポジションは、我々が思っているよりもずっと下位にある」ことを示すためだった。更に、量ではなく、ソニーのように質とイノベーションを重視することで、この取り組みの主張がいっそう明確に示された。サムスンは製品群を再編し、斜陽部門から撤退し、二〇〇〇年までに海外での生産を三倍の六〇%にまで拡大したが、これは主要な買収や戦略的投資に加え、地域化の推進によるものだった。

このフランクフルトでのミーティングは企業文化の改革に火をつけたとして一〇年経っても語り継がれている。サムスンは、韓国の大手財閥の中で唯一、アジアの金融危機を無事に乗り越えた。それだけでなく、時価総額はソニーの二倍以上に成長し、日本企業やフィリップス、パナソニックなどを抜いて、世界の最も価値ある一般家電ブランドとなったのである。注48 また、この事例によって、さまざまな市場や文化に寛容な見方や理解を養うことは、頭だけではなく心の問題でもあるということがわかる。

結論

「第四章のまとめ」には具体的な結論を記載している。適応にはさまざまなアプローチがあり、機械的なマニュアルどおりのやり方ではなく、一つ一つ考え抜いて実行すべきものだ。適応を包括的に見ることで、差異を調整するために使える手法は大きく広がる。一方、適応にかかわる機会を全て利用しつくしたとしても、セミ・グローバリゼーションに対処する戦略としての適応には、二種類の限界が残る。まず、グローバルな意思決定は本部で行われ、現地の意思決定は現地で行われると仮定するならば、国と世界との中間で行われるクロスボーダーでの集約メカニズムが考慮されない。次に、適応戦略は国ごとの差異を制約と捉えるため、差異を活用する可能性を無視している。次の二つの章では、集約と裁定について説明する。セミ・グローバリゼーションに対応する戦略としての集約と裁定は、適応戦略の二つの限界に対処することを目的としている。

第四章のまとめ

1　クロスボーダーで、完全な現地化や完全な標準化を成功させることができる業態は非常に少ない。
2　極端な現地化と極端な標準化の間には、適応のツール（および補助ツール）がたくさんある。多様化、絞り込み、外部化、設計、イノベーションなどがそうだ。
3　過剰適応や適応不足もありうる。後者のほうがより一般的である。
4　業種の特徴は最適な適応レベルに大きな影響を及ぼす。またそのレベルは時とともに変化する。
5　実際の適応度を変更するには非常に時間がかかる。
6　変化を後押しするのは、柔軟で現実的で、開放的な考え方である。更に、組織の後押しも大いに必要である。
7　大半の企業には適応方法を改善する余地が大いにある。
8　適応の意思決定は、集約や裁定の意思決定と別個に行ってはならない。

第五章

トヨタの生産ネットワークはここがすごい

AGGREGATION
Overcoming Differences

我々はグローバリゼーションとともに前進し続けようとしている。……さらなる現地化と、各地域における事業の独立性の拡大によって前進するのだ。

張富士夫

トヨタ、二〇〇三年

第四章では隔たりに向き合い、うまく国境を越えるためのAAA戦略の最初の戦略、差異への適応（Adaptation）について述べた。本章では、三つのAのうちの二番目、差異を克服するための集約（Aggregation）について述べる。集約は、さまざまなグループ分けの手段を用いて、適応によって得られる国ごとの規模の経済よりも大きな規模の経済を作ろうというものである。

集約は、国ごとと世界全体の中間のレベルで展開するクロスボーダーのメカニズムを発見し、実践しようとするものである。そして、通常は会社の経営者や現地の実働部隊だけでなく、会社内部の中間層がかかわっている。集約は組織の上級中間管理職に大いに依存するものと捉えるべきだ。国ごとの類似点を、一般的な適応戦略よりも深く、しかし完全な標準化ほど深くはなく追求するのが集約の目的である。鍵となるのは、第二章で強調した差異の違いという考え方である。物事を集約することによって得られるものが非常に大きく、集約でできるグループ内での差異はグループ間の差異に比べれば小さい。

本章ではさまざまな集約戦略について述べる。第四章で多様性を強調したのとは対照的に、地理（CAGEの枠組みのG）による集約戦略だけを深く掘り下げる。本章はまず、地域化がなぜ特にクロスボーダーの状況で突出しているのかを説明し、次にトヨタを最初の例に挙げて、さまざまな地域戦略を概観する。その上で、さまざまな集約の基盤や、集約を管理する際に生じる問題点について、より一般的な議論を行う。

地域という現実

地域化が急速に進んだ一番の理由は、グローバリゼーションの停滞以来、地域レベルでの戦略がこれまでにもまして重要になったことである。[注1] しかし、これでは地域化はグローバリゼーションの次善の策にすぎず、地域を過小評価してしまっている。実際には、地域はグローバリゼーションの波にもまれて水面下に沈んでしまったわけではない。間違いなく地域の重要性は増している。まず貿易からデータを見てみよう。

図5－1は、地域内における貿易が国際貿易総額に占める割合が一九五八年以来どのように変わってきたかを示している。たとえば、一九五八年のアジア・オセアニア地域では、地域内の国同士の貿易は三五％であった。二〇〇三年にはその割合は五四％超に拡大している。この数字は全ての地域での地域内貿易が国際貿易全体に占める割合の平均値と同じである。地域内貿易が大幅に縮小しているのは東ヨーロッパであるが、これは共産主義の崩壊で説明がつく。言い換えれば、図5－1が示すデータでわかるのは、戦後、つまりグローバリゼーションが一般に加速してきたと考えられる時期に、国際貿易の大幅な拡大に影響を及ぼしたのは、地域間貿易よりもむしろ地域内貿易の拡大であったということだ。図5－1はまた、地域内貿易は地域間の貿易と比較して劣っているとか、国際経済にあまり関与していないとかという仮説に疑問を呈するものである。地域内貿易の水準が低い、即ち地域間の貿易の水準が高い、または急増している場合、通常その地域の経済状況は悪いことが多い（アフリカ、中東、そして東ヨーロッパの移行期経済を参照）。

地域化は貿易だけでなく、国境を越える他の経済活動の場でも顕著である。もともと、海外直接投資は貿易が直面する地理的な障壁を緩和するための手段なので、貿易ほど地域化が進んでいないのだが、それでも顕著な地域化を見せている。国連貿易開発会議の国別データによると、世界の対外海外直接投資の九〇%近くを占める二十数カ国のうち、地域内での海外直接投資が全海外直接投資に占める割合の中央値は、二〇〇二年で五二%であった。[注2]

各国のデータは同じ方向に向かっている。アメリカの企業で、事業を行っている外国が一カ国の場合、その一カ国がカナダである確率は六〇%である。[注3] メキシコもアメリカの企業を呼び寄せることにかけてはぬきんでている。これらのデータは海外で事業を展開しているアメリカ企業全てを網羅しているが、最大手の多国籍企業でさえ、大きな地域バイアスを見せている。アラン・ラグマンとアラン・ヴェルベクの分析によれば、フォーチュン・グローバル五〇〇社の中でデータが入手できた三六六社のうち、二〇〇一年に売上高の五〇%以上を地域内であげた会社の割合は八八%で、このサブグループでは、地域内の売上高が占める割合は平均八〇%にのぼった。[注4] 対照的に、この中で二〇% (これが閾値として適切かどうかは議論の余地があるが) 以上の売上高を北アメリカ、ヨーロッパ、アジアの三地域それぞれであげた会社の割合は、このサンプル内では二%、つまり僅か九社であった。[注5]

ある会社が、二つ以上の地域で大きなプレゼンスを持っている場合でも、競争は地域単位で起きることが多い。家電業界をもう一度考えてみよう。大手二社であるワールプールとエレクトロラックスは、ともに北アメリカ・ヨーロッパの二地域で事業を展開しており、両社とも両地域それぞれで総売上高の二〇%超をあげている (ただし、ワールプールはメイタグ買収以降、ヨーロッパでの売上高はこの閾値を下回った)。しかし、両社の競争は地域レベルで起こり、

図5-1

地域内の貿易(1958〜2003)

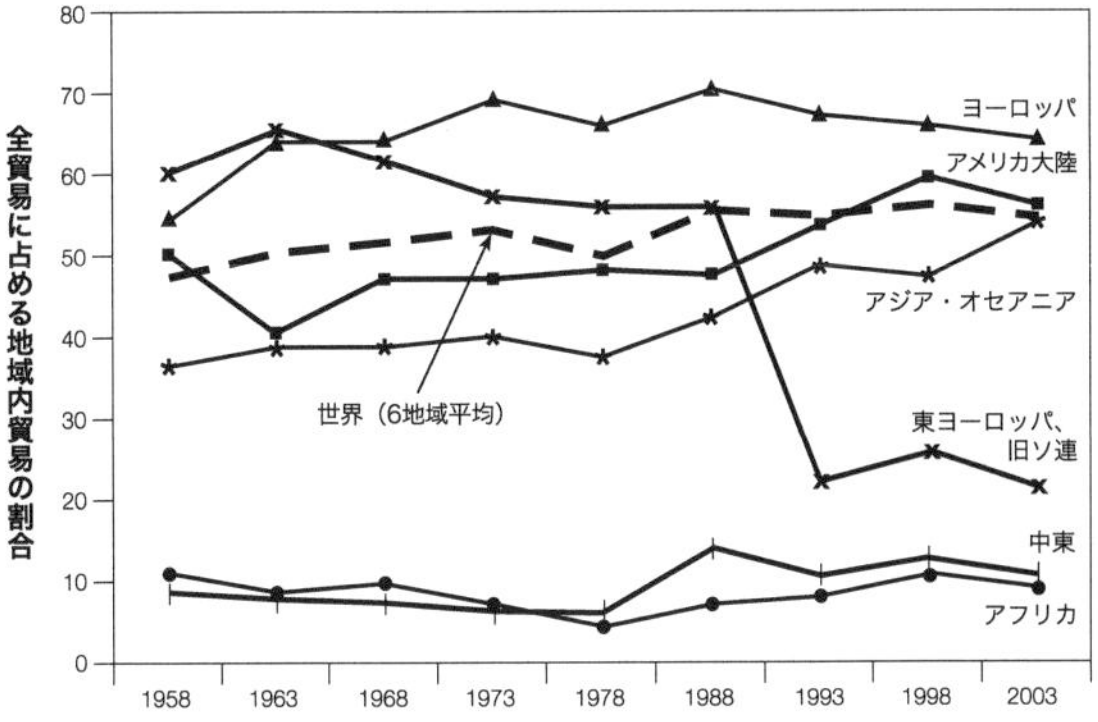

出典：国連、国際貿易統計年鑑

概ね地域レベルで管理された。家電業界の上位一〇社のうち、利益率で上位三社に入る企業に、いま最も速い成長を遂げているインデシットとアルチェリッキがある。彼らは、一地域にターゲットを絞っているにもかかわらず（だからこそ、と言う向きもあるが）、この業績をあげている。この点から見ても、この業界における地域化の重要性がうかがえる。言い換えれば、強力なポジションは地域レベルで作られることが多いのだ。

地域化の例は枚挙にいとまがない。実際のデータを得るのは難しいが、インターネットの通信量を見ると、地域間のスイッチングのハブとしてのアメリカの重要性は低下し、近年ますます地域化が進んでいることがわかると専門家は言っている。

クロスボーダーの活動で地域化が進み、定着していることが示すのは、地理的な近さやその他のCAGEの尺度である文化的、制度的、そしてある程度は経済的な隔たりの小ささが、依然として重要だということだ。これらの要素は互いに関連し合っている。地理的に近い国々は他の尺度でも共通点が多い。更に過去二〇年から三〇年の間に共通点が増した背景には、自由貿易協定、租税条約、その他の地域内優遇措置、通貨統合などが挙げられる。NAFTAやヨーロッパ連合はその最も顕著な例である。皮肉なことに、地域内における国ごとの差異が類似点と相まって、全体の経済活動に占める地域の割合を上昇させることもありうる。ワールプールの行動は、アメリカのさまざまな業種の企業が踏襲する方針となった。同社は生産拠点を地域内のメキシコに移すことにより、二カ国の経済的な差異の裁定を行い、同時に地理的な近さと制度的・政治的な類似点を利用している。隔たりがもっと大きい国、たとえば中国ではそんなことはできない。同様に、多くの西ヨーロッパ企業は、生産拠点を地域内の東ヨーロッパに移している。こういった「集約＋裁定」の戦略については後の章で詳細に述べる。

トヨタの地域化

前のセクションで提示した事例やデータは、地域化はセミ・グローバリゼーションを顕著に示すという主張を裏付けているが、地域化はグローバリゼーションを薄めたものにすぎないと考える人もいるかもしれない。そういう仮説を棄却するべく、ここではトヨタの事例を見る。トヨタはグローバルな大企業だが、国境を越えて競合するための戦略の基礎の一つとして地域化を捉えている。

トヨタは二〇〇七年にGMを追い越して世界の最大自動車メーカーとなり、フォーチュン・グローバル五〇〇社の中でも（二地域ではあるにせよ）売上高のグローバリゼーション度が高い。しかし、同社は地域レベルでとても具体的な戦略構想を持っているわけではない。ここではトヨタの発展について、トヨタ自身による解釈をもとに検討する。

・第一段階は自動車メーカーとしてのトヨタの最初の五〇年間で、生産拠点は一箇所（日本）であった。一九八五年でさえ、海外生産は全体の五％に満たなかった。この数字は一九九〇年に一五％、一九九五年には三〇％近くまで上昇し、二〇〇六年には四六％に到達した。地域重視へのシフトを示す根本的な変化と言える。

・第二段階の一九八〇年代には、トヨタは初めての巨額の海外直接投資を主にアメリカで行った。アメリカでは日本車の販売が急拡大し、同時に保護主義の政策やセンチメントが拡大している時期でもあった。自動車の販売地域における生産を拡大することで、更なる輸入制限の可能性を減らし、また輸入制限が実施されて損失をこうむる可能性を最小限に抑えることができた。

・第三段階は一九九〇年代に始まり、業績不振の打破と日本への依存を軽減することを目的として、各地域に拠点（ハブ）を置いた。伝統的にはタブーとされた地域限定モデルの生産を台数限定で開始したのは、同社がそれぞれの地域において、より完結した、能力の高い組織の編成に真剣に取り組んでいることの表れであった。

・第四段階は第三段階と重なり、カローラ、カムリ、ヤリス（日本ではヴィッツ）、ハイラックスといった世界戦略車を前面に押し出した。これらの車種は地域を越えた共通点が多く、開発・技術の固定費を共有できた。同時に、トヨタは主要な生産の規格数を一一から六に減らした。

・第五段階は、地域単位での合理化や特化であり、何箇所かの工場や地域はほぼ世界全域に対応した業務を任された。トヨタのピックアップ・トラックの製造過程では、共通のエンジンと手動のトランスミッションをアジアのあちこちの工場で生産し、それをアジア、ラテンアメリカ、アフリカに四箇所ある組み立て拠点に集め、そこで完成した車が世界中の主要市場へと出荷される（アメリカのピックアップ・トラックはより大型なので例外の扱いを受けている）。

・第六段階はグローバル・ネットワークの創設で、生産と供給をグローバルに最適化するためにいっそうの努力がなされている。トヨタの張富士夫会長によれば、地域の中でネットワークを組成する理由は、自由貿易はアメリカ大陸、ヨーロッパ、東アジアの地域間ではなくてそれぞれの地域内において拡大すると考えているためだ。[注6]

トヨタの実例から始めるのは非常に有用である。というのは、トヨタの一九八〇年代からの発展には、次のセクションで紹介する地域戦略が全て登場するからである。

地域戦略の基本形

図5―3はトヨタの発展の六つの段階で示された六種類の地域戦略の基本形をまとめたものであり、それぞれの戦略の特徴を併記した。ボックス1から3まではある意味では地域内、ボックス4から6までは地域間に焦点を置いている。ボックスの順を追って、地域間の障壁への対応が複雑化し（かつ一般的でなくなって）ている。ボックス1からボックス6へと発展した

図5-2

トヨタの過去および将来の生産組織（2004年）

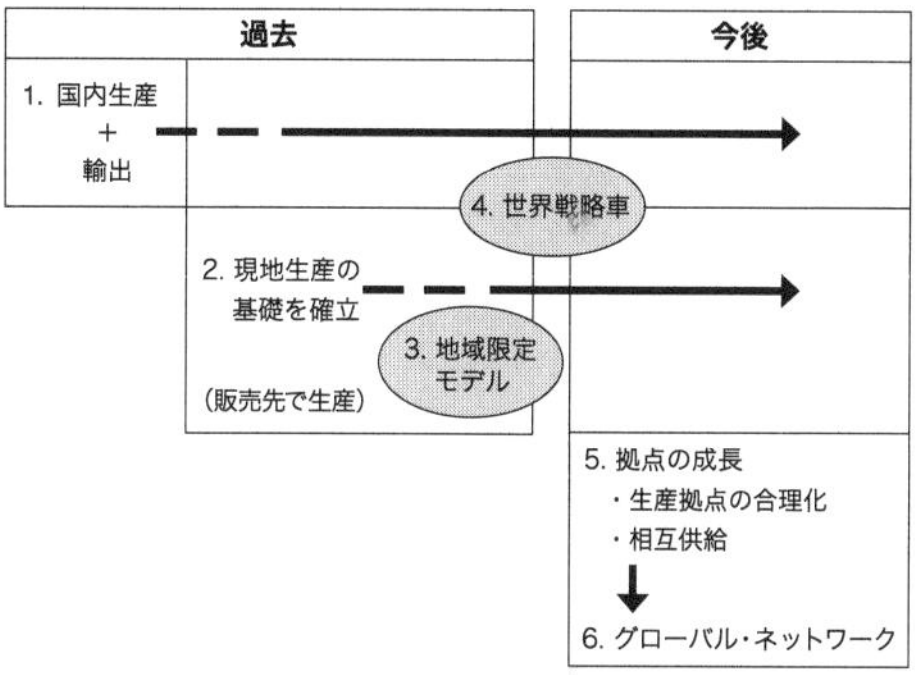

出典：トヨタの投資家向けプレゼンテーション（2004）
注：各段階を区別するために番号を追加した以外は、本文・レイアウトともにトヨタのプレゼンテーション資料から変更していない。

トヨタは本当に稀な例だ。世界最大の自動車メーカーに成長し、その過程において収益をあげ続けたトヨタの実績は賞賛に値するが、こういった地域戦略の基本形に、自然な発展段階が存在するわけではないという点は認識しておくべきだ。目指すのは（複雑さではなく）価値の最大化であり、ビジネスが違えば合理的な地域戦略も違うのである。このセクションでは、各戦略の目的と限界について、それぞれの選択肢に焦点を当て、例を挙げて説明する。

1　地域か本国か

絞り込みについては既に議論したが、地理の側面または地域の側面からの絞り込みを再び強調しておきたい。というのは、全ての会社は基本的にここからスタートするからだ（例外的にハイテク産業では、ロジテック社——ロジテックという名称は別の会社が先に登録していたため、日本のみロジクールという社名——やチェックポイント社のように、生まれながらにしてグローバルな会社もあるが)。前に使った売上高の閾値をここでも用いると、現在でもフォーチュン・グローバル五〇〇社の九〇%近くが地域重視に該当する。トヨタのようにこのカテゴリーから出て行った会社は、長い間、地域内や国内に焦点を絞っていた。そして、最終的にグローバリゼーションとは逆の地域特化型に回帰してきた企業もある。家電のワールプール、医薬品のバイエルなどはその事例である。

会社によっては、地域特化戦略は現状維持でも退化でもなく、目標とする長期戦略である。たとえば、メモリーチップ業界はグローバリゼーションが非常に進んだ業界である。そんな中、サムスンは世界中でメモリーチップを販売(サムスンは主要業種の中で、地域ごとの販売が最もバランスのとれている企業の一つである)しているが、研究開発と生産の拠点の大半を韓国内の一箇所に集中させ、それを競争優位と捉えている。同社の製品の価値と比較して輸送費が格段に少ないことを考慮すると、集中は研究開発と生産の間の迅速なフィードバックを可能にするため、地域分散に勝る。

多少違った業種の事例を挙げる。低価格ファッション衣料チェーンのザラは、デザインや流行に敏感な商品の生産をスペイン北西部にある生産と物流の拠点で行い、デザインができて二週間から四週間のうちに製品をトラックで西ヨーロッパ市場に供給している。そうすることで消費者へのアピールや流行への迅速な対応、そして流行が去った後の値下げ販売を最小限に抑えることができる。こうしたやり方で、少なくとも西ヨーロッパ市場では、今のところ生産をアジアではなくヨーロッパで行うことによるコスト高を相殺できている。しかし、最先端のファッションはスペインのハブからは他の地域に効率的に伝達できない。流行への迅速な対応のために必要な航空輸送費がかさむと、ヨーロッパで得てきた低価格というポジションが活かさ

図5-3

地域戦略

1. 地域か本国か	2. 地域ポートフォリオ	3. 地域ハブ	4. 地域での規格化	5. 地域への委任	6. 地域ネットワーク
本国の規模／位置	成長オプション、リスク軽減	地域のポジション	地域間での共有化	地域を越えて特化	地域間の統合

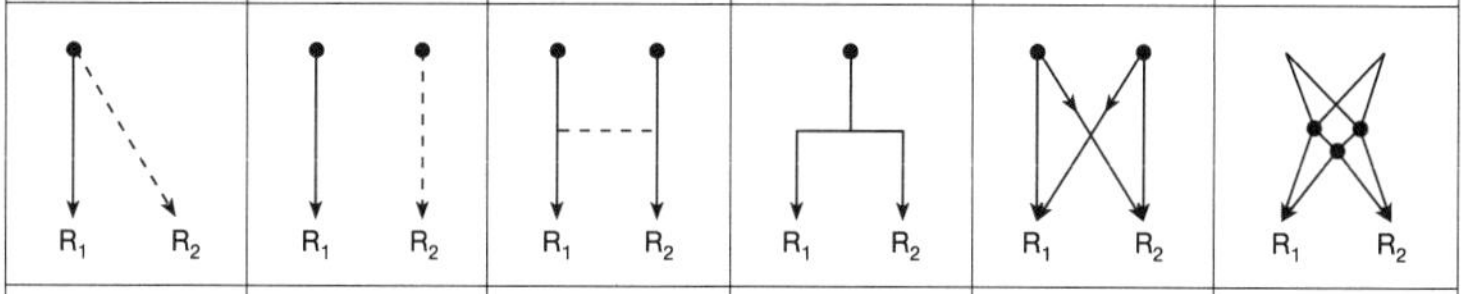

管理の問題がより複雑化
地域開発、支援、管理、調和 →

影響の範囲の減少 →

注：黒丸（●）は特定の製品タイプ、R1、R2は別の地域を表している。

れないためである。

サムスンとザラの事例は、地域と国内のどちらに絞り込むのがよいかは場合によって異なることを示している。つまり、グローバルな規模の経済が非常に大きな効果を持ち、本部への集中化を行ったり、一つの地域、一つの拠点で何らかの業務を行ったりしたほうがよい場合もあるし、鍵となる規模の経済がグローバル・レベルよりも現地や地域で働く場合もあるということだ。ただ、サムスンのような地域対グローバルの絞り込みよりも、ザラのような地域対地域の絞り込みのほうが好ましい場合が多い。どんな場合にそれが成り立つかを以下に列挙する。

・非常に収益性の高い地域または本国市場（例：家電業界ではアメリカのワールプール）を持つ、ただしこの場合、他の地域から競合他社（例：ハイアール）が参入する可能性がある。

・現地に関する深い知識が必要なため、地域的な拡大が有効でない（例：香港の商社、利豊によるアジア特化型の小売サプライチェーンの確立と経営）。

・地域の自由貿易協定の行方と地域の嗜好に対する感応度が高い（例：自動車業界で、部品と自動車の双方向の貿易を考慮）。

・その他の要因によって、地域間の隔たりに比較して地域内での隔たりが実質的に存在しなくなる（例：地域のエネルギー網）。

地域または本国に特化するリスクは、多くの場合、特化戦略がグローバルな標準化戦略に対して比較優位となる前提条件が崩れることである。加えて、理論的には、現地への特化を更に強めた別の戦略に負けるリスクもある。通常、これは本国ではなく本国以外で発生する問題で、ある地域の戦略を策定する際に本社がどの程度の決定権を持つべきかという議論を呼ぶ。

最後に、地域特化型の戦略には、成長に限界があるという問題、および適切なリスクヘッジを怠る可能性があるという問題が伴う。ヨーロッパ地域内での拡大はザラにとって大きな問題になっているが、更に、リスクヘッジをしていないことも懸念材料である。競合他社のアジアからの輸入品はほとんどアメリカドルベースだったため、二〇〇六年にアメリカドルが対ユーロで下落した際、ヨーロッパで生産しているザラの生産コストは、他社比で非常に高くなった。

2　地域ポートフォリオ

ボックス2は地域ポートフォリオであり、複数の地域でそれぞれ独立した事業を行う戦略である。ボックス1からボックス2に移行しようという会社は、成長オプションの獲得とリスクの軽減（言い換えればザラが直面している問題の回避）を理由に挙げることが多い。この方向への移行を促進するのは、進出先の地域が本国地域よりも成長著しいこと、本国で地位を確立して多額のキャッシュフローを確保していること、海外市場にアクセスするために現地で投資が必要なこと（トヨタの初期の海外直接投資もある意味これに該当する）、更に地域間でショックや景気循環などを平準化することなどが挙げられる。

こういった地域的な拡大は、完全な拡散を含めてさまざまな形態をとるが、いずれも、ある特定の地域または準地域におけるプレゼンスの確立を目標としている。必要な経営資源が全て揃っていたとしても、これを実現するのには一〇年またはそれ以上かかるのが普通である。トヨタが北アメリカの生産拠点を確立した際も、まず一九八〇年代前半にゼネラル・モーターズと合弁でニュー・ユナイテッド・モーター・マニュファクチュアリングを設立している。トヨタが重要な比較優位を持っていたことは特筆すべきだ。そのおかげで、同社の「トヨタ生産システム」を日本以外のところに移転するだけでよかった。こういった優位を持たない自動車メーカーが新しい地域でそれなりのプレゼンスを自力で確立するのにはもっと時間がかかる。

同様に、自前の成長でなく買収による地域プレゼンスの確立という純粋な事業ポートフォリオ管理の場合にも長いタイムラグが見られる。ゼネラル・エレクトリックによるヨーロッパ部門の強化がその例である。CEOのジャック・ウェルチは、一九八〇年代後半にゼネラル・エレクトリックのグローバリゼーション構想を旗揚げして以来、特にヨーロッパでの事業拡大を目標として、腹心の部下であるナニ・ベカリに部門買収の権限を与えて事業拡大を加速させた。一連の買収効果もあり、ゼネラル・エレクトリックは二〇〇〇年代初頭までにアメリカ以外での売上高の半分をヨーロッパで得るまでになった。

しかし話は売上高の拡大では終わらない。一、二年前、ウェルチの後継者であるジェフリー・イメルトは「私はヨーロッパを注視している」と漠然とした見解を述べていた。「今日、当社のヨーロッパ事業は最悪だからだ」。なぜ実績が上がらないのだろうか？　ゼネラル・エレクトリックはヨーロッパ事業をそれぞれ独立した事業として扱い、報告は組織体を経てアメリカを拠点とするグローバル本部に行くようになっていた。グローバル本部は「グローバル・リーダー」たちが管理していたが、多くは外国に住んだことも外国で働いたこともないアメリカ人であった。一方、金融以外の分野におけるゼネラル・エレクトリックの強力なライバルは、だいたいがヨーロッパ企業であった。彼らにとってヨーロッパは本拠地であり、経験が豊富で効率的に競争していく体制が整っていた。

欧州連合がゼネラル・エレクトリックとハネウェルの合併案を却下した後、ゼネラル・エレクトリックはもっとヨーロッパ色を強く出す必要があると判断し、ブリュッセルに大きなプレゼンスを置いた。更に、ヨーロッパに一段と企業インフラと経営資源を割いて、ヨーロッパの優秀な人材を集め、教育し、社内に留める努力を行った。その結果、ついにゼネラル・エレクトリックは地域ポートフォリオ戦略から次の段階へ移行した。二〇〇一年にゼネラル・エレクトリック・ヨーロッパCEO職を設け、その下にヨーロッパ地域本部を置き、更に二〇〇三年には同様の組織をアジアに設けた。ジェフ・イメルトは地域組織を、ゼネラル・エレクトリックのさまざまなグローバリゼーション構想を変革する鍵となる要素として位置づけている。

ゼネラル・エレクトリックの新しい地域本部は、地域ポートフォリオというアプローチから、次のセクションで説明する地域ハブ戦略の最小化版に移行させた。しかし、ここで学ぶべき点は、同社のような優れた経営手腕を持つ会社が、不振なままのヨーロッパ部門を抱えながら、地域ポートフォリオ戦略を極めて長い間にわたって続けたことである。
一般的に、地域ポートフォリオ戦略では、経営資源の配分やモニタリングの役割が企業本部から地域組織へ委譲される傾向にある。しかしその他の点では、現地での業務遂行に地域組織が影響力を及ぼせる余地ほとんどない。

3　地域ハブ

地域レベルで一段と積極的に付加価値を生み出すやり方を「トライアド（天下三分の計）」戦略と称して提唱したのは大前研一である。これは地域の拠点やハブを作り、現地（国）それぞれの事業にさまざまな経営資源を提供するものである。組織の複雑化、規模の経済、あるいは外部経済などが原因で、どの国も単独ではハブを一つ作るほどのものは得られないが、クロスボーダーで投資するなら十分にハブを作る価値がある場合がある、という考えに基づいている。一箇所あるいは複数の場所が一つのハブの経営資源やサービスを共有する場合もあるし、バーチャルなハブもありうる。

最も純粋な形で地域のポジションのみに集中する場合、地域ハブ戦略は図5－3（227ページ）のボックス1で説明した地域集中戦略の複数地域版となる。たとえば、ザラがアジアに二番目のハブを追加すれば、ザラは地域集中型から多地域ハブ型戦略に移行したことになる。地域集中型に有利な条件は、地域ハブ型に有利な条件でもある。その条件とは、(1)地域レベルでの規模の経済が得られること、(2)地域間の隔たりと比較して地域内の隔たりがほとんどないこと、(3)地域レベルでシェア争いが激化すると示唆する要因が存在することなどである。地域集中型と地域ハブ型の異なる点は、二地域以上の場合は地域間の差異がかかわってくることだ。

地域ごとの要求が異なれば異なるほど、同じ会社の中で複数の地域に特化した組織が経営資源やサービスを共有することの合理性は失われる。

地域本部は地域ハブの最小化版と捉えることができる。しかし地域本部の影響力は通常は限定的で、支援業務に特化しており、事業活動とのかかわりは限られている。ウォルマート・インターナショナルにはアジアの社長職が置かれていたが、役割は意志の疎通と監視程度であり、戦略や経営資源の配分の権限は限られたものにとどまった。

強力な地域ハブ戦略で、事業活動と支援機能の両方に結びついている事例としてはデルが挙げられる。注7 デルは世界中で高度に標準化が進んだパソコン（ただしコミュニケーション・プロトコルや電源の多様性の面では、地域ごとの仕様にある程度適応している）を販売している。同社は業務遂行能力に依存する注文生産という独自のビジネスモデルを使い、各地の流通障壁を回避している。デルは北アメリカのパソコン業界で業界首位になったのに伴い、アメリカ大陸、アジア太平洋、日本、ヨーロッパといった他の地域でも業界首位に立とうとする戦略に移行した。主な収益源であるグローバル顧客や法人向けビジネス（世界の個人消費者向けビジネスほど多様性がない）から、部分的にではあるが逸脱したのである。

デルの地域オペレーションは、今も地域によって発展レベルが異なっている。北アメリカが最も先を行っていて、ヨーロッパがそれに次ぎ（ヨーロッパ内では最初にターゲットに選ばれた英語圏が一番進んでいる）、更にアジア、南アメリカと続く。とはいえ、各地域ともそれぞれの地域本部、製造部門、マーケティング部門、ITインフラを持ち、概ね同じ方向に進んでいる。特に製造に関しては、アイルランド（一九九〇年）、マレーシア（一九九六年）、中国（一九九八年）、ブラジル（一九九八年）等で組み立て設備を核とするハブが作られた。ハブの場所は地域市場に対して迅速に対応しサービスを提供する姿勢の表れである。ブラジルのハブはブラジルのＩＴ関連企業が集まる場所からは遠くにあるが、南アメリカの二大都市であるサンパウロとブエノスアイレスの中間に位置している。

納入業者と顧客の両方から近いことがこの戦略を導入する鍵となる。パソコン業界のサプライチェーンを分解すると、特定の生産工程の合計コストを輸送コストが上回ることがよくあるからだ。だからこそハブには、デルの受注生産による組み立てシステムが注文を出すまでの間、グローバルな納入業者が部品の在庫を抱えておくために作った物流センター（図５－４）や現地の納入業者が集まっている。こういった結びつきによって、デルの生産体制は部品供給の推定で七〇％を、地理的には離れたところにあるアジアの納入業者に頼ることができている。グローバルなサプライチェーンと物流管理のアプローチには、デルと直接に競合するパソコン・メーカーだけでなく、トヨタまでもが関心を持った（他のパソコン・メーカーがデル方式を模倣したためデルの優位は縮小する結果になった）。

地域ハブは、大半の地域戦略と同様、もっと現地化が進んだアプローチと、もっと標準化が進んだアプローチの両方と比較して評価する必要がある（即ち、現地の競合他社と、グローバルな競合他社の両方が、地域ハブ戦略をとる企業に攻撃をしかける可能性がある）。デルの戦略は最低価格のパソコン市場をターゲットとしていないため、デルは中国市場でこのセグメントに特化した現地の競合他社からの攻勢に直面し、中国で首位に立つという目標をあきらめた（中国市場でも顧客はメーカーとの密接な関係を求めていると考えられていたのだが）。対照的に、もっと標準化したアプローチによる攻勢は限られていた。最近広く報道されたように、デルの抱える問題は、全体の需要の減少からサービスの問題に至るまで、もっと直接的なものである。

地域ハブ戦略で更に地域間、多様性への対応を高めていくと、費用がかかりすぎたり費用を多地域で共同して負担する機会を逃したりするリスクがある。[注12] そうした、費用の共同負担の機会を利用するのが、次に説明する地域における規格化戦略の主たる目的である。

地域本部の利用とその限界

学者も実務家も、地域本部の是非には強い関心を持っている。[注8] 地域本部は、確固とした考えの下で適切な場所で組成されれば重要な役割を果たすことができるので、注目に値する。具体的にはＩＮＳＥＡＤのフィリップ・ラセールは、鍵となる地域本部の機能の一覧を作った。具体的には、スカウト活動（事業開拓）、戦略の活性化（組織内の部門による地域の状況の理解、対応の補助）、地域へのコミットメントのシグナル伝達（社内外に対して）、調整（シナジーの開拓、地域間での一貫した方針の追求の確保）、経営資源の蓄積（地域の規模の経済を利用するため）である。[注9]

更にラセールは、多国籍企業の戦略に地域本部が果たす役割を重視して、地域本部を類型化した。彼の提唱した分類によれば、一般に地域本部は、提唱者（戦略の活性化と現地での事業展開を支援するための調整を重視する）、進行者（統合、戦略の活性化、シグナルの伝達に特化する）、調整者（戦略や事業のシナジーに特化する）、そして管理者（事務、税金、財務などの補助的機能に特化する）に分けられる。[注10] マイケル・エンライトの書いたアジア太

図5-4
デルの地域生産ハブ,2001年

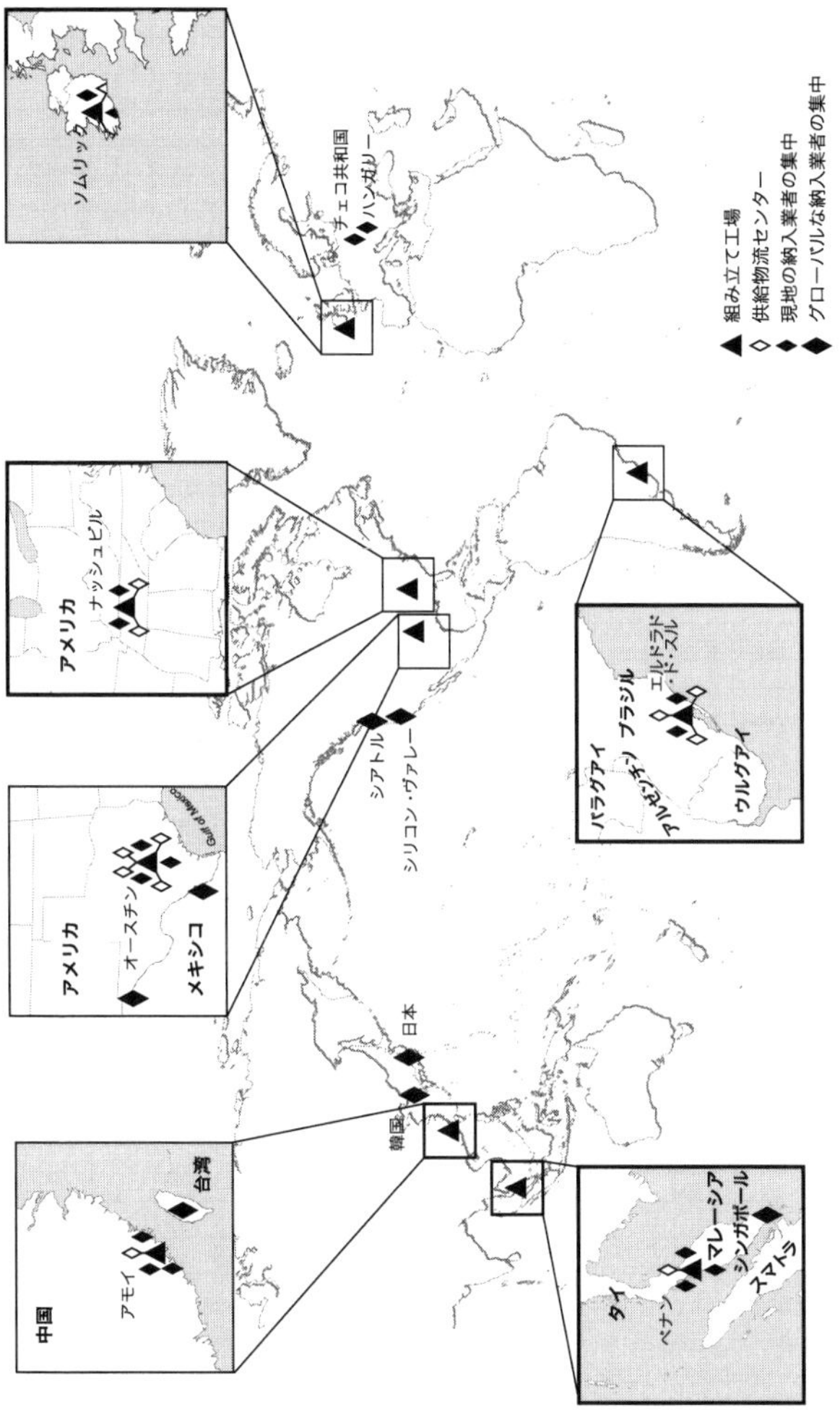

出典：Gary Fields, Territories of Profit (Palo Alto, CA; Stanford University Press, 2004), 212.

平洋地域の地域本部に関する論文は、この類型化を経験則に基づいて、ある程度まで支持している。[注11]

しかし、地域戦略で地域本部の役割に着目するのは、中身よりむしろ見てくれに焦点を当てているようなものだ。地域レベルの組織という階層がなぜ付加価値をもたらすかについて明確な考えがなくては、地域レベルで調整する役割を具体的に示すことはできないし、ましてや地域本部が与えられた役割を果たせるかどうかさえ具体的にはわからない。最悪のケースは、地域本部が会社に代わって地域戦略を構築するようになることだ。もっと前向きな言い方をすると、地域本部がほとんどない、あるいは存在しない会社でも、会社全体の戦略を構築する際に、地域を重要な意味を持った単位として活用することができるのである。

実際の例としてトヨタを挙げよう。地域本部という観点から見ると、一九九六年設立の北米トヨタ自動車、二〇〇二年の欧州トヨタ自動車、更に同社の東南アジアの準地域ハブが地域本部に相当すると思われる。おそらくそれ以外に例はないだろう。その意味で、地域本部は地域戦略を特徴づける基盤としては不適切なのである。

4　地域での規格化

これまで見てきたように、地域ハブの下では地域内にある国々が固定費を負担する。対照的に、地域での規格化の下では地域間で固定費を負担する。だからこの戦略は「地域間での規格化」と呼ぶこともできる。通常、規格化が威力を発揮するのは、地域を越えて調整を行うことで規模と範囲の経済が見込める後方支援業務である。ほとんどの大手自動車メーカーは、トヨタのように全世界で提供する基本的な規格の数を減らし、設計コスト、技術、管理、調達、操業といった面で、より大きな規模の経済を達成しようとしている。目標は、提供する製品の種類を減らすことではなく、ラインに沿った適応が可能なように設計された共通の規格に現地向けにカスタム化した変更を加えることによって、さまざまな製品を、より費用効率を高めて提供することにある。加えて、規格化は自動車業界のほうが家電業界よりもうまく機能する。自動車製造業のほうがずっと資本集約的、研究開発集約的であり、規模の経済を伴うためである（たとえば、二〇〇五年から二〇〇六年にかけて、世界の企業で最も研究開発費を投入した上位六社のうち、四社が自動車メーカーであった）。[注13]

トヨタは積極的に規格化を進めたが、それでもなお、自動車業界はグローバルに標準化される段階には程遠い。フォードの元COO、ニック・シェイラ卿はこう述べている。「（自動車業界で）グローバリゼーションの最大の障壁となっているのは、アメリカ国内で比較的ガソリンが安いということだ。アメリカとアメリカ以外では非常に大きな差があり、車の最も基本的な特徴にも相応の違いが生じる。即ち、大きさと排気量である」[注14]

フォードが一九九〇年代半ばに掲げた「フォード二〇〇〇計画」の失敗は、規格化戦略に内在する基本的なリスクが現れている。規格化戦略をとると、各市場で必要とされる製品の多様性を犠牲にしてまで標準化を無理に推し進めてしまう可能性がある。[注15]フォード二〇〇〇は極めて大胆な統合計画で、フォードがカバーしている地域（主に北アメリカとヨーロッパ）を単一のグローバル・オペレーションに一体化させるというものであった（あるアナリストは、史上最大の合併と称した）。フォードは北アメリカとヨーロッパの重複を減らそうとしたが、これは社内に大きな混乱を引き起こし、フォードのヨーロッパ組織をほとんど壊滅させた。この計画のせいでフォードは、地域の製品開発能力を犠牲にして、魅力のない妥協の産物を、それを受け入れない市場に売り出すはめになった。その結果、二〇〇〇年のヨーロッパ部門は三〇億ドルの損失を出し、ヨーロッパでの市場シェアは一二%から九%へと低下した。

企業の本部が集中化を望む衝動によく駆られていることを考えると、こういったリスクはさまざまな分野にかかわってくる（マネージャー、特に現場に立つマネージャーは、そんな言葉ではまだまだ物足りないと言う）。本部への集中指向は、地域をまたいで規格を標準化しすぎるリスクをはらんでいる。

5　地域への委任

地域への委任は地域間の委任でもあると言える。規模の経済に加えて特化の経済を得るために、特定の製品を供給させたり、組織の特定の役割を課したりというように、さまざまな職務をそれぞれ別個に特定の地域に与えるからである。前述したように、トヨタは、グローバル（ここではアメリカ以外の意味）・ピックアップ・トラック用のエンジンやマニュアル・トランスミッションの供給源としての職務をアジア各地の工場に与えている。ここでは違う例を挙げよう。ワールプールは、小型キッチン家電のグローバルな供給源をインドに置いている。小型家電はどちらかと言えば、価値対重量（または容量）が高いため、他の主な家電よりも特定の地域に職務を任せやすい。そして、今ではグローバル企業の多くが生産拠点としての職務を中国にも与える過程にある。地域、国、または地方レベルで、特化した経営資源を活用する必要があるのは確かだが、こういった職務の配置を行うことで、製品をグローバルに「標準化できる可能性」が高まる。

地域（または地域間）への職務の委任は、製品の開発や生産以外の分野でも行われる。コンサルティング、技術開発、金融その他のサービスといった業界に属するグローバル企業は、特定の知識や技術を蓄積し、その知識を会社全体で使えるようにする組織、即ちセンター・オブ・エクセレンスを備えている。センター・オブ・エクセレンスは地理的に集中していることが多く、通常は一箇所で、個人や少人数のグループの周囲に集中していることが多い。その結果、その地理的な業務分掌の範囲は地理的な管轄の範囲よりもずっと広いことが多い。[注16]

繰り返しになるが、特定の場所に地理的な意味で広い職務を与えることにはさまざまなリスクが伴う。まず、その特定の場所に対し、特定の地域、国、部門の利益を優先する術を与えてしまうため、会社のグローバル戦略に悪影響を与え、更には戦略自体が乗っ取られてしまう可能性もある。次に、幅広い職務範囲を与えると、現地、国、または地域の条件のばらつきを正しく捉えられなくなる可能性が高い。ただ、規格化など、別のアプローチと合わせて利用すれば役立つこともあろう。最後に、特化を極端なレベルにまで進めると柔軟性が失われ、重複が増える。変化の著しい世の中で、これはちょっとした心配事ではすまない。

6　地域ネットワーク

別々の地域間で過度な特殊化と柔軟性不足を回避しつつ補完を達成するため、地域ネットワークは別々の地域にある経営資源に作業を振り分け、同時に経営資源の統合も行う。学者はネットワークのあり方を詳しく研究してきたが、多くの会社は依然としてこういった統合ができればいいなと願っている段階である。だからここでのネットワークの議論はやや手短に済ませる。トヨタの例に焦点を当てよう。トヨタは、地域ネットワークとグローバル・ネットワークの構築に真剣に取り組んだ、数少ない企業である。

トヨタの物語から得られる最も重要な教訓はこうだ。即ち、現実にネットワークを構築したいなら、さまざまな地域を管理する方便としてではなく、クロスボーダーの構造や協調を幅広く観察する際の意識のありようとしてネットワークを捉えるべきだ（この点で言うと、全ての組織は自らをネットワークであると考えるだけで何がしかは得るものがある）。トヨタ自身の描いた図5－2（225ページ）が示すように、トヨタが地域戦略の基本形（227ページ、図5－3のボックス1から6）に沿って進化するにつれて、新しい様式が古い様式に取って代わるのではなく、古いものを新しいものが補完する形でクロスボーダーでの価値を創造するようになった。

図5－2で番号をつけた部分を順に見ていこう。トヨタは日本という生産拠点（地域特化）を超えたが、日本の生産設備からの世界向け輸出は引き続き総販売数量の四分の一以上を占め、この割合は利益に占める割合よりもずっと高かった。同様に、トヨタは地域ポートフォリオ・アプローチを超えたが、初のアメリカへの投資をトヨタに促した、保護主義や地元指向への懸念は依然として残っており、現在も雇用促進や環境への配慮を強調する広告にはそれが反映されている。

地域ハブという点では、北アメリカとアジアのハブは今でも成長しているが比較的成熟している。その一方で、ヨーロッパ事業は赤字であり、今もリストラのさなかにある。更に、生産・調達が専門の渡辺捷昭を張富士夫の後継者として社長に抜擢したことには、海外生産が急速に伸びている時期にトヨタ生産システムを日本から新しい生産ハブに移植し、深く根付かせるのに伴って高まった懸念と、そうした移行への決意が現れている。更にトヨタは、主要な生産規格の数を削減する努力を行い、地域間の職務の委任によって更なる特殊化を目指している。このように、トヨタは図5－3の六つの地域戦略の基本形をたどって進化してきたというよりも、むしろトヨタは今、この六つのボックスの全てを網羅しようとしていると言える。

価値創造のためにさまざまな地域戦略を取り入れるトヨタの能力は、前に述べた基本的な競争優位、即ち高品質で信頼できる自動車を低コストで生産できるトヨタ生産システムの能力と、本質的に切り離せない。こうした基本的な競争優位がなければ、トヨタが試みているもっと複雑な形の協調は、大幅な赤字を招くことになるだろう。

前述したとおり、トヨタの出発点は、自動車や自動車部品がどこからでもどこへでも自由に移動できるグローバリゼーションの時代がいつかやってくるなどといった、広く長期的な視野に基づくものではなかった。むしろ同社は、アメリカ大陸、ヨーロッパ、東アジアの間ではなく、それぞれの地域で別個に自由貿易協定が拡大すると見込んでいた。ここでも、国と国との間では架け橋と障壁のどちらも無視できないという、より控えめだが現実的なセミ・グローバリゼーションというあり方を把握して活用するには、地域という単位が最も優れていることがわかる。

このセクションを締めくくるにあたり、自分の会社には地域化戦略が適しているかどうかを評価する際のポイントを、囲み記事「地域化の可能性を探る診断」で見てみよう。

地域化の可能性を探る診断

以下の八問でそれぞれ回答を一つ選ぶ。回答に迷うようならその質問はとばしてよい。数字で選ぶ選択肢の尺度はおおざっぱだが、データには（大まかには）根拠がある。

会社の足跡

1　事業を行っている国の数
(a)　一〜五カ国　(b)　六〜一五カ国　(c)　一五カ国超

2　本拠地の売上高が占める割合（%）
(a)　八〇超　(b)　五〇〜八〇　(c)　五〇未満

会社の戦略

3　地域間の分散度合いの目標
(a)　減少　(b)　維持　(c)　増加

4　まとめようと考えているグループの数
(a)　一　(b)　二　(c)　三以上

国のつながり

5　地域内での取引が占める割合（%）
(a)　五〇未満　(b)　五〇〜七〇　(c)　七〇超

6　地域内における海外直接投資の割合（%）
(a)　四〇未満　(b)　四〇〜六〇　(c)　六〇超

競争への配慮

7　地域間の利益率の差異

(a)　小さい　(b)　一時的　(c)　恒常的

8　主な競合他社の戦略

(a)　地域化からの脱却　(b)　現状維持　(c)　地域化推進

採点方法はおおざっぱなもので、(a)をマイナス一点、(b)をゼロ、(c)をプラス一点として合計したものがプラスであれば、地域レベルでの戦略が非常に有効であると言える。点が高いほど、有効性が高い。

地域化から集約へ

地域の区分け再考

これまでの事例のほとんどで、「地域」と言えば大陸をほのめかしていたが、明確な定義を示すのは避けてきた。定義をあいまいにしておくことが目的ではなく、「地域」という言葉を特定の地理的な範囲に限定すると議論の範囲が必要以上に狭くなりがちだからである。ある国が非常に大きい場合、地域戦略の基本的な論理は、国を超えた地域だけでなく国の内部の地域にも応用できるはずだ。たとえば、石油会社はアメリカのガソリン市場を国内五地域に分ける。同じように、地域内におけるビジネスチャンスであっても、必要ならば地理的に大きく隔たっているものとして捉えてよい。例としては、ブラジルのセメント、中国のビールのように、製品の価値と比較して輸送費が高く、かつ市場が地理的に広いケースが考えられる。逆に、大陸レベルよりも広い地域で集約することもできる。もしも環大西洋で自由貿易協定が実現すれば（実現しないと想定する理由はいろいろあるが）、世界総生産の五五％超に相当する超巨大地域が出現することになる。そんな地域が出現すれば、少なくともいくつかの業種では、戦略を立案する際の焦点になるだろう。

また、複数のレベルで地理的なグループ化を実践している企業も多数あることをここで紹介しておく。飲料メーカーのディアジオは、北アメリカ、ヨーロッパ、アジア太平洋、そして「インターナショナル」という四つの地域で組織されているが、「インターナショナル」は、アフリカ、ラテンアメリカ（含カリブ海諸国）、グローバル・トラベルと中東の「ハブ」で構成されている。「グローバル・トラベル」（免税店向け）という区分を設けているのは、これまでに議論してきたように、シンプルで美しく並列な区分よりも、変則的な構成のほうが現実的だからだ。

もっと一般的に言えば、この前のセクションで議論した標準形は、本質的には地理に基づいて決まるが、実はどのレベルの地理に基づいて適用するかであり方はさまざまなのである。グローバル、大陸、亜大陸、国、国内、地方といったレベルのうち、収益性と最も密接なつながりがあるのはどのレベルかを基準に地理の区分けを行うのが適切であり有効でもあろう。別の言い方をすれば、世界経済はローカルからグローバルまでさまざまな区分けから成り立っているのであり、一種類の区分けだけに着目するのではなく、さまざまな区分けを考慮すべきである。地理的な区分けを再考することで、地域化という適応手段をさまざまな地理的レベルに当てはめることができ、それによって柔軟性を高めることができる。

CAGEの枠組みの他の要素による集約

距離や地域という概念が使えるのは地理の側面に限らない。独創性を発揮すれば、地理以外の側面での距離や地域を考えることができる。つまり、文化的、制度的、政治的、経済的な側面における隔たりや地域だ。CAGEの枠組みのうち、地理以外の三つの側面によって集約を行っても、地理的な影響が大きな地域に着目することになる場合が多い（トヨタが国を現在または将来の自由貿易地域に基づいて集約を行っているのはその一例である）。しかし、時にはこういった集約は地理的に集まっていない擬似地域に沿って行われることもある。

文化的集約の例としては、インド最大のソフトウェア・サービス会社、タタ・コンサルタンシー・サービシズが挙げられる。同社は世界三五カ国以上で事業を展開している。タタ・コンサルタンシー・サービシズについては後で詳しく述べるが、ここで取り上げるのは、同社が先駆者となって設立した地域配送センターである。この施設はインドと中国のグローバル配送センターを補完する目的で建設された。二〇〇二年に、タタ・コンサルタンシー・サービシズはウルグアイのモンテビデオに地域配送センターを設立し、後にブラジルにも地域配送センターを設立したが、これはラテンアメリカだけでなく、スペイン、ポルトガルも網羅するのが目的であった。同社はハンガリーにも地域配送センターを設立した。ハンガリーではドイツ語を第二言語として話す人が多く、また、同社が東ヨーロッパ市場に着目したためである。更に同社は現在モロッコにも拠点の開設を検討しているが、これはモロッコではフランス語を話す人が多いためで、フランスをはじめとするフランス語圏のサービス拠点をモロッコに作ろうという計画である。タタ・コンサルタンシー・サービシズのビジネスでは言語の違いは非常に重要なため、同社にとって言語に基づいて集約を行うのは非常に効果的である。

制度面では、軍事品メーカー、レイセオンの「英連邦マーケティング・グループ」の例を見てみよう。マサチューセッツに拠点を置く同社は、英連邦諸国の顧客に対するマーケティング組織を作るには、英連邦というのが理にかなった組織の基盤であると判断した。その理由は、英連邦内の多くの国で調達手続きや慣習が似ているからである。

経済的な集約で最も顕著なのは、先進国と新興国を分けている企業であり、極端な場合、どちらか一方だけを相手にしている。メキシコのセメックスは、最初の海外直接投資をスペインで行った後、一九九〇年代を通して、経済面での集約によって成長してきた。同社は、袋詰めセメントの販売数量が全体の大半を占めるといった、本拠地と類似した性格を持つ新興国に進出し、赤道周辺に「セメントの金の輪」を作ろうとしている（しかし、セメックスはここ数年地理的な集約を重視しているようだ。セメント業界では地理的な隔たりの重要性が高いことを考えると、妥当な判断と言える）。また、先進国と新興国の両方で事業を展開している金融機関の多くが後者を別組織にしている。

注目に値するのは、国外や他地域で事業を展開している企業の多くは、地図作成の最新技術に多額の資金を投資し、新しい地域や擬似地域を視覚的に把握する努力をしているという点だ。この技術は、優れたネットワーク分析の方法や、二国間、多国間、一カ国の属性のデータの拡張といった高度なクラスタリングの手法に支えられている。少なくともこの種の地図作成技術は創造性を高める効果が期待できるので重要である。

国以外に基づく集約

CAGEの枠組みは、集約の基盤として自然に国（またはその他広義の地理的単位）に着目している。しかし、クロスボーダーでの集約を国ベース以外で行っている企業も多い。販売経路（事例：シスコはパートナーの種類で集約を行っている）、顧客の業種（事例：アクセンチュアや多くのITサービス会社）、グローバル顧客管理（シティグループがコーポレート・バンキング部門で採用）、そして最も顕著で深く研究されているのは事業内容による集約である（事例：プロクター&ギャンブルをはじめとする多くの企業が、グローバル事業部門で集約を行っている）。

これらの集約手法は条件によっては非常に合理的であるが、特有のリスクもはらんでいる。グローバル顧客管理は、連絡、調整、標準化の窓口を一本化して顧客にサービスを提供する方法として、企業間取引の分野で非常に注目を浴びた。[注17] しかし一方で、グローバル顧客に分類された顧客の交渉力が増大する可能性や、グローバル顧客と平行して現地顧客を管理することの難しさ、消費者を縦割りで管理するリスクといった懸念材料も現れている。また、事業による差異は国ごとの差異よりも大きいことから、事業内容による集約は、さまざまな事業を展開している会社にとっては魅力的な区分けであり、基本的にクロスボーダーで規模の経済を追求するのが基本的な方向になる。しかし、少なくとも管理すべきリスクが伴うのは事実であり、この場合におけるリスクとは、事業内容による縦割りで、事業内容を超える範囲の経済が犠牲になる可能性である。

まとめると、集約は国別の適応戦略以上の力を発揮する可能性がある。どの側面の集約についても、その下で考えられる戦略はさまざまだ。この章では地域による分類だけを詳しく取り上げたが、集約の基盤に使えるのは地域だけではない。さまざまな形での集約で、現地レベルとグローバルなレベルの中間に位置する戦略が可能になる。とはいうものの、集約は「万能薬」ではない。というのは、第一に集約で組織が縦割りになり、さまざまな機能が妨げられるリスクがあるからである。第二に、集約は組織を複雑にする傾向がある。組織のパーツ同士を結びつける仕組みが必要になるため、特に集約が一つの側面だけではなく複数の側面から行われる場合には、とても複雑な組織が出来上がってしまう。第三に、全ての側面で集約を実現するのは一般的に不可能なので、何による集約を行うか選択しなければならない。それには第二章と第三章で展開した分析の枠組みが利用できる。第四に、集約の基盤を構築するのには数年かかるため、その基盤を頻繁に変更すると、必然的に最悪の結果を招くことになる。第三、第四の点については以下の二つのセクションで指摘する。

集約の分析

集約は基本的には差異への対応という課題に直面した組織の反応であるため、会社の戦略の明確な意図を反映している必要がある。またその戦略は、会社が事業を展開する業種の現状や、会社が価値を創造する機会のためにとれる行動の現状に沿ったものでなくてはならない。そこで、CAGEな隔たりの枠組みやADDING価値スコアカードは、どのように集約するかというクロスボーダーでの選択に役立つ。集約のベースを選ぶためのCAGEの枠組みの役割は既に述べたので、ここでは前のセクションで触れた二つの事例におけるADDING価値スコ

表5-1

タタ・コンサルタンシー・サービシズがラテンアメリカに地域サービス拠点を設立するか否かの意思決定

価値の構成要素		コメント
販売数量の向上	+	ラテンアメリカでのビジネス
	++	ラテンアメリカ部分を必要とする大型グローバル案件
コストの削減	-	ラテンアメリカでのコスト絶対額が高い
	+	インドのコストが上昇している
差別化、支払意志額の向上	+	言語の利点
	+	時差がないことの利点
	++	「全世界で同じグローバル・サービス基準」を謳い文句にする
業界の魅力度の向上	+	タタ・コンサルタンシー・サービシズはグローバルでないとする多国籍企業の主張に対抗
	+	インドの競合他社に対し大きな差をつける可能性
リスクの平準化	+	「インドのリスク」を軽減
知識（とその他の経営資源、能力）の創造	+	活気
	++	多文化の社風
	++	全世界でサービスを提供する能力の宣伝効果

アカードの利用について述べる。一つはタタ・コンサルタンシー・サービシズが地域の新しい区分けを立ちあげたこと、もう一つはプロクター&ギャンブルが一九九〇年代後半にグローバル戦略において地域の役割を再考したことである。

タタ・コンサルタンシー・サービシズがラテンアメリカの地域配送センターを開設するかどうかを判断した時期に、私はタタ・コンサルタンシー・サービシズを直接に見る機会があった。タタ・コンサルタンシー・サービシズが直面していた問題は、コストの水準がインドより高いことであった。その理由は現地の給与水準が高いこと、当初は規模の経済が得られないこと、更にさまざまな固有の難しさなどであった。しかし、決定的だったのはこういった点ではなかった。タタ・コンサルタンシー・サービシズは組織にラテンアメリカ部門を追加することによるプラス面を、インド国内だけでビジネスを拡大することと比較して検討する必要があった(**表5－1**)。表のアミ点をかけたプラス面はタタ・コンサルタンシー・サービシズの経営陣が特に重要だと考えた部分である。次にこの部分について詳しく説明する。

まず、タタ・コンサルタンシー・サービシズの戦略は、より大型で高度な案件にターゲットを絞ることだった。しかし、少なくともいくつかのケースでは、この種のアウトソース契約を締結する大手のグローバル顧客はアウトソース先を一社(または少ない数)に絞りたいと考えていた。そうしたアウトソース先は、顧客が業務を行ってほしい複数の場所に配送センターを持っているか、あるいは複数の言語や時間帯に業務を行う能力を持つ業者でなければならない。この顧客の意向を示す初期の事例はABNアムロで、同社は総額二億ユーロにのぼる全世界でのアウトソース契約にタタ・コンサルタンシー・サービシズを選んだ。これは当時インドのI

T業界では最大の契約額であり、顧客にとって重要な地域であったラテンアメリカのサービス拠点の存在が決定要因の一つとなった。

次に、ラテンアメリカのサービス拠点の存在は、タタ・コンサルタンシー・サービシズが世界中で「統一のグローバル・サービス標準」を提供する会社としての地位を確立するのに役立った。アクセンチュアのような同業の大手欧米企業は、もっと広範囲のグローバル・ネットワークを持っているが、そのネットワークのサービスの質は均一でないと考えられている。理由は、現地の提携先に頼っているためだ。

三番目は前述の二点と関連するが、ラテンアメリカのサービス拠点は、タタ・コンサルタンシー・サービシズの登録商標である「グローバル・ネットワーク・デリバリー・モデル」に大いに活力を与えたのである。二〇〇六年にニューヨーク・タイムズ紙のトーマス・フリードマンは、タタ・コンサルタンシー・サービシズのラテンアメリカ部門に関するコラムでこう書いている。

タタ・コンサルタンシー・サービシズ・イベロアメリカは人材の採用が追いつかない。私が本社を訪ねたとき、社員は廊下や階段でコンピュータに向かっていた。…（中略）…多くの多国籍企業は、リスクを分散でき、アウトソース先の全てがインドにはないという点が気に入ったようだ。……タタの厳格な決まりに基づき、ムンバイにあるのとまったく同様に経営されており、インド人のごとくふるまうウルグアイ人がアメリカ人にサービスを提供しているのは見ものだった。……今日の世界では、インドの会社をハンガリー系ウルグアイ人（タタ・コンサルタンシー・サービシズのラテンアメリカ部門のヘッド、ガブリエル・ロズマン）が指揮し、アメリカの銀行にサービスを提供し、モンテビデオのエンジニアがインド人のテクノロジー専門家の下で働き、そのインド人はウルグアイのベジタリアン・フードを食べるという光景は、新しい標準形なのだ。[注18]

四番目は、引用の最後の部分が示すように、これまで事業の九〇％超をインド国外で行っている一方でスタッフの九〇％超がインド人だった会社に、多文化の社風を取り入れたいとする会社の意向に沿った形となった。

最後になるが、最も重要なのは、タタ・コンサルタンシー・サービシズが全世界でサービスを提供できることを対外的にアピールするという点であった。インドにおけるソフトウェア開発業界の競争が厳しくなってきたこと（詳細は第六章で述べる）を考慮すると、同じ高レベルのサービスの標準を別の場所からも提供する能力を持てば、競争のあり方を変えられる可能性がある。

こういった利点や表5－1に示したその他の利点は、コスト高などの懸念を脇へ追いやるのに十分であった。そこで、この事例はADDING価値スコアカードによる包括的な検討（定量的、定性的要素の両方を含む）が有効であることを再度示すものである。

二番目に、プロクター＆ギャンブルが、ダーク・ジェイガーとA・G・ラフリーという二人のCEOの下で、グローバル戦略における地域の役割を再考した事例を取り上げる。プロクター＆ギャンブルは一九八〇年代と一九九〇年代の大半を費やして、特にヨーロッパにおいて国を中心とした組織から地域を中心とした組織に変わってきた。しかし一九九〇年代の終わりに、イノベーションとより迅速なグローバルでの商品投入を重視し、グローバル事業部門を集約の

表5-2

地域の規模の経済：事例

	ブランドA（地域ブランド）（百万ユーロ）	ブランドB（現地ブランドの合計）（百万ユーロ）
全体の売上高	100	100
製造コスト	40	48
輸送費		(3)
販促支援費	10	12
貿易支援費	10	10
研究開発費	4	5
一般管理費	10	13
営業利益	26	15

出典：日用品業界の大手企業

基盤とする方向へシフトした。その結果できあがった組織については第七章で述べるが、重要なのは、プロクター&ギャンブルは地域という発想を完全になくしたのではないということだ。代わりに、同社は地域の規模の経済が最も強い要素に着目した。その要素は**表5－2**でアミ点をかけて示した。この表は日用品業界の代表的なコスト構造を表している。

表から、地域の規模の経済が最も顕著なのは製造コストで、次に一般管理費、販促支援費（標準化するか否かの議論の焦点にもなる）と続く。この単純化した数値例はADDING価値スコアカードの最初の二つの構成要素だけに焦点を絞ったものだが、これだけを見ても、プロクター&ギャンブルがヨーロッパで集約を行うにあたり、超大型工場や集積地を置いた国（例：ベルギーとオランダ、イベリア半島、北ヨーロッパ、イギリスとアイルランド）で生産を行い、複数の国からなる亜地域に供給することで、経費の削減を図った理由がわかる。

もちろん、プロクター&ギャンブルの改革（前述したトヨタの事例もそうだ）は、近視眼的な、あるいは「一時代に一度の大がかりな集約」のアプローチではなく、改革を続けることこそが必要だと示している。新しい組織や調整方法への移行は、従来の組織や手法による問題点に対応するために必要かもしれないが、移行のペースは遅い。そのため、ダメならいつでも自由に変更できる選択肢として集約を軽く捉えるのではなく、十分事前に検討する必要がある。それを示す事例を次に述べる。

集約の管理

集約の基盤はさまざまで、その中から何を選択するかは極めて自由だと思うかもしれない。しかし、集約のベースを作るという作業は、通常数年にもわたるコミットメントを必要とする。大企業の場合は一〇年近くかかることもある。

注意すべき事例としてABBを挙げよう。ABBは、電力技術および機械製造業の二社、スウェーデンのアセアとスイスのブラウン・ボベリが一九八八年に合併して誕生した会社である。ABBの組織構造は「一九九〇年代に、ビジネス界でも学術界でも、他の多国籍企業を全部合わせたより大きな関心を集めた」と、ある専門家は言う。[注19] ABBについてはさまざまな観点から膨大な文献が書かれている。ここではABBが一九八〇年代後半以降に行った集約の基準の変更に見られる特徴について手短に説明する。要点は**表5-3**に示してある（図が時間の長さに合わせて描かれていない点に注意）が、以下でいくらか解説を加える。

アセアとブラウン・ボベリの合併後、新しくABBのCEOになったパーシー・バーネビッ

表5-3

ABBにおける集約ベースの変遷

CEOまたは年代						
合併前（1988以前）	バーネビック（1988～1993）	バーネビック（1993～1998）	リンダール（1998～2001）	センタマン（2001～2002）	ドルマン（2002～2004）	キンドル（2004～？）
・国	・事業分野 ・国	・事業分野 ・地域	・事業分野 ・国 ・グローバル顧客	・技術 ・顧客の業種	・中核部門	・事業分野(*) ・国 ・地域

(*)2006年1月1日より

クは、継承した負の遺産である官僚主義と地理的な縄張り争いを打破しようと決断した。彼は組織をフラット化し、会社の事業を各地に置いた小規模な事業会社に細分化し、それぞれが国別マネージャーと事業分野別マネージャーに報告するようにした（とてもよく知られているように、これはマトリックス型組織と呼ばれる組織の形態である）。更に、一九九三年に彼は世界を三つの地域に分け、マトリックスの地理的側面に地域という新たな次元を加えたのである。

組織がこの形になったのは、共通の情報管理システムの設立がきっかけだった。これは各収益部門に関する七種類のパラメータのデータをバーネビックに報告するシステムだ。しかし、やっているうちに、データは二〇〇〇箇所の収益部門に関する情報に膨れ上がったのである。モジュール化した橋渡しの存在は、新たな買収や、再編した事業分野の構成を根付かせるのに長期的には役立った。しかし、膨れ上がる収益部門の数と、月並みな業績、それに、度重なる買収で、九〇年代後半に屋台骨をゆるがす危機の種が蒔かれた。

組織全体では比較的安定した一〇年が経過した後、ＡＢＢの組織変更のスピードは加速した。アジア危機が同社の組織や戦略に関する問題を浮き彫りにしたためである。バーネビックの後を継いだＣＥＯ、ゴラン・リンダールは経費がかさむとして地域による区分を撤廃し、バーネビックが作った事業分野と国による当初のマトリックスにグローバル顧客管理体制を追加し、ＡＢＢを三次元の組織体系に移行しようとした。

しかしＡＢＢに対する外部からの圧力は増すばかりだった。アジア危機の後、需要が停滞したことに加え、異なる事業分野の製品や、現地でなくグローバルあるいは地域の顧客に向けた製品を統合するマーケティング体制にかかわる問題が生じていた。更に、現地が引き続き大きな裁量を与えられていたことに伴う問題もあった。二〇〇一年に、新しくＣＥＯになったヨルゲン・センタマンはマトリックスを廃止し、ＡＢＢを「ナレッジ・ベースの企業」に変貌させるべく、営業展開部門と後方支援部門からなる組織構造にした。具体的には、（地理ではなく顧客の業種で区切った）四つの顧客対応部門が稼働すれば、グローバル顧客と地域顧客に価値を提供するＡＢＢの能力は向上するはずだった。更に、発電技術とオートメーション技術という二つの技術担当部署に呼応して営業部門が業務を推進することになり、ＡＢＢが技術面で優位に立つ二つの分野の技術開発を統合するはずであった。

二〇〇二年にＡＢＢは倒産の危機にさらされ、センタマンは退任させられた。経営危機の原因は、需要の低迷が続いたことに加え、バーネビック時代に行ったアメリカのコンバスチョン・エンジニアリング社買収に伴うアスベスト関連の債務が何十億ドルにものぼったことによる圧力、更に新しい組織の反応が鈍かったことなどが挙げられる。ユルゲン・ドルマン会長は

CEO職を引き継ぎ、営業展開部門／後方支援部門の組織体系を廃止し、営業展開部門の一部を売却して、残った事業分野を発電システムとオートメーションの二つの中核部門に集約した。

ここ一、二年のABBは、ドルマンと彼の後継者であるフレッド・キンドルCEOの下で、過去の急成長と集約の基盤の変更で生じた問題を解消するべく、事業と財務のリストラに専念している。社内環境に加え、外部環境の改善も後押しして、同社はようやく二〇〇〇年代初めからの問題を克服したように見受けられる。売上高がついに一九九〇年代後半の水準に回復した一方、社員数は当時の半分にとどまっている。更に最近、同社は二つの中核部門を五つの事業分野に分け、国を地域に再分類し、地域ごとに損益計算書を作ることにした。マトリックスの復活だ！

ABBの物語から、一般的な組織設計や、特に集約の管理に関する教訓がたくさん得られる。その中から六つだけ挙げておこう。

1　バーネビックは大言壮語を吐いて最初のマトリックス組織を持ち込んだが、実際のところ、統合と反応（柔軟性）のトレードオフを解消する完璧な集約などありはしない。先に説明したどのあり方も裁定という課題に応えていない点がそれを裏付けている。ABBが一時期ライバル企業として見ていたゼネラル・エレクトリックは、もっと効果的に裁定戦略を追求している（第七章参照）。同社については次の章で詳しく述べる。より一般的には、組織の複雑化という問題に対応すると称する新しいアプローチに期待しすぎるのは間違いである。なんにでもよく効く組織構造を探し求めてしまうのは、結局、経験則を希望的観測でごまかしていることに他ならないと認識すべきだ。

2　集約のあり方に欠点があっても、複数の側面から集約するというやり方は重要で興味深い。集約の基準が多いほど戦略的課題も増え、ＡＢＢはその選択肢のほとんどを短い期間で実践した。特定の集約の基準に特化するなら、理想的には、実証もされていない前提条件ではなく、検討を重ねた合理的な根拠に基づいて基準を採用するべきである。

3　選択する集約の側面の数よりも重要なのは、それらをどれだけうまく管理できるかである。三つとか四つとかの側面を持つマトリックスをうまく管理している企業や、たった一つの側面に基づく集約でさえうまく管理できない会社の例を挙げるのは（特にＩＴ業界では）難しくない。うまく管理を行うには、組織の要素同士を、公式な組織を超えて適切に結びつける仕組みが非常に重要である。最近、ＡＢＢは元のマトリックス体制に戻ったが、多くの大企業の経験（例：第四章で説明した、ブーンストラＣＥＯ以前のフィリップス）から彼らが学んだのは、会社が複数の基準による集約を追求する際、同じまな板に複数の基準を載せると行き詰まりの原因になるということだ。つまり、優先順位も必要なのである。

4　集約のアプローチを選択する際、本来の姿以上に、考えの浅い類推が重要な役割を果たしてしまうことがある。ＡＢＢで最も短命に終わった集約体制を見てみよう。センタマンの営業展開／後方支援という組織構造は、ＩＴ企業の手法を真似たもののように思われる。この体制に移行した際、ＡＢＢはＩＴ企業と自社の違いを正しく理解していなかったのだろう。ＩＴ企業の多くはさまざまな業種にサービスを提供しており、この側面で拡張したり集約したりする必要がある。ほとんどのＩＴ企業は、ＡＢＢよりも容易に、機能による組織から営業展開／後方支援型の組織に移行した。なぜそんなことができたのかは次に述べる。

5

集約のアプローチを適切に選ぶには、業界の力関係や会社の沿革、業績等に関する分析が必要だ。したがって、ＡＢＢでマトリックスが問題視されたのは、需要減、価格決定の圧力、各地域における需要への対応よりも、グローバル統合の重視という業界の動向が原因であった。ＡＢＢの沿革は、営業展開／後方支援の体制に不利に働いた。合併による企業組織でスタートしたＡＢＢを、機能別に切りなおす必要があったためだ。対照的に、ドルマンが事業分野で集約した必要最低限の部門別構造は、早急なリストラの必要性を考えると明らかに理に適っていた。

6

長期的に見て、集約の基準を選ぶ際の最も有力な尺度は、クロスボーダーで事業展開を行うにあたり目標とする比較優位を拡大できるかどうかである（この点については第七章で更に議論する）。比較優位を拡大しようとするなら、公式な組織構造に集約の本質的な基準を組み込むのは必要条件だが十分条件ではない。更に、組織図上で組織をあれこれいじるのは緊急時に限るべきだ。組織を変更する際のタイムラグや中断などによるコストは非常に高くつく。ＡＢＢが何度も組織変更を行ったのと比較して、たとえばトヨタの一貫した集約や、プロクター＆ギャンブルの地域による集約は、グローバル事業部門に重点を移行するまで二〇年近くうまく機能してきた。それを教訓とするべきである。

結論

次の囲み記事「第五章のまとめ」では、本章の具体的な結論をまとめた。より一般的に言うと、集約を利用すれば国ごとの差異に対応する我々の戦略ツールキットを一段と充実させることができる。適応と同様に、集約は国ごとの類似点を価値創造の源として捉えている。即ち、集約は国ごとの差異を制約と捉えている。しかし、タタ・コンサルタンシー・サービシズの例にあるように、差異は問題点となるだけではなく、ある側面からは価値創造の源ともなる。次章ではこの点をより深く掘り下げ、グローバル戦略の幅を広げる三つのA戦略の三つ目、裁定に焦点を当てる。

第五章のまとめ

1　さまざまな観点で見て、世界は地域化された状態が続く（セミ・グローバリゼーションの表れ）。それだけでなく、少なくともいくつかの側面では、地域化の度合いは低下するよりもむしろ上昇している。

2　大企業を含む圧倒的多数の企業が、依然として売上げの大半を本拠地から得ている。複数の地域で事業を拡大している企業（例：トヨタ）でさえ、集約を行うにあたっては、まず地域ベースで行うことが多い。

3　地域戦略には一つだけでなく多くの種類がある。地域特化、地域ポートフォリオ、地域ハブ、地域の規格化、地域への職務委任、地域ネットワークなどがそれに含まれる。
4　地域や擬似地域は、ＣＡＧＥな尺度のうち、地理（Ｇ）以外の側面からも定義できる。
5　地域はクロスボーダーでの集約における基準の一つにすぎない。他には、販売経路、顧客の業種、グローバル顧客、そして多角化企業に特に重要な集約として、グローバル事業部門、製品部門などが挙げられる。
6　集約を導入する際は、グループ内における差異を小さくすることが目標になるが、そのためにグループ間の相互作用の機会を見逃すリスクがある。
7　集約に複数の基準を用いると事態は非常に複雑化する。そのため、集約戦略を機能させるには、時には優先順位を決めることが重要となる。
8　ＣＡＧＥの枠組みとＡＤＤＩＮＧ価値スコアカードは集約の基準を選択するのに非常に有効だが、手続きの重要性を理解することもまた重要である。
9　急激に集約の基準を変更すると、業績に悪影響を及ぼすことが多い。大規模で複雑な組織では、集約の基準を実装するには通常は数年を要する。

第六章

だからレゴは後発メーカーの追随を許した

ARBITRAGE
Exploiting Differences

グローバリゼーションとは、最もコスト効率がよいところで生産し、最も資金調達コストが安いところで資金を調達し、最も利益率の高いところで販売することだ。

N・R・ナラヤナ・ムルティー

インフォシス、二〇〇三年八月

隔たりに対応し、うまく国境を越えていくためのAAA戦略の三つ目のAは裁定（Arbitrage）である。裁定は差異を活用する手段であり、標準化によって得られる規模の経済よりも、むしろ絶対的な経済性を追求する。また、国境を越えた差異を、制約ではなく機会と捉えている。

本章は裁定の絶対的な重要度に着目することから始める。次にCAGEの枠組みを使って、文化的、制度的、地理的、そして経済的な裁定の基盤を紐解《ひもと》く。裁定戦略の多様性を示すべく、複雑な製薬業界の事例を挙げて制度的・経済的な裁定の基盤がともに重要であることを説明する。最後に、裁定の分析にADDING価値スコアカードをどのように使うかの議論や、裁定の機会を利用する際に発生する経営上の課題について述べる。

裁定の絶対的な重要性

当然のことだが裁定は最も古いクロスボーダー戦略である。歴史に残る貿易商の大半は、コストや入手可能性が場所によって極端に異なる贅沢品を取引することから始めた。香辛料がヨーロッパでは（当初）インド国内の数百倍の価格で売れたからこそ、ヨーロッパとインドの間で香辛料の貿易が始まったのだ。北アメリカには豊富にあって入手が容易な毛皮や魚は大西洋貿易をもたらし、ついでにアメリカ大陸の植民地化につながった。同じように、地理的な差異が一八世紀後半にはグローバルな捕鯨船団を駆り立て（鯨工船はオフショア製造業の元祖と言えるかもしれない）、一九世紀初めには垂直統合された農業・鉱業の会社を生み出した。

一九世紀終盤にイギリスの海外直接投資の大半を占めていた独立系の企業は、海外での投資機会をイギリス法の下で追求することによって制度的な構造（と権力）の差異の裁定を試みた。更に一九世紀には、軽工業品（衣料）の輸出が重要性を増した。これも裁定によるものだが、地理的・制度的な裁定というよりもむしろ経済的な裁定であった。

このように長い歴史があるにもかかわらず、現代のグローバリゼーションや戦略の議論において裁定は軽視されることが少なくない。ウォルマートの事例を見てみよう。同社の国際化に関して繰り広げられる議論の大半は、同社の海外店舗ネットワークに関するものだ。ウォルマートは二〇〇六年には海外で二二〇〇箇所の店舗を展開し、海外店舗全体で六三〇億ドルの売上高（会社全体の五分の一）、三三億ドルの営業利益（会社全体の六分の一）をあげている。

一方、よく見すごされているのは、ウォルマートが世界各地からの仕入れ、特に中国からの調達に力を入れている点で、二〇〇四年にウォルマートは中国から直接に一八〇億ドル相当の商品を仕入れていた。これは納入業者を通じて間接的に仕入れた中国製品を含まない数字である。一八〇億ドルという数字がウォルマートの費用をどれほど削減するかを試算すると三〇億ドルになる。これは海外店舗から得られる営業利益に相当する金額で、これをもっと小額の投資で得られるのだ。[注1] また、私が二〇〇四年に行ったウォルマート店舗のサンプル調査の結果によれば、ウォルマートの仕入れ全体のうち、直接・間接を含む中国製の商品はこの公式数字の二倍から三倍に上ると見られ、中国からの仕入れによる経費削減は海外店舗の営業利益よりもかなり大きいということを示唆している！　この側面から見ると、中国の品を安く買ってアメリカで転売して利益をあげるほうが、海外店舗ネットワークよりもウォルマートにとってずっと重要なクロスボーダー戦略であると言える。

二番目の事例として、もっと早く裁定戦略に気づくべきだったレゴを取り上げる。レゴはデンマークを拠点とする子供向け組み立てブロック玩具やそれに関連する玩具のメーカーである。同社は一九九〇年代後半に業績不振に陥った。原因は過剰な多角化に加え、中核事業における厳しい競争であった。特に、カナダを本拠地とするメガブランズは中国製で低価格の組み立てブロック玩具（メガブロック）を売り出した。しかしレゴはデンマークとスイスで自前の射出成形を続け、その結果同社製品はメガブランズ製より七五％も高くなり、おかげで業績は悪化した（**図6－1**）。[注2]その後、中核事業に焦点を絞り、生産拠点を海外に移している受託製造サービス会社、フレクストロニクスに製造の大半をアウトソースしたことで、レゴの業績は回復した。しかし皮肉なことに、レゴは自らが生み出し、一般的にレゴブロックと呼ばれるまでになっている組み立てブロック玩具の分野で地位を確立したメガブランズとの厳しい競争にさらされている。

こうした事例は、企業が海外に事業を拡大する際、裁定機会とそれ以外とでは、注目度が大きく違うことを示している。評論家だけならまだしも、時には経営者までが裁定機会を軽視しがちなのだ。裁定がさほど注目を集めない原因は複数あるが、それを解消するには、まず原因自体を特定してやる必要がある。

まず、伝統的な裁定に伴う行動（狩猟、漁業、農業、採掘、機織など）は、なんというか、後進的だという一般的な感覚がある。華々しく国境を越えてがっぽり稼ごうっていうのに、実際やることといったら相変わらず狩りだの収穫だのみたいなことだなんてがっかりだ。読者の

図6-1

メガブランズ対レゴ

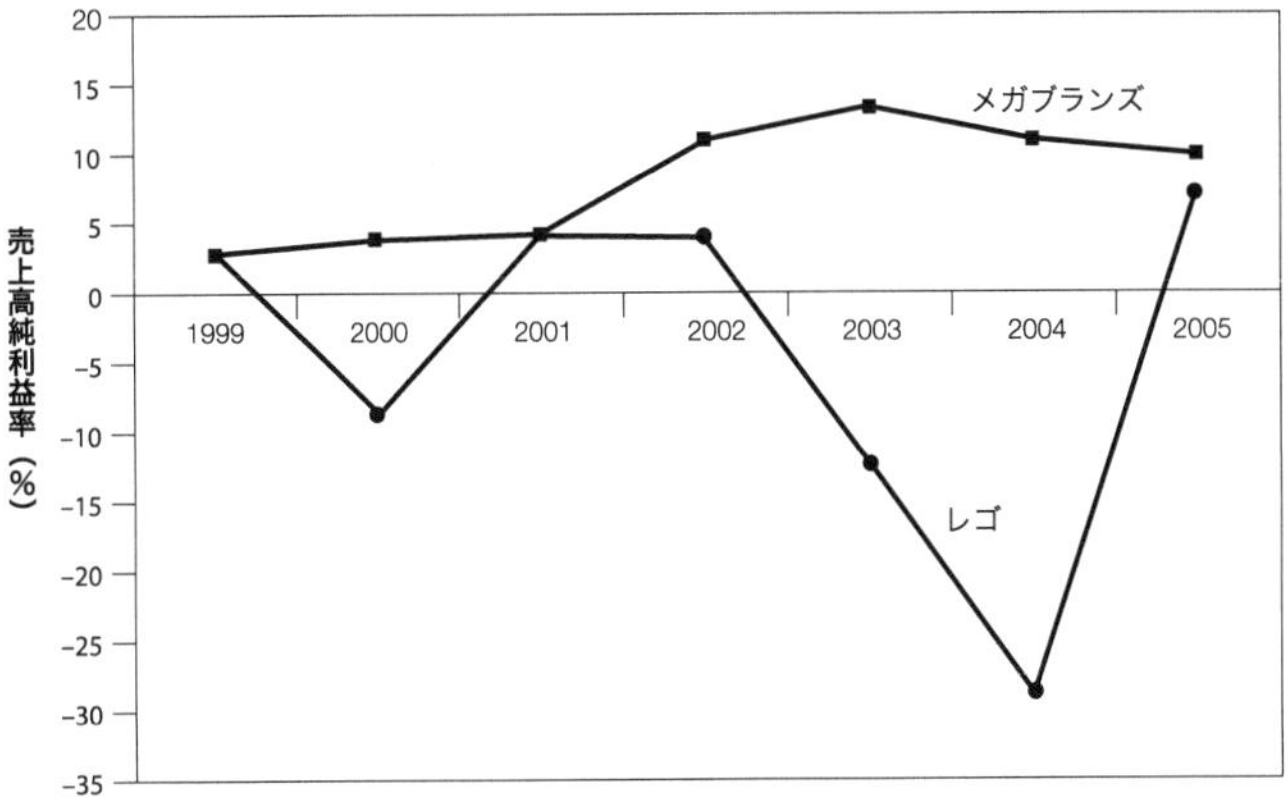

あなたもそう思うなら、考え直したほうがいい。隔たりが依然として重要な役割を果たすこの世界で、中国から一年間に一〇〇億ドル相当の商品を購入し、経費をそぎ落としたアメリカの販売部隊にその商品を供給することに、どれだけ大きな意味があるか、よく考えてみてほしい。そんな課題に立ち向かい、機会を手にするため、ウォルマートは中国の深圳にグローバル調達センターを設立し、すでに高度に洗練されていた能力をいっそう高めた。

次に、資本、労働などの基礎的な要素による裁定が競争優位に与える機会は限定的だという通念がある。[注3] 実際、こういった要素はマウスをクリックするだけでグローバルにアウトソースできるわけで、なんというか、すがるにはあまりに儚《はかな》い藁じゃあないか？　私の反論は、本書の序盤、特に第一章で述べたセミ・グローバリゼーションという現実を見よ、それから、労働や資本といった一見特別でない要素も、場所という面では（他の点では全くそうでないとしても）非常に特別なのを思い出すべし、だ。ウォルマートを含む多くの会社が中国から調達を行っている。そのおかげで中国の労働コストは上昇してはいるものの、依然としてアメリカの水準には及んでいないし、今後数十年は及ばないであろう。この点については、本章の最後の部分で具体的に触れる。

三番目の思い込みは二番目と関係するが、裁定による収益拡大は極めて限定的だという通念である。しかし、前述のウォルマートに関する試算や後に詳しく説明するインドのソフトウェア・サービスの事例を見れば実情は明らかである。今のところ、インド最大手のタタ・コンサルタンシー・サービシズは過去五年間で売上高成長率を三〇％超のペースで達成しつつ、投下資本利益率は平均一〇〇％超を達成している。タタ・コンサルタンシー・サービシズは地域レベルで集約戦略をとり始めているが、同社の中核戦略はそもそも労働の裁定なのである。

四番目は、会社が裁定機会を認識しながらそれをおおっぴらに言わないのはなぜかという問題にかかわる。裁定、特に労働の裁定は、我々を取り巻く環境で四六時中行われているのに、政治的には危ういところがある。業界で他社の追随を許さないサプライチェーンと情報システムを持っているウォルマートが、中国からの商品が販売する製品全体に占める割合を把握していないと主張しているのはそのためなのであり、陰謀論に取り憑かれた人でなくても背後の事情はよくわかるだろう。この問題への対応についても、本章の後半で詳しく述べる。

最後に、ウォルマートの事例でも見られるように、裁定の議論の多くは新興市場の労働集約的な製品（またはサービス）を先進国で販売することに集中している。これは非常に重要な裁定の一形態であるが、決して全てではない。裁定を正当に評価しようとするなら、裁定に対する視野を広げる必要がある。

裁定機会に対する発想を広げる方法として、次に標準形とは異なる事例をいくつか挙げよう。事例の大半は最近報道されたものである。張因女史は一代で富を築いた世界で最も裕福な女性の一人であり、三〇億ドル超の資産の持ち主である。彼女はアメリカから古紙を輸入してリサイクルするところから事業を始めた。[注4] タイのブムルーングラッド病院は医療ツーリズムの先駆者で、五つ星の設備で海外からの患者を年間五〇万人以上も治療している。[注5] 東ヨーロッパ各国も、チェコは美容整形、ラトヴィアは膝の手術、ハンガリーは歯科治療、スロベニアは不妊治療といった具合に、特殊な分野で外国からの患者を集めている。[注6] ポルトガルの投資家は北ヨーロッパの富裕層をターゲットとした巨大な老人ホーム施設を計画している。[注7] 世界中からの富裕な個人でスイス国籍を取得する人が毎年三五〇〇人ほどいる。スイスの税制では海外の資産や収入を考慮せず、住居費に基づいて税額が決まる。彼らお金持ちはその税制の恩恵を受けられるのである。[注8] ランチリは、チリの生鮮輸出品（サケ、果物、花など）を利用して航空業界の平均を上回る業績をあげた。アメリカの大手航空会社の貨物売上高が総売上高の五％以下であるのに対し、ランチリは貨物が同社の総売上高の四〇％を占める。[注9] アフリカの中でもガーナ、ケニア、南アフリカなどにある優秀な全寮制学校には、アフリカの他国から学生が集まってくる。[注10] モルドバやニカラグアといった小国では、海外移住者からの送金が国民総生産の二〇％以上を占める。[注11] また、台数ベースで輸入中古車市場が新車市場よりも大きい国は、ブルガリア、ジャマイカ、ニュージーランド、ナイジェリアなど、多数存在する。[注12]

ＣＡＧＥと裁定

一般的に裁定と言えば、新興国で安く作った商品が先進国で消費されるものだという思い込みが根付いているが、ここまで挙げた事例の多くはそれとは違うし、そんな思い込みとは異なる特徴を持っている。そもそもここで挙げたのは、だいたいはサービス業の企業が国境を越える事例だ。そういう事例はどんどん増えている。しかしこれらはさまざまな特徴を持っている。ＣＡＧＥの枠組みを通して、裁定をもっと包括的に観察してみよう。国同士の差異のそれぞれに独自の裁定の可能性があるからだ。[注13]

文化的な裁定

国あるいは場所の持つプラスの効果は、長い間文化的な裁定の礎となってきた。たとえば、フランス文化、より具体的にはフランスの海外でのイメージは、オートクチュール、香水、ワイン、食品の海外での成功の基盤となっている。

しかし、文化的な裁定はもっと新しい庶民的な製品やサービスにも適用される。たとえば、世界で圧倒的な地位を確立しているアメリカのファーストフード・チェーンを見てみよう。アメリカのファーストフード・チェーンは一九九〇年代終盤には世界のファーストフード大手三〇社のうち二七社を占め、世界のファーストフード売上高の六〇％超を占めていた。[注14]これらの会社は、食事とともにアメリカらしさ（少なくとも世界各地の人々が思い描くアメリカ）の片鱗を見せることで、アメリカのポップカルチャーを世界に提供したのである。もっと極端な例は、「日本のステーキハウス」、ベニハナ・オブ・トウキョウである。最初に店を開いたのは東京だが、会社のウェブサイトでは第一号店をニューヨークのブロードウェイに開店したと記載している。ベニハナは同社が「食の娯楽《イータテインメント》」と呼び、巷では似非《えせ》日本食と称されるパフォーマンス付き鉄板焼を出しているが、世界中に一〇〇以上ある店舗のうち日本は一箇所だけで（同社ウェブサイトで見ると「紅花」の名が付く店舗は三箇所）、ほとんどはアメリカにある。

「原産国」効果は先進国に限られたものではない。貧しい国も文化的な裁定の重要な規格になりうる。たとえばハイチのコンパ・ミュージック、ジャマイカのレゲエ、コンゴのダンス・ミュージックなどは、それぞれの地域のイメージが持つ効果を生かしている。

世界の標準化が一段と進み、いずれ文化的な裁定の余地は少なくなるという意見をときどき耳にする。しかしこれは全ての国や商品について当てはまるわけではない。その証拠に、昨今では地域ブランドのコンサルタント会社が登場して成果をあげている。具体的には、ブラジルの持つサッカー、カーニバル、ビーチ、セックスといったイメージは全て若者にアピールするものだが、最近になって多くの企業がこの文化的な裁定の可能性に気づき始めた。生産量で世界最大のビール醸造会社、ベルギーのインベブは、ブラジルのブラーマをグローバルなブランドにしようとしている。もっとも、輸出向けにブラジル国内向けとは味を変え、オシャレな瓶を使い、高級ビールという位置づけにしている。インベブのグローバル部門ヴァイス・プレジデントのデヴィン・ケリーによれば、ブラーマがどんな味か試す前から、これはブラジルのエッセンスを捉えた製品だと感じたという。「ブラーマの持つ情緒的なイメージ、ブラジルというすばらしい国の魂が、最も重要な要素なのです[注15]」

実は、文化的な裁定の新しい機会は常に存在する。したがって、ヨーロッパ連合の「パルマハム」や「コニャック・ブランデー」といった食品の地理的な判定ルールを厳格化しようという動きは、特定の原産地に自然と優位を与えるであろう。更に、昨今フィンランドが情報技術で優れているという評判を確立した事実が語るように、以前は定評を得るには何十年、何百年とかかっていたが、今では商品カテゴリーによってはずっと短期間で確立できる。一方、CAGEな差異のうち、文化以外の差異の縮小（たとえば関税や輸送コスト）も、文化的な裁定の存続性を高めることになる。たとえば海外移住者に対して祖国をアピールする製品やサービスを提供するのは以前よりずっと容易になった。

制度的な裁定

国ごとの法的、制度的、政治的な差異は、文化的な差異とは別の側面で戦略的な裁定の機会を提供する。最も明らかな例は税制の差異であろう。一例を挙げれば、ルパート・マードックのニューズ・コーポレーションが主として事業を行っている三カ国、イギリス、アメリカ、オーストラリアの法定税率が三〇％から三六％なのに対し、同社が一九九〇年代を通して支払った法人税は平均で一〇％に満たない。対照的に、競争相手のディズニーは概ね法定税率に近い率で支払っている。

ニューズ・コーポレーションの業績不振を考えると、このような節税は同社のアメリカ進出に不可欠だった。一九九〇年代後半の純利益率は常に一〇％未満で、資産対売上高比は三対一に膨れ上がっていた。しかしアメリカで買収した組織をケイマン籍の持ち株会社の傘下に置くことで、同社は買収のために調達した資金の利払いをイギリスの新聞事業から得た利益と相殺することができた。同社は約一〇〇社もの子会社を、法人税率がゼロかあるいは非常に低く、かつ法定の財務内容の開示義務が緩やかなタックス・ヘイブンに設立した。同社の情報資産が形を持たないことがこの点で役立った。ある会計の専門家によると、「何かの権利を記した紙切れなんてどこに置いといてもいいわけで、それがケイマンでもぜんぜんかまわない」[注16]。

国外に進出する会社の大半は国ごとの税率の差異やその他の制度的な裁定の基盤に着目している。価値に大きな影響を及ぼすためだ。制度的に微妙な要素があると、それが有利に働くこともあるが、同時にそうした要素は大幅に縮小されたり撤廃されたりする可能性がある。だからこそ、制度を利用した裁定の可能性を検討する際、企業は用心深くなる傾向がある。だからこそ、ラウンド・トリッピングと呼ばれる現象が発生した。即ち、中国大陸のビジネス界には、有利な法的保護、税金、または優遇措置を求めて投資資金をいったん海外の主体に流し、それから再び（多くは香港経由で）中国に投資している人がたくさんいる。実際、公式な統計上で中国に流入している海外直接投資の三分の一以上は、もともと中国の資金だと推定されているのだ！　また、人口一二〇万人の小さな島国モーリシャスが、毎年のように人口一〇億人のインドへの海外直接投資国で第一位を占めている理由は、租税条約と、多少の文化的つながり（モーリシャス人の三分の一はインド系である）である。もっと広く言えば、飛び地、タックス・ヘイブン、自由貿易圏、加工輸出国、国境を接する街、またはこれらに類する場所は、制度的な裁定によく使われる傾向がある。中には大きな成功を収めている地区もある。二〇〇六年時点で最も裕福な国はバミューダである。一人当たりの国内総生産は七万ドルに迫り、アメリカより六〇％も大きかった。

制度的な裁定という名目の下に行われる活動の多くは、経済活動を行う場所の移転がそうであるように、たとえきな臭くとも、合法または少なくとも準合法である。これは、普通の製造業から、緩い環境規制を利用する廃棄物処理場に至るまで、みんなそうだ。しかし、国境を越えて行われる犯罪（麻薬の製造や密輸、人身売買、違法な武器取引、密輸、模造品製造、マネーロンダリング等）にも、裁定、特に制度的な裁定の要素がかかわっている傾向がある。[注17] 裁定機会の規模は非常に大きいことを考えると、犯罪全体のうち国際間で行われるものが（その数字を正確につきとめることは不可能だが）一〇％を超えるという憶測もうなずける。

本書で説明している企業は、法令を犯すのではなく、法令の範囲内にとどまるか、またはその抜け道を見つけて行動している。しかし政治的な力に頼って不利な法令を変更しようとすることはできるし、実際そうしている企業もある。二〇〇六年後半にイギリス産業連盟は、イギリスの税負担は企業の流出を招くと警告した。これは明らかに節税と法令順守に伴う負荷の軽減を求めるものであった。[注18] 少し異なる事例としては、企業が力のある自国政府を利用して外国政府に優遇措置を求めるケースがある。たとえば、エンロンはアメリカ国務省に、もしモザンビーク（世界最貧国のうちの一カ国）がガス事業をエンロン率いる企業連合ではなく南アフリカの競争相手に与えるなら、アメリカはモザンビークに対する開発援助を中止すると脅しをかけさせた。

うさんくさい？　確かに。エンロンが絡んでいるからなおさらだ。しかしこのような事例で我々が再認識するのは、会社が制度の形成に一役買っている（会社はただ規則を守るだけでなく規則を作ることもできる）こと、そして企業のみならず政府の力の差も重要な意味を持つことである。

地理的な裁定

いわゆる「距離の死」があれこれ論じられていることを考えると、地理的な裁定を真剣に考える戦略の第一人者が稀だというのは驚くことではない。確かに、輸送・通信にかかる費用は過去数十年で大幅に低下した。しかしコスト縮小がそのまま地理的な裁定戦略が使える範囲の縮小につながるとは限らない。

航空輸送を考えてみよう。一九三〇年と比較すると、コストは実質で九〇％超も低下している。同じ期間における他の既存輸送手段に比べてはるかに大きな低下だ。実際、地理的な裁定の新しい機会が生まれたのは航空輸送のおかげである。たとえば、オランダのアルスメールにある国際生花市場では、日々二〇〇〇万本の花、二〇〇万株の植物が競売にかけられており、欧米の顧客が、たとえばコロンビアから同日に空輸された花を買っているのである。これは特殊な事例だが、二〇〇三年から二〇〇六年に運送会社（運送会社はみな地理的な裁定を行っているとも考えられる）が経験した貿易ブームは、地理的な隔たりが今も存在することを再認識させた。もしそうでなければ、運送会社の先行きは暗い。ランチリが航空貨物に力を入れていることは既に述べた。重要なのは、このブームが純国内の運送業者にも広がった点で、たとえばアメリカの鉄道会社が中国製品を西海岸の港から国内の他地域に運ぶなど、地理的な隔たりは国と国との間のみならず、国内でも引き続き重要な意味を持っている。[注19]

通信コストは輸送コストよりも更に一段と低下したが、これも地理ベースの裁定の機会を排除するには至っていない。イギリスを本拠地とする電話会社、ケーブル＆ワイヤレスの二〇〇五年から二〇〇六年の業績を見ると、海外事業が占める割合は売上高で三七％なのに対し、利益では七四％である。[注20]海外の収益性が高いのは、世界中の比較的小規模な三三の市場で事業を行うことで、残存する隔たりを利用しているためだ。これらの地域の多くは島で、島外とのコミュニケーション手段が依然ケーブル＆ワイヤレスに独占されているのである。

実際、国際電話通信の発展は、地理的な隔たりの影響が弱まる中でさえ、残存する制度的な隔たりを利用した裁定の影響を強く受けてきた。基本的に、価格を下支えする規制や制度は常に技術の進歩に遅れをとってきた。電話業界が独占市場であった時代には、アメリカから国外へかける場合の電話料金が安いことを利用できた。具体的には、アメリカ国外に住んでいる顧客がアメリカのコンピュータに電話し、そのコンピュータが顧客と第三国の通話先に電話して両者を接続した。更に現在、スカイプのようなサービスは、距離感応度が高く、価格が管理されている長距離電話と、距離が価格に影響しないインターネット・プロトコル（ＩＰ）電話との違いを裁定している。

地理的な裁定を行う業種の中で、この数十年で地位を失ったのは、昔ながらの大手商社だ。彼らは元来、国際間におけるさまざまな商品の大きな価格差を利用して、商品をＡ国からＢ国に輸送することを事業としてきた。輸送費の低下と接続性の向上により、製造業者と小売業者は自分で簡単にその機会を利用できるようになったのである。

しかしながら、生き残る道を見つけた抜け目ない商社もある。香港を拠点とする利豊は、自ら取引するのではなく、売上げの大半を、より洗練された地理的（そして経済的）な裁定によってあげている。同社は四〇カ国に設立した拠点を駆使し、顧客向けの多国間サプライチェーン（サプライネットと呼ぶほうがふさわしいかもしれない）を設立し、管理している。たとえば、ダウンジャケットの中身は中国、外側の布地は韓国、ファスナーは日本、内側のライニングは台湾、そしてゴム、ラベル、その他の飾りは香港から仕入れる。染色は南アジア、縫製は中国、品質管理と包装は香港で行う。製品はアメリカに出荷され、リミテッドやアバクロンビー&フィッチといった小売業者に納入され、これらの小売業者に対して信用リスクの管理や市場調査、デザイン・サービスまで提供することもある。[注21]

こうした活動は何を意味しているのだろう？　バリューチェーンを地理的な位置でもっと細かく輪切りにする（または最近エコノミストが「業務の国際貿易[注22]」と名づけた業務に携わる）ことによって、裁定の可能性を広げているのだ。つまり、輸送・通信費の低下がもたらしたのは地理的な裁定そのものではなく主に経済的な裁定の拡大であり、実際に経済的な裁定の範囲は大いに拡大した。次はこの点について述べる。

経済的な裁定

ある意味で、価値を生み出す裁定戦略は全て「経済的」である。しかしここでは経済的という言葉を、「文化的、制度的、地理的な差異から直接得られるのではない経済的な裁定の追求」という意味で用いる。関連する要素には、労働・資本コストや業界特有のインプット（たとえば知識）のばらつきに基づく差異、補完製品の有無が含まれる。

経済的な裁定で最も知られているのは安価な労働力の追求だ。これは労働集約的であり、かつ資本集約的でない製造業（例：衣料品）でよく見られる。ここで強調すべきは、ハイテク企業でもこの戦略を同じように有効に使うことができる点だ。

ブラジル企業、エンブラエルの事例を見てみよう。同社は短距離用ジェット機の世界二大メーカーの一つである。エンブラエルの成功の裏には優れた経営や技術もあるが、労働力の裁定も大きな役割を果たした。具体例を挙げると、エンブラエルの従業員一人当たりのコストは二〇〇二年には二万六〇〇〇ドルで、一方、短距離用ジェット機業界のライバル企業、ボンバルディア（本社：モントリオール）は六万三〇〇〇ドルであった。エンブラエルがボンバルディアと同じコストを従業員にかけていたら、同社の売上高営業利益率は二一％から七％に低下し、最終利益は赤字になっていたかもしれない。驚くことではないが、エンブラエルは製造工程の中で最も労働集約的な最後の組み立て工程の部分に業務を集中させ、他の業務はもっと労働コストの高い豊かな国の提携納入業者にアウトソースしている。注23また、中国国有の航空機製造企業、中国航空工業第一集団が海外の納入業者のネットワークを利用して大型短距離ジェット機の開発に取り組んでおり、一〇％から二〇％価格を引き下げる見通しであることから、労働の裁定はボンバルディアとエンブラエルにとっては大きな課題になっている。注24

一見、労働コストの差異よりも資本コストの差異を利用したほうがコストを絞りやすいように見えるが、資本コストの差異は結局パーセント単位の数字一つにすぎない。一方、労働コストの差異は一〇倍とか二〇倍とかといった数字になって表れる。ただ、ほとんどの企業は（少なくともアメリカでは）資本コストと数％しか違わない範囲の利益率しかあげていないから、資本コストの差異は、特に資本集約的な業種では、間違いなく影響する。セメックスの事例は資金調達における裁定の例である（第三章を参照）。

我々は通常、事業活動と資金調達という二つの活動での経済的な裁定に着目するが、他の機能を果たす活動でも裁定は行える。スタレント・ネットワークスの例を見てみよう。同社は無線ネットワークを全てＩＰ（インターネット・プロトコル）電話に変換することを目標に掲げて二〇〇〇年にマサチューセッツ州トゥークスベリで設立された会社である。設立後まもなく同社は、創設者のアッシュ・ダハドが通信業界の崩壊後の「核の冬」と表現した難局に出くわした。[注25] 同社は、製品開発の機能をインドに移転して生き残り、発展した。スタレントは珍しい事例ではない。コールセンターやヘルプデスクの海外移転は大きな話題となっているが、アメリカでは、コールセンターやヘルプデスクよりも製品開発機能を海外に移した会社のほうが多い。[注26]

＊　＊　＊

ここまでの議論で、CAGEの枠組みで示された差異の四つの側面それぞれが裁定の基盤となりうることを示した。裁定の基盤よりも更に多いのが裁定戦略の種類である。裁定の考えを更に拡張すべく、裁定戦略の多様性を示す詳しい事例を次に挙げる。

裁定の多様性：インド製薬業界の事例

製薬業界というとまず思い浮かぶのは、欧米に本社を置くビッグ・ファーマとよばれる十数社の巨大多国籍企業であろう。この十数社で世界の製薬市場の売上高の半分を占めている。[注27] ビッグ・ファーマのこれまでの収益は、特許権で保護された医薬品の開発・販売によるもので、特に年間売上高一〇億ドル以上の「大型新薬」に依存してきた。

しかし最近は、ビッグ・ファーマはたいへんな苦境にある。アクセンチュアの計算によると、製薬業全体の時価総額（そのほとんどをビッグ・ファーマが占めている）は二〇〇〇年の二兆ドルから二〇〇五年の一・五兆ドルへと縮小した。[注28] ビッグ・ファーマの問題はさまざまで、研究開発部門の生産性の低下や全体的な膨張などが挙げられる。私のハーバードでの元同僚である（今は引退した）マイク・シェーラーが言うには、「（高い）価格が高いコストを呼んでいる」[注29]。しかし、ここで強調したいのは後発医薬品の脅威である。これまでも、後発医薬品は特許切れになった医薬品にとって脅威であった。数ある構造的変化の中でも、医薬品のコストが高騰し、買い手の統合が進んだことで、後発医薬品のブランド医薬品に対する影響は強くなっている。メドコ・ヘルス・ソリューションズによれば、二〇〇五年に特許切れとなった三種類の主要医薬品は、一カ月のうちに八七％が後発医薬品に乗り換えられた[注30]。

後発医薬品はブランド医薬品と同じ品質基準を満たす必要があるが、最初の後発薬の独占販売期間（アメリカの場合六カ月）が経過すると、通常はブランド医薬品より二〇％から八〇％も低い価格で販売される。後発医薬品は売上高ベースで医薬品市場全体の一〇％から一五％を占める。販売数量ではもっと比率は高い[注31]。更に、今後五年のうちに主要な医薬品が特許切れになるため、アメリカだけをとっても、現在の後発医薬品市場は三〇％拡大すると見られている[注32]。

世界には後発医薬品メーカーがたくさんあり、主要なものだけで一五〇社はある。その最大手、イスラエルのテバは二〇〇五年に五三億ドルの売上高を記録した。テバの成功は制度的な裁定に基づいたものだ。テバを経営して二六年になるエリ・ハルヴィッツは、同社が生き残ったのは、イスラエルとビジネスを行う会社をアラブ諸国がボイコットしたおかげだという[注33]。ボイコットへの対抗策として、イスラエル政府は、特許を持つ企業がイスラエル国内で販売を行っていない医薬品に限り、自国の企業がコピー製品を製造するのを認めた。こうしてテバは、この分野で地位を確立した。

同じような制度上の抜け道により、最近ではインドで後発医薬品メーカーの成長が著しい。

インドの製薬業界では、製品ではなく製法に特許が与えられるため、輸入医薬品のリバース・エンジニアリングによるコピー製品の製造が有利だった。二〇〇五年以降、インドは世界貿易機構への加盟に向けて、特許法を世界標準に近い方向に改正してきた。しかしこの歴史的な経緯や、安価な労働力、買い手の支払意志額、容赦ない国内の競争などにより、インドの大手製薬会社は低コストで製造を行う能力を高め、後発医薬品市場で重要なポジションを確立したのである。後発医薬品の製造販売を行う企業がアメリカ食品医薬局に提出する、医薬品の略式申請の二五％がインド企業によるものであることがそれを端的に示している。インド企業数千社のうち上位一〇社だけを見ても戦略は多種多様であり、高い浸透度を支えているのはそうした企業の活動なのである。

一部のインド企業は、ある地域ではまだ特許権が生きているため販売できないが、規制されていない他の地域では販売できるような、特許切れ間近の医薬品のコピー製品に特化してきた。先に述べたアプローチは、これまでも後発医薬品メーカーがとってきた道である。二番目のアプローチについてはインド第二位の医薬品会社シプラの例を使って説明する。シプラは二〇〇〇年に抗ＨＩＶレトロウィルスの後発薬を発表し、患者当たりの年間治療費を一万一〇〇〇ドルから四〇〇ドルに引き下げた。シプラの製品はアフリカで使われるＨＩＶやエイズの治療薬の三分の一を占めると言われている。（二〇〇七年一月にタイが行ったように）他国の政府が世界貿易機構の定めに基づいて国家非常事態宣言を出し、特許者の許可を得ずに医薬品の製造や販売を認可した場合、同社は一段と市場シェアを拡大できる位置につけている。[注34]

（通常は医薬品をインドで製造販売することを視野に入れて）欧米企業の製品の導入を行い、あるいは医薬原体・中間体を製造し、欧米企業がそれをインド国外で販売するといった形で、欧米企業との協調を始めたインド企業もある。この両方のアプローチを採用した一例がインドで第八位の製薬会社、ニコラス・ピラマルである。同社がこういった提携に特化できたのは、後発医薬品の輸出事業に参入せず、それに伴うビッグ・ファーマとの摩擦も避けられたからだ。同社は複数の欧米医薬品メーカーから医薬品を導入し、欧米医薬品メーカー向けに受託生産を行い、また研究開発で提携するなどの事業展開を見せている（次の議論を参照）。

また、最大手ランバクシーのように、イノベーションや、もっと広い意味での開発に特化し始めたインド医薬品メーカーもある。[注35] 他の大半のインド企業と同様、ランバクシーは海外での売上げ（今は全体の八〇%を占める）を後発医薬品であげてきたが、最近数年はさまざまな面で新しい分野に挑んでいる。アメリカでは法令上六カ月間は独占販売ができるため、ランバクシーは特許切れになる医薬品の最初の後発薬メーカーになることに特に積極的であった。このアプローチは訴訟に発展し、時には敗北に終わることもあったし（例：世界の医薬品売上高ランキング一位の高コレステロール血症治療薬リピトールを巡るファイザーとの特許訴訟）、勝利を収めることもあった（例：高コレステロール血症治療薬シンバスタチン）。別の側面でのイノベーションの第一歩は、特許切れの医薬品を改良し（たとえば、革新的な薬物伝達システムを通じて）、スーパー後発薬ブランドを開発したことであった。こうして一九九九年にランバクシーは抗生物質シプロフロキサシンの「一日一回フォーミュラ」の世界におけるライセンスをバイエルに付与した。最近では特許つきの吸入具や経皮吸収型パッチ剤にも力を入れている。アメリカでスーパー後発薬が三年間の独占販売権を得るには非常に複雑な手続きが必要だが、成功すれば大きな恩恵を受けられる。

ランバクシーをはじめとするインドの大手製薬会社は、更に革新的なアプローチをとった。

全く新しい医薬品の開発に投資したのである。インドの製薬業界全体で、比較的開発が進んだ「新規化合物」は四〇種類近くあると推定されている。しかし、新薬の発見・開発コスト（失敗分も含む）は欧米では一〇億ドル超と言われており、これはランバクシーを除く全てのインド製薬会社の年間売上高を上回る。そんなわけで、新薬の開発を試みているインド企業の大半は、臨床試験や発売に付随するコストやリスクの負担を抑制するため、有望な医薬品候補を導出すると公言している。たとえば業界第三位のドクター・レッディーがそうだ。

導出という手法は、製薬業界以外でもバリューチェーンに着目する類似の戦略が可能だと示唆している。具体的には次のとおり。

・**受託研究開発**　受託製造だけでなく、多くのインド企業は欧米メーカーの研究開発を受託している。このようなアプローチは業界最大の差異に着目したものだ。インドの化学者の時間当たり収入は五ドルなのに対し、アメリカの科学者は五〇ドルとファイザーは推定している。二〇〇七年初めにニコラス・ピラマルとイーライ・リリーが契約を結んだ。イーライ・リリーは新薬のうち数種類をグローバルに展開し、一方ニコラス・ピラマルは前臨床試験と初期臨床試験の実施を担当することとした。

・**臨床試験**　新薬は、実験の最終段階であり、最もコストがかかる臨床試験を、慎重に選んだ患者のサンプルに対して実施しなくてはならない。このような試験も、製薬業界で裁定を行う企業の関心を大いに集めた。今では、臨床試験全体の四〇％以上が貧しい国で実施されている。[注36] インドが特に注目されている理由は、患者数が多いこと、その大半が医薬品をあまり消費していないこと、英語を話す医者が多いことなどが挙げられる。[注37]

・ＩＴを使うサービス　インドはＩＴを使うサービスの行き先として成功しており、二〇〇五年のオフショア化のほぼ半分を占めている。[注38] 製薬業界は、データ入力、データベース管理、臨床研究の設計、顧客支援サービス、データ分析といった、医薬品の開発プロセスにおけるデータ管理や情報科学分野の支援にかかるコストが著しく増加するのを抑えようと、インドに関心を寄せている。

この業界を完全に特徴付けるのは難しい。成長の源（内部か買収か――最近はインド企業の多くは後者を採用している）、特化する分野、地理的絞り込みなどで戦略を分類することもできるし、アーユルヴェーダ、シッダ、ユナニーといったインドの伝統医学と、その生物学的な多様性を鑑みて、文化的または地理的な裁定の基盤を分析することもできる。しかし、とりうる裁定戦略の多様性は既に明らかだろう。

ビッグ・ファーマの対抗策もさまざまである。世界第五位の製薬会社ノバルティスを例に取る。ノバルティスは二〇〇五年に八三億ドルを投じてドイツのヘクサルを買収し、後発薬で世界二大メーカーの一社としての地位を確立した。更に後発薬とブランド医薬品を合わせてヘルスケア業界に「ワンストップ・ショッピング」を提供しようと試みた。[注39] ノバルティスはインド市場にも参入しており、外国企業としては五番手であった。同社は臨床試験やソフトウェア開発も行い、更に二〇〇六年初めにはムンバイ近郊に市販薬のグローバル研究開発センターを開設した。しかし、ノバルティスにとって最大の供給源であったのは中国で、ビッグ・ファーマの多くはインドより中国のほうが有望だと考えていた。二〇〇六年後半に、ノバルティスは一億ドルを投じて上海に研究開発センターを設立した。当初はウィルスによる癌（中国の癌の事例に占める割合が非常に高い）に特化していた。ノバルティスは法制面でも積極的に活動している。二〇〇七年一月、ノバルティスは同社の白血病治療薬グリベックを改良した新薬に特許が認められなかったことを不服としてインドの裁判所に提訴した。これに対しては、国境なき医師団の幹部が「ノバルティスは途上国の薬局を閉鎖に追い込もうとしている」と発言するまでに至った。[注40]明らかに、裁定は準大手だけでなくビッグ・ファーマにもたくさんの選択肢を提供する。

裁定の分析

裁定戦略は多様なので、分析手法も一通りではない。しかしここでも、ＡＤＤＩＮＧ価値スコアカードを使って分析手法を構築し、具体的な注意事項を学ぶことはできる。重要なのは、裁定はＡＤＤＩＮＧ価値スコアカードの要素のうち、Ｄ（コスト削減）のみならず、全ての要素に影響を与えうることである。

Ａ　販売数量／伸び率の向上

裁定は販売数量にさまざまな形で影響を及ぼすことができる。時として裁定の機会が全く新しいビジネスを開拓することもある。その一例が北半球における生花ビジネスである。販売数量の向上は、時として、裁定がなければビジネスをあきらめなくてはならないような状況で起きる。これはハイテク業界の経営者にとって悩みの種で、先進国の多くでは技術を持った人材を見つけるのが難しいと彼らは嘆いている。

販売数量の向上をもたらす要素の中で幾分異質なのは市場へのアクセスの確保である。ノバルティスが上海に研究所を設立したのが一例だ。コスト面での裁定も判断材料の一つだったが、アナリストは他の理由を挙げる。同社は、市民のためにどの薬を買うかを決める政府関係者との関係向上も目的としているのだと言う。[注41] そういった行動を評価するには、コスト面だけに着目するのではなく、将来の販売数量に与えうる影響も考慮することが重要である。さもなくば、合理的な行動を却下してしまうこともありうる。

こうしたメカニズムを合わせて考えると、オフショア化を行う理由にコスト削減に次いで成長が二番目に挙げられているという最近の調査結果も理解できる。[注42] 販売数量を向上させる裁定を真剣に考えるなら、オフショア化が重要な選択肢であることは改めて強調するまでもないだろう。

もちろん、裁定で販売数量を向上できるかもしれないという効果に加え、裁定の基盤を広げられるかどうかを確認することが重要である。マサチューセッツ州ケンブリッジを拠点とするGEN3パートナーズがいい例だ。同社の中核事業は、TRIZによる訓練を受けたロシア人の専門家を使い、大手アメリカ企業にイノベーション・コンサルティングを提供することにある。[注43] TRIZとは、ソビエトが開発した、発明に伴う問題解決の理論である。二〇〇五年末時点で、GEN3はロシアに約一〇〇名のスタッフを擁し、その半分は博士号を持ち、かつ同社の要求する五年以上の実務経験を有していた。この人材の数はおそらく数百名まで拡大しうるが、それ以上はないと思われる。販売数量の制約を考慮すると、GEN3は、たとえば毎年新しい専門分野の人材に一〇万人単位でアクセスできるインドのソフトウェア会社よりも、より高い価格帯のビジネスモデルを追求しなくてはならなかった。社員一人当たりの給与はインドよりロシアのほうが幾分低いが、インドのソフトウェア会社の社員一人当たりの売上高が五万ドルから七万ドルであるのに対し、GEN3は既に社員一人当たりの売上高が一〇万ドルという水準で事業を行っており、目標を二〇万ドルに置いていた。

D　コストの削減

裁定を行う理由として最もよく挙げられるのがコストの削減である。これはあさはかで、しかも現実には危険な分析に基づいていることが多い。よくある問題は、一時的なものでしかない相対的コストの低さに着目することだ。GEN3の例をよく考えると、これはとんでもない間違いに結びつきやすいことがわかる。GEN3はTRIZの訓練を受けた人材を活用している。同社なり同じ経営資源を活用する他のコンサルティング会社なりが、TRIZの訓練を受けた人材という経営資源を利益に換えるのに成功したならば、そうした人材のコストはいつしか跳ね上がることになるだろう。他にもありがちな事例として、変動する為替レートや、生産性の格差への対応に失敗するケースが挙げられる。たとえば、おそらく人民元は欧米通貨に対して過小評価されている。今日の為替レートに基づいて楽観的な見通しを持ってしまうと、中国のコスト面での優位を過大評価することになる。中国やインドの生産性は、多くの場合、欧米の水準の数分の一にすぎない。一見権威ある予測が同様の問題をはらんでいることもある。たとえば、経済協力開発機構（OECD）は、最近のレポートで、中国の研究開発のレベルは日本を越えたと述べた。この「発見」は、中国の科学技術者の人件費は公式為替レートを使って計算すると日本の人件費の四分の一なので、中国の研究開発費を四倍して比較すればいいという考えに基づいていた[注44]！

しかし、労働コストの裁定は見かけほど有利ではないのはなぜかを理解できたなら、同時に、そうした裁定には見過ごされがちだが有利な要素があるのも認識するべきだ。授業をしていると、こんな計算に出くわして顔をしかめることがある。「インドのソフトウェアの人件費はアメリカのソフトウェアの人件費の（たとえば）三分の一だが、年率一五％で上昇している。だから、インドのコスト面での優位は八年以内に消滅する」。裁定の有利さを否定する議論として、これは次のような重要な点をいくつか見落としている。

・取引を断ることの機会費用（「販売数量の向上」参照）
・先進国ではコストと入手可能性の圧力がもっと高いと思われ、現在低コストのＩＴ業界就業者の供給源となっているインドやその他の国が得る利益の合計は、この先数年は減少するのではなく増加すると予想されること（**図6－2**）
・インドで生産性の向上やコストの抑制が加速する可能性（一九九〇年代にオンサイト開発からオフサイト開発へ移行することで達成された）
・質の違い（この場合はインドの会社に有利であった。理由は次に説明する）

単純な労働コストの比較だけでなく、前述したさまざまなプラス面とマイナス面を更に深く調査するのが重要だ。それを無視してコストの差異はいずれ相殺されると仮定しても、思ったとおりになるかどうかは神のみぞ知る、だ。

労働コスト（と生産性）の重視には、他にも問題がある。第三章で強調したように、コストは包括的に見る必要がある。ある研究で、ボストン・コンサルティング・グループは、中国の

図6-2

世界のIT労働力の進化（時間当たり労働コスト対正社員1000人）

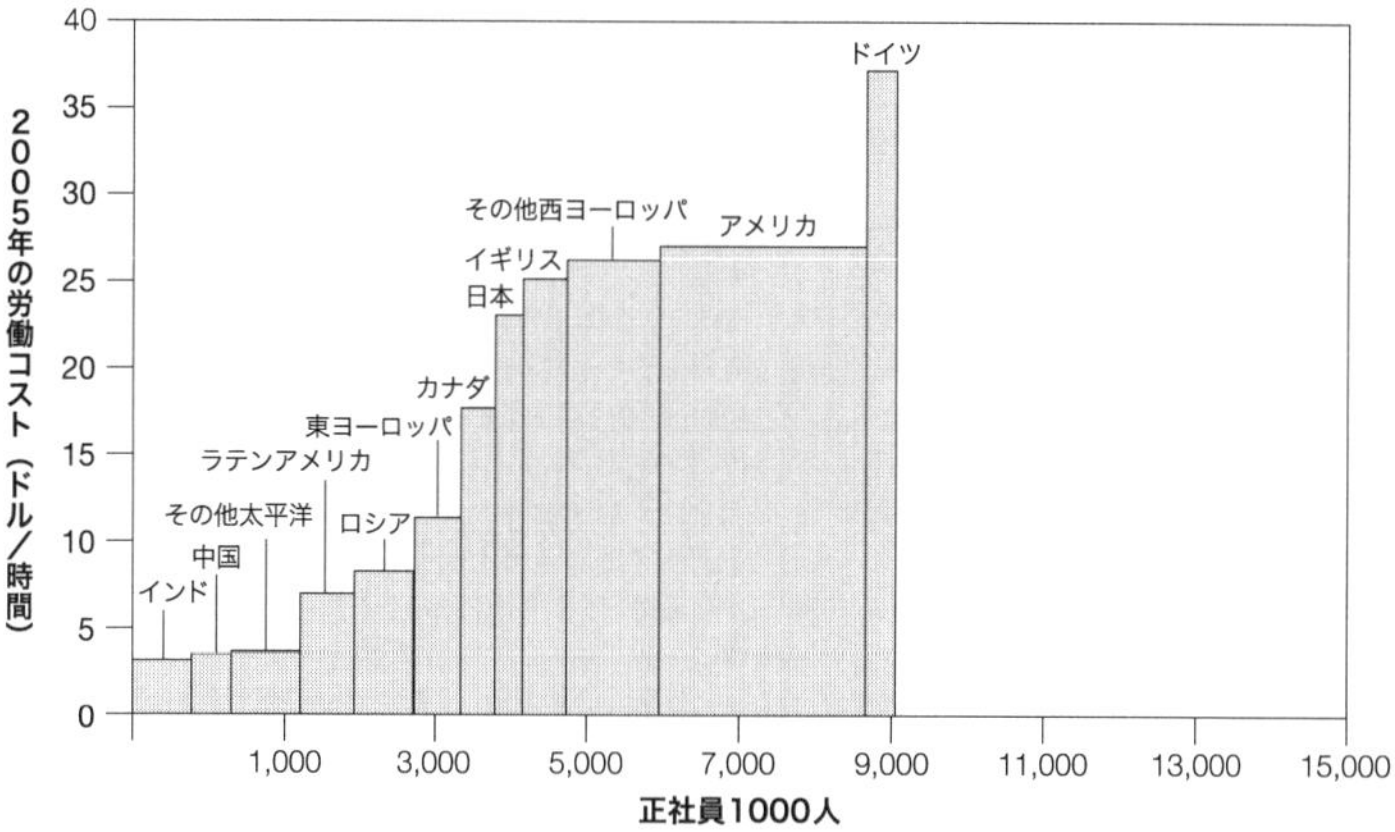

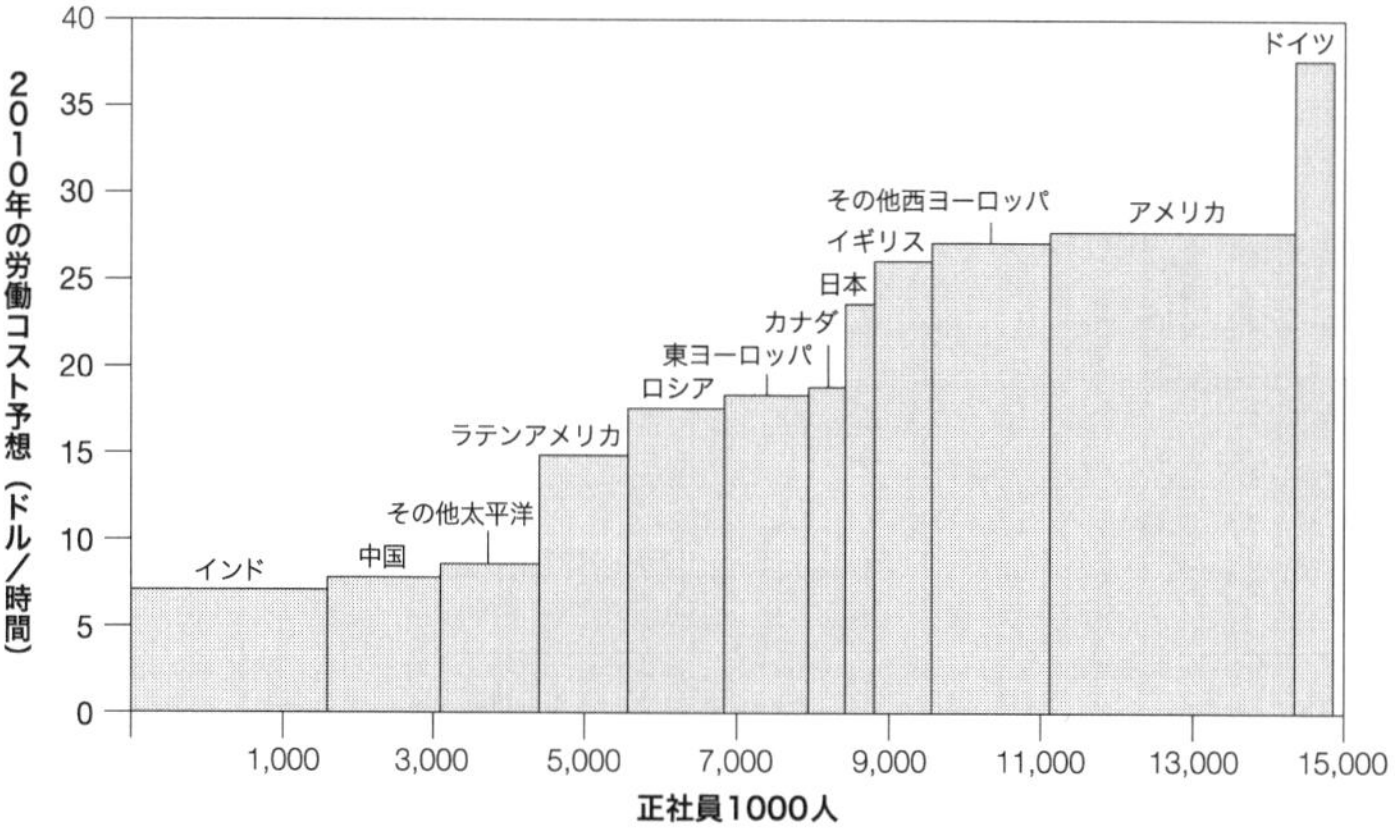

出典：業界情報およびコンサルティング会社の報告。

ような急速に発展している経済圏に工場を設立することによって削減できる資本に注目している。[注45] 同社の試算は次のとおりだ。個別の製造過程で、現地の設備メーカーを使えば、西側の一〇％から三〇％は少ない資本投資で済ませることができる。資本を労働に置き換え、製造するか購入するかを再検討すれば、資本投資は二〇％から四〇％削減できる。更に、製造過程全体を改造し、製造モデルを再設計し、現地の製造業者向けに製品のデザインを変更し、週休二日制を無休操業にすれば、必要な設備投資の削減幅は三〇％から六〇％にのぼる。しかし、得られる効果には、投下資本利益率の向上だけでなく、固定費や損益分岐点の引き下げ、事業からの撤退を余儀なくされた場合の退出コストの低下といった、リスクの抑制もある。

分析の最終的な目的はコストを包括的に見ることであり、したがってコストの一要素（労働コスト、資本コスト、その他）だけを重視してはいけない。製品またはサービスをオフショア化するか否かを決めるのは、主に、それが全体的なコストに与える効果と、次に述べる差別化にかかわる要素である。コストの削減の文脈で有効な「オフショア化は是か非か」のシグナルには、既に述べたものだけでなく、価値対容積比が高いこと、サプライチェーンが短いこと、必要とされるインプットや技術が容易に入手できることなども含まれる。しかし、オフショア化の可能性を「是か非か」で扱ってこの種のシグナルに頼るよりも、むしろ製品やサービスをオフショア化する動機の強さを測るべく、コストを包括的にみるほうがよりよいやり方である。

わかりやすい事例を挙げよう。インドのソフトウェア・サービス会社が、インドの医薬品会社よりもずっと急速に成長し、収益をあげてきたのはなぜだろうか？　回答の一つは、ソフトウェア産業は非常に労働集約的で人件費が売上高の半分以上にもなるから、である。一方、より包括的な答えは次のとおりだ。インドのソフトウェア会社では一人当たりの費用が依然として欧米の競争相手の三分の一以下であるのに対し、インドの医薬品会社の費用はおそらく欧米の後発医薬品メーカーの費用の三分の二以上だから、である。更に包括的に考えたければ、それに加えて、医薬品業界では制度的な障壁が経済的な裁定を妨げている点を考慮すればいい。[注46]

D　差別化

差別化や支払意志額が裁定に与える影響は、コストが与える影響に比べるとあまり注目されないが、同じぐらい重要な要素である。たとえば、文化的な裁定には原産国効果に基づく支払意志額の向上が含まれる。もちろん第三章で警告したように、こういった影響は場合によってプラス方向だけでなくマイナス方向にも働く。

経済的な裁定の事例は、差別化による裁定の意味を実際に分析することがいかに大事か、更に強調している。経済的な裁定はコストだけでなく支払意志額を低下させることが多々あるが、これにはソフトウェア・サービスという重要な例外がある。インドのソフトウェア会社は欧米の競争相手と比較して価格もコストも低いが、これは品質の差よりもネームバリューを反映していると思われる。実際、最大手タタ・コンサルタンシー・サービシズに代表される大手インド企業は、知名度が高い欧米の同業他社よりも高品質かつ低価格でソフトウェアの維持・保守サービスを提供している。[注47]その裏づけとなるのは、インドは世界のIT労働者人口の一〇%を占めるにすぎないにもかかわらず、世界のソフトウェア開発センターの中で、最高水準のプロセス・コンプライアンスで事業を行っていると証明された組織のうち半分はインドにある、という事実だ。タタ・コンサルタンシー・サービシズは、二〇〇七年第一四半期に開始したマーケティング・キャンペーンで、この二つの面での競争優位を強調していた。こうした事実は、次の点が重要だと物語っている。

・価格を長期的な品質や支払意志額の代用と捉えないこと。
・買い手の収益構造を深く理解すること。タタ・コンサルタンシー・サービシズのキャンペーンは次のように主張していた。品質の劣るソフトウエアを採用すると、やり直し（典型的な大企業におけるＩＴ投資の半分以上を占めると言われている）が多くなるなどの形で、結局は買い手自身の品質にコストとして跳ね返ってくる。
・買い手が自らプラス面を学習すると仮定せず、そうしたプラス面を積極的にアピールすること。

費用の場合がそうであったように、差別化にかかわる要因も、オフショア化が可能か否かのシグナルとして捉えることができる。大幅なカスタム化が必要な場合、需要が非常に不安定な場合、現地のプレゼンスやサービスの要求が高い場合、購入の意思決定が民間でなく公的部門で行われる場合などは、生産やサービスをオフショアに移転できる可能性は低い。しかし、繰り返すが、ただ単に費用や支払意志額などといったシグナルに依存するのではなく、両者を比べた場合の相対的な付加価値を、可能ならば数量的に示すべく、包括的な構図を描いてみるほうがよい。

Ⅰ　業界の魅力と交渉力の向上

コストが削減できたり支払意志額を向上できたりといった可能性に加え、裁定によって、業界の魅力や自社の交渉力を向上させることも可能かもしれない。ＩＢＭは三年足らずのうちにインドの従業員を九〇〇〇人から五万人に増やし、自社の収益構造を改善した。それだけでなく、インドが優位を保てるおそらく唯一の経営資源であろう人材の面で、競合他社に対して圧力をかけたのである。

繰り返すが、裁定が常にこの点で特別な影響を及ぼすと考えるのは性急である。グローバル企業は研究開発センターを中国やインドに設立したものの（中国はエレクトロニクスや通信、インドはソフトウェアやエンジニアリングが中心）、知的所有権の問題が大きな懸念材料となっている。中国に研究開発センターを持つ、とあるグローバル企業の調査によれば、同社がこの問題に対応する方法はいくつかある。特に重要なのは、研究開発業務を分断して会社のグローバル・ネットワークのあちこちにばら撒くやり方だ。たとえば、中国で手がけるプロジェクトの価値を、グローバル・ネットワークの他の場所で追求するプロジェクト、もっと一般的に言えば会社独自の専門ノウハウに、強く依存する形にしてやるのである。[注48] 更に注目すべき点は、研究開発にかけられる資金や得られる収益が小さい現地企業にはこの戦略がとれないことである。

こうした分断化は完璧な解決策ではない。シスコのスイッチング技術の特許を中国の華為技術が世界各地で侵害しているとして、シスコが起こした訴訟の事例を考えてみよう。この訴訟はその後和解に至ったが、戦略に関する重要な教訓を二つ残した。第一に、先ほどの調査によると、中国に研究開発センターを置いて特に成功している企業は社内のつながりがしっかりしている。つまり、競争優位は伝統的な基盤に加えて組織の問題に対応することによっても作り出せるということだ。第二に、外部環境は必ずしも前提条件として捉えるべきではない。外部環境は企業戦略に影響を与えるし、理想的には、企業戦略に影響を受けるはずなのだ。

N　リスクの平準化

裁定は市場リスクとそれ以外のリスクの両方を含む、さまざまなリスクにさらされている。市場リスクには国境を越えるサプライチェーンに起きる大きな危険の全てが含まれる。無名の信頼できないかもしれない納入業者、為替レートの変動、国境でのインフラまたはその他の障壁がある可能性、更に、前に述べた利豊のダウンジャケットの事例のように、サプライチェーンを複数の国に細かく分割することに伴ってリスクが膨張することなど、さまざまである。

しかし、利豊のネットワークは、そういうリスクにどうやって対処するかについて、さまざまな切り口を提供している。九月一一日のニューヨークテロ事件の後、利豊は納期に敏感な事業について、取引の相手をパキスタンから政治的に安全な国に変更した。それにかかった時間は三週間弱だったと言われている。利豊は、もっと長い時間軸での変化、たとえば為替レートの変動などへの対応策でもこうした大胆な裁定を行っているに違いない。リードタイムが長い生産能力や原材料、あるいは需要が、あらかじめ確保されている場合の戦略には、こうした行動がよく見られる。市場の変動に非常に敏感な属性にかかわる意思決定は、可能な限り先延ばしにされるのである。

裁定に伴うリスクの典型は、政治的に危い問題を伴う場合で、特に労働の裁定がそれに該当することが多いが必ずしもそれに限らない。こういったリスクが外部要因にとどまらないことも留意すべきだ。ＩＢＭはオフショア化を進めるにあたり、対外的なコミュニケーションのみならず社内でも注意を払う必要があった。裁定に長けた組織がこの点での教訓を示してくれる。

まず、周囲に配慮するべきだ。目的として、コスト削減だけではなく現実性や成長性を強調し、自国よりも緩い健康・安全・環境基準の利用には慎重でなければならない。自社の行動の自由度を高めるために、さまざまなメカニズムを考えてみる必要がある。ロビー活動、競争相手だが同じ目的の下で自然と共闘を組むようになった組織との協調、雇用創出への投資なども検討するべきである。更に、政治的環境の変化にもある程度の強さを保てる戦略を選好するべきである。

裁定戦略に伴う政治的リスクと、対抗する戦略をぶつけられる政治的リスクをよく比較し、バランスをとる必要がある。前述のノバルティスがインドの裁判所で起こした訴訟がその一例である。リスクは、ＡＤＤＩＮＧ価値スコアカードの他の要素と同様に、さまざまな選択肢を比較する形で検討すべきである。

Ｇ　知識その他の経営資源と能力の開発

ＡＤＤＩＮＧ価値スコアカードの最後の要素、知識とその他の経営資源や能力の開発については簡単に述べる。ここでも、裁定戦略には成功例と失敗例がある。成功例にはＩＢＭとアクセンチュアによるインドでの事業拡大がある。これは短期的な事業の経済性という面では、価格の低下、設立費用、急速な拡大に伴う内部の混乱などといったマイナス要素を伴うが、いずれにしても、両社は長期的には能力を高めることになろう。失敗例には、ある投資銀行がアナリスト機能の大部分をインドにアウトソースした事例がある。その後この銀行は、採用・昇進の方針を大幅に変えない限り、数年でシニア・アナリストの大半を失うことになると思い知らされた。

裁定の分析、特にＡＤＤＩＮＧ価値スコアカードを使った議論で、裁定が往々にして過度に狭く捉えられているのはなぜかが明らかになったことと思う。ＣＡＧＥの枠組みに基づく裁定の基盤の各要素を利用して、ＡＤＤＩＮＧ価値スコアカードのさまざまな要素に光を当てることができる。加えて、薬品会社を分析した前セクションで見たように、複数の基盤に基づく裁定を伴う複雑な戦略では、可能性はいっそう広がる。

裁定の管理

第四章や第五章と同様、この章も差異に対応する考え方を広げること、この場合は裁定戦略で差異を利用できる可能性を広げることを目的としている。しかし、裁定戦略の管理にはさまざまな課題がある。裁定がはらむリスク、特に政治的リスクについては既に述べた。しかし、注意すべき点は他にもある。市場での価格やコストの差異よりも、裁定戦略がどれだけ持続できるものかという点と、裁定戦略が企業レベルの経営資源、特に経営能力にどれだけ影響されるかという点だ。

第一に、裁定によって持続可能な比較優位を手に入れようというのは有意義な目標だが、裁定が合理的であるための必要条件ではない。ウォルマートの事例を再度考えてみよう。裁定はウォルマートに持続可能な優位をもたらさないかもしれない。しかし、コスト面で他社に劣後するのを回避できるだけでも、おそらく実行する価値は十分にあっただろう。ウォルマートが低コスト戦略を追求するにあたって、コストで他社に劣後するのは大きな障害であった。

レゴとメガブランズの事例はもっと明快だ。レゴは受託製造のフレクストロニクスにアウトソースすることで裁定機会を追求する決断をした。即ち、レゴは他社に対して優位に立つためではなく、レゴのブランドネーム、外部との関係、開発能力といった無形資産のプラス面を強化するために裁定を行った。対照的に、ウォルマートは伝統的に後方支援部門の効率を高めることに重点を置いてきた。同社の海外アウトソーシング事業はおそらく世界最大であり、そうした事業を経営できる独自の能力を伸ばすべく、裁定による比較優位の確立を目指すのを選んだ。注目すべき第二のテーマが両社の対照的な行動で浮かび上がる。即ち、持続可能な競争優位を裁定で確立するには、通常、会社独自の能力を確立することに、何年も、時には何十年もコミットしなければならない。対照的に、会社独自の能力を求めなければ、並の成果は得られても、それ以上のものは得られないだろう。

同じテーマは、本章で検討した他の事例にも見られる。エンブラエルは確かにブラジルの安価な労働力の恩恵を受けたが、誰にでもアクセスできるその労働力を比較優位の源に変えられたのは、ブラジルの乱気流の中で世界レベルの航空事業を経営できる能力によるところが大きい。また医薬品のランバクシーは、イノベーション主導で成功できるだけの洞察力を一〇年前に既に持っていた。私は同社についてのケース・スタディを執筆し、私のハーバード・ビジネススクールの授業に同社の社長を招いて講義をしてもらった。

そういった洞察力を得るためには何が必要か詳しく検討するために、再度インド最大手のソフトウェア・サービス会社、タタ・コンサルタンシー・サービシズを見よう。タタ・コンサルタンシー・サービシズはウォルマートと逆の方向で裁定を行っている。ソフトウェア開発者を自国で安く仕入れ、海外で高く販売するのだ。しかし、タタ・コンサルタンシー・サービシズが始めたこのモデルは既に同社特有ではなく、業界第二位のインフォシス（本章の冒頭で引用したのは同社の創設者の言葉である）から小さな人材派遣業に至るまで、事実上インドからのソフトウェア輸出に携わる全ての企業が採用している。その結果、インドのソフトウェア開発業者のコストは大幅に上昇した。タタ・コンサルタンシー・サービシズはどのようにしてこの労働コスト急騰にもかかわらず好調な利益をあげ続けることができたのだろうか？

図6－3はタタ・コンサルタンシー・サービシズの社員一人当たりの売上高、費用と純利益を一九八〇年代からたどったものである。社員一人当たりの費用は当時と比較して三倍以上になった。利益を維持するためには、社員一人当たりの売上高をそれ以上に増加させる必要があった。一方、売上高は三倍ではなく四倍になり、その結果、社員一人当たりの利益は何倍にもなったのである！　この期間にソフトウェア開発がインド国内より効率的なインド国外に移転された例が多いことを考慮すると、この社員一人当たりの売上高はいっそうすばらしく見える。開発のオフショア化によって一人当たりの売上高は三〇％から四〇％減少するが、一人当たりの利益の絶対額は増加する。

この数字は何を語るのだろう？　タタ・コンサルタンシー・サービシズは、業務のオフショア化に加え、この期間に大規模でより複雑なプロジェクトや、社員一人当たりの実入りが高いプロジェクトに対象を移していったのである（インドのソフトウェア業界全体がその方向に向かっている）。社員一人当たりの売上高がアクセンチュアやＩＢＭグローバル・サービシズを大幅に下回る点は、依然として改善の余地があることを示している。同社の中期目標は、社員一人当たりの売上高を現在の水準から二五％～三〇％増加させることだ。過去の業績についてもそうだったが、この目標を達成するには、「インドのソフトウェアは相対的に安くつく」という底の浅い考えを凌駕する、企業の高い能力が必要だ。

図6-3

タタ・コンサルタンシー・サービシズの進歩

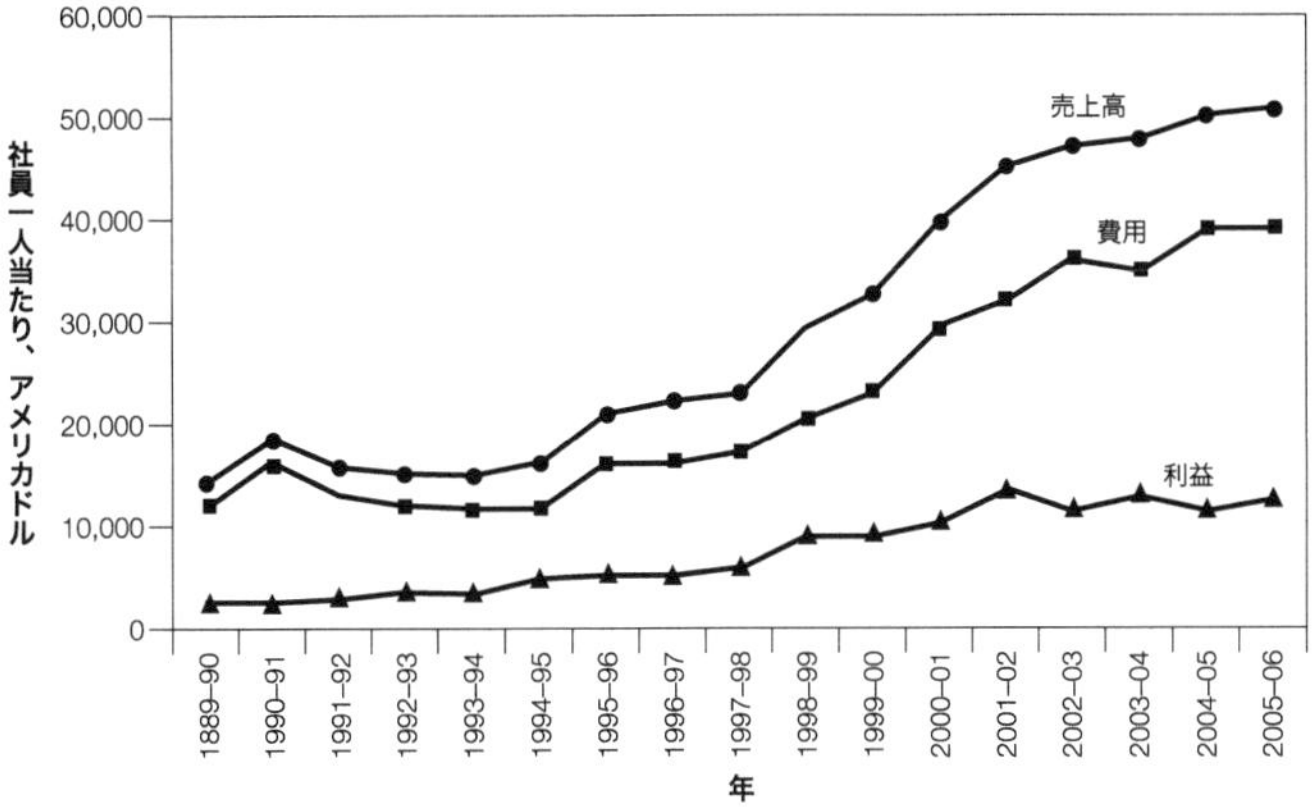

この業界でそうした能力が要求されるのは供給サイドに限った話ではなく、需要サイドも同様である。自らに必要なソフトウェア・サービスを部分的にあるいは全面的にうまくオフショア化するには、顧客企業は自分にそもそも何が必要なのかを特定し、その後も事態の進捗を追跡できなければならない。企業本部が単純に自前でそうした業務を行い続ける場合よりも高いハードルだ。最先端の企業がそれを認識したのは、一九九〇年代半ばに締結されたソフトウェアのアウトソース契約の大型案件が更新を迎えた時期である。そうした企業は、案件をいくつかに分け、超大手業者一社にアウトソースするのではなく、複数の業者に分けて発注するようになった。しかし、どのグループにも時代遅れの会社はいるものだ。最も注意すべき事例にはこんなものがある。ヨーロッパの大手銀行が一〇〇〇件以上のプロジェクトをインドの複数のソフトウェア企業に発注したが、プロジェクトや発注先の実績評価はいまだに行っていない。

この最後の事例は極端すぎてそれほど重要ではないように思えるかもしれない。しかし、デューク大学のアリー・ルウインが最近行った調査によると、回答者のうち、会社全体としてのオフショア化戦略を持っていると答えた企業は一％にすぎなかった。[注49] 会社全体としてのオフショア化戦略がなければ、オフショア化は自律を失う。社内の障壁によってオフショア化が不十分なものにとどまっているケースは更に多い。こういった状況の解決策は部分的には戦略的、部分的には組織的な形をとる。社内で裁定の支持者を作ること、トップ経営者だけでなくプロジェクトマネージャーにも報いること、トップ経営者の一貫したコミットメントなどのメカニズムが存在することなどが条件となる。

このセクションを総括する。裁定戦略を策定し効果的に実践するためには継続的なコミットメントが必要である。しかし、全てにコミットするのはいつでもどこでも可能なわけではない。言い換えれば、企業は裁定戦略とそれ以外の戦略をうまく取捨選択する必要がある。三つのA（適応、集約、裁定）をうまく組み合わせることが可能かもしれない。タタ・コンサルタンシー・サービシズが、裁定の中核戦略に、ある程度の地域的集約を組み合わせたことは先に述べた。しかし、三つの戦略全て、あるいは二つでさえ、バカ正直に追求すると一貫性に欠ける結果につながる可能性がある。

注意すべき事例として、取捨選択がうまくできなかった会社を見てみよう。台湾のエイサーはコンピュータ製造で世界最大手の一社である。パソコンの受託製造に早くから参入し、裁定戦略で大きな収益をあげていた。しかし一九九〇年代の初めに同社は、エイサーの名を、海外、特に先進国でグローバル・ブランド（集約の基盤）として前面に出し始めた。この二股作戦は大きな問題にぶつかった。自社ブランド製品のビジネスはそれなりの規模で拡大したが、赤字

図6-4

ジャッカロープ

が続いた。一方で受託製造部門の顧客は、自社の注文で企業機密がエイサーの製品に流用されたり、自社の支払う価格がエイサーの製品を支えるために流用されたりするではないかという懸念を抱いた。問題が頂点に達したのは二〇〇〇年だ。IBMが注文をキャンセルし、その結果エイサーの受託製造部門の売上高が総売上高に占める比率は二〇〇〇年第一四半期の五三％から二〇〇一年第二四半期の二六％へと落ち込んだ。とうとうエイサーは苦渋の決断を迫られた。受託製造事業は先進国の顧客に絞って継続し、最終的にはウィストロンという別会社にスピンオフした。一方で自社ブランドの販売は東アジア、特に大中華圏に絞り込んだ。軌道修正した戦略にも課題はあるが、従来の戦略よりは成功しているようだ。

ビジネススクールの授業では、私はこのあたりで未確認生物ジャッカロープのスライドを見せている（**図6－4**）。角の生えたウサギで、アメリカ西部に生息しているとか、人間の歌声をまねてカウボーイを破滅に導くとか、ミルクが強力な媚薬となるとかいった、この動物を巡る諸説にはここでは触れない。[注50] 私がここでジャッカロープをひきあいに出して言いたかったことは、動物でも組織でも、同時に二つ以上のものであることを求めると、非常におかしな結果になりうるということだ。よい戦略またはよい組織の基本的な必要条件は、ある程度の内的な一貫性である。立派な角を持ったウサギはおそらく頭を持ち上げることもできないし、走ることもできないだろう。

次章では、現代のグローバル戦略における最も難しい問題に取り組む。適応、集約、裁定のAAA戦略を組み合わせて使うことはどの程度まで可能なのだろうか？　第七章ではこの疑問を深く追求する。

結論

次の「第六章のまとめ」の囲み記事で本章の具体的な結論をまとめている。裁定は国と国との差異に対処する戦略ツールの品揃えを更に拡大するものである。しかし、エイサーの事例が示すように、裁定に関する意思決定を、企業戦略の他の要素に関する意思決定と切り離して行ってはならない。この点については次章で検討する。

第六章のまとめ

1 裁定は、国ごとの差異を調整または克服すべき制約として捉えるのではなく、それを活用するものである。
2 裁定の機会を無視できる企業は非常に稀である。
3 裁定の基盤となりうる要素は複数あり、文化的、制度的、地理的、経済的側面などさまざまだ。その一つか二つだけに着目したとしても、とりうる裁定戦略は多様である。
4 裁定はADDING価値スコアカードのいずれの要素をも改善できる。しかし同時に、管理すべき多くのリスクにもさらされる。
5 裁定は持続可能な競争優位に至らなくても実践する価値がある。しかし、裁定を重視するなら、会社独自の能力の開発に長期的にコミットする必要がある。
6 たびたびに裁定を実行している企業でも、そのやり方には改善の余地が多い。
7 裁定に関する意思決定を、企業戦略の他の要素に関する意思決定と切り離して行ってはならない。

第七章

ＩＢＭはなぜ新興国の社員を３倍にしたか

PLAYING THE DIFFERENCES
The AAA Triangle

20世紀終盤の多国籍企業と100年前の国際的企業には共通点がほとんどない。いずれも、1700年代の大貿易会社と大いに異なっている。現在出現しつつあるタイプのビジネス組織、つまりグローバルに統合された企業組織は、今まさに急激な進化を遂げようとしている。

サム・パルミサーノ、ＩＢＭ会長兼最高経営責任者
The Globally Integrated Enterprise (2006)

　このサム・パルミサーノの発言と、第一章のテッド・レヴィットの発言を比べてみよう。レヴィットは市場のグローバリゼーションに胸を躍らせた。対照的に、パルミサーノが胸躍らせているのは製品の製造とサービスの提供のグローバリゼーションである（私はこの点を直接彼に確認する機会があった）。この発言が掲載されたフォーリン・アフェアーズ誌でパルミサーノは、海外企業が中国に設立した製造工場の数は、二〇〇〇年から二〇〇三年だけで六万箇所にものぼるとコメントし、ＩＢＭがどのようにしてこの可能性をフルに生かそうとしてきたかを語っている。

　パルミサーノは本質的なところをよく理解していると私は思う。特定の企業の戦略を正当化したり裁定が提供するチャンスを無邪気に喜んだりというレベルをはるかに超えた、深い本質的なことが彼にはよくわかっている。市場のグローバリゼーションだけでなく、生産のグローバリゼーションに注意が向けられるようになったことは、グローバル戦略に何か新しい要素が加わったのを示している。さまざまなグローバル戦略、更にそうした多様なグローバル戦略から適切なものを選択するという課題に対する私たちの認識は、この新しい要素で大きく変化する。本章はまず、そんなことが起きる理由を説明する。次に、ＡＡＡ戦略、即ち差異を操作する戦略という形で、新しい事態に対する、より意欲的な対応を分析する。最後に、グローバル戦略と組織に関する一般的な見解を示す。

図7-1

市場と生産のグローバリゼーション

(a) 適応と集約のトレードオフ

(b) AAAトライアングル

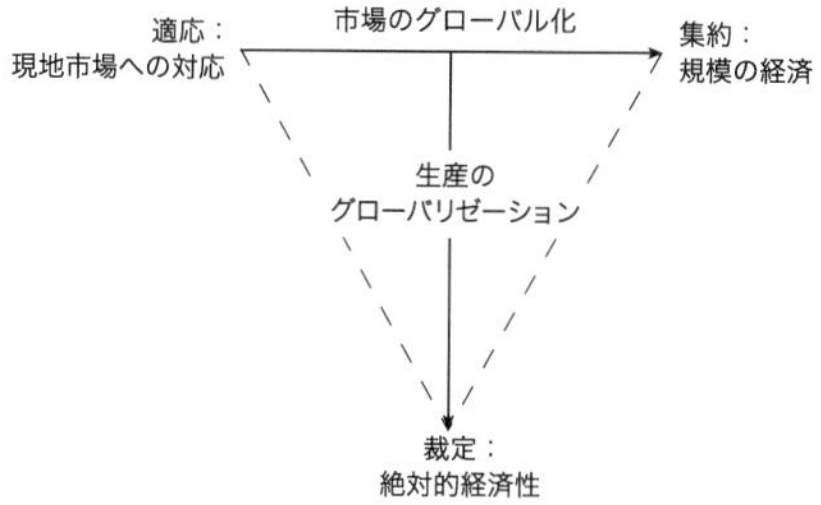

グローバル戦略の再検討

図７－１(a)と**図７－１**(b)は、市場のグローバリゼーションがもたらした戦略的課題と、それに生産のグローバリゼーションが加わってもたらした戦略的課題とを比較したものである。図７－１(a)は市場のグローバリゼーションに着目している。市場のグローバリゼーションが限られている場合は適応が適切であり、進んでいる場合は集約を重視するべきだ。両者はトレードオフの関係にある。これは、従来のグローバル戦略に関する研究が重視していた究極の選択である。[注1]

図７－１(b)には生産のグローバリゼーションも考慮した場合に示唆される点を盛り込んだ。見てわかるとおり、適応と集約のトレードオフから、適応－集約－裁定というＡＡＡトライアングルに進化している。[注2]企業がクロスボーダーでの差異を操作する際の選択肢の幅が大きく広

がることは明らかだ。

しかし、生産のグローバリゼーションはただ単に可能な戦略の幅を広げるだけではない。新たにさまざまなトレードオフの関係をあらわにする。多国籍企業を扱った経済学の文献を読めばわかるとおり、国ごとの差異を追求する垂直的多国籍企業は、それぞれの主要市場で同じ活動を行う水平的多国籍企業とは大きく異なる事業・組織の特徴を持っている（そして適応と集約の分類をごちゃ混ぜにしてしまう）。[注3] **表7－1**は三つのAAA戦略間の違いをまとめたものである。

三つのAの最も本質的な特徴は、国境を越えた事業活動によって複数の要因に基づくプラス面を追求するという点と、それに関連して、それぞれに対応した組織体系が存在するという点だ。企業が適応を重視するなら国中心の組織になることが多い。集約が主な目的であれば、グローバル事業部門、製品部門、地域組織、グローバル顧客管理など、クロスボーダーでのいろいろなグループ分けが適している。裁定を重視する場合は、組織を通じて製品または業務の流れを追跡できるような垂直的または機能別の組織が最も有効である。明らかに、一つの組織がこうした三つの形態を同時にとることはありえない。企業組織へのアプローチには、二つ以上の形態を結合させることが可能なものもある（例：マトリックス）が、経営管理が複雑化する点で負担は大きくなる。

三つのAに関するこのような（他にもあるが）違いを前提にすると、どのAを重視し、差異をどのように操る戦略を選ぶかを決めなければならなくなる。**図7－2**はAAAトライアングルが示すさまざまなグローバル戦略を四段階にまとめたもので、どれだけ野心的かの順に並べてある。国境を越えて事業を展開する全ての企業はこの順番をたどるべきだと言いたいのでは

表7-1

AAA戦略の間の違い

特徴	適応	集約	裁定
比較優位：なぜグローバル化するのか？	国に焦点を絞り、現地での地位を確立（同時にある程度の規模を追求）する	国際間の標準化によって規模と範囲の経済を確保する	国際間で特化することにより、絶対的経済性を確保する
調整：国境を越えてどのように組織を作るか	国別：国毎に現地化をするための調整を重視する	ビジネス、地域または顧客別：クロスボーダーでの規模の経済のため、横の関係を重視する	機能別：タテの関係を重視、組織の壁を越えた関係も含む
配置：海外のどこに拠点を置くか？	本拠地と類似した外国に特化することによって、文化的、制度的、地理的、経済的な隔たりの影響を最小限に抑える		さまざまな国で事業を行うことにより、隔たりの要素を追求する
管理：注意すべき点は何か？	過度な多様化や複雑化	過度な標準化や規模の追求	差異の縮小
変化を妨げるもの：内部で注意すべき人は？	既得権をもつ国別事業のヘッド	権力が集中する本部、ビジネス部門、地域、顧客担当部門のヘッド	主な機能または垂直的な接点
企業外交：対外的に発生しうる問題は？	現地化に焦点を絞っているため、動きが比較的鈍く、かつ硬直している	画一化または覇権的に見えること、またそれに対する反発（特にアメリカ企業に対して）	納入業者、販売経路、中間業者の搾取やすげ替えおそらく政治的混乱がおきやすい

図7-2

グローバル戦略の進化

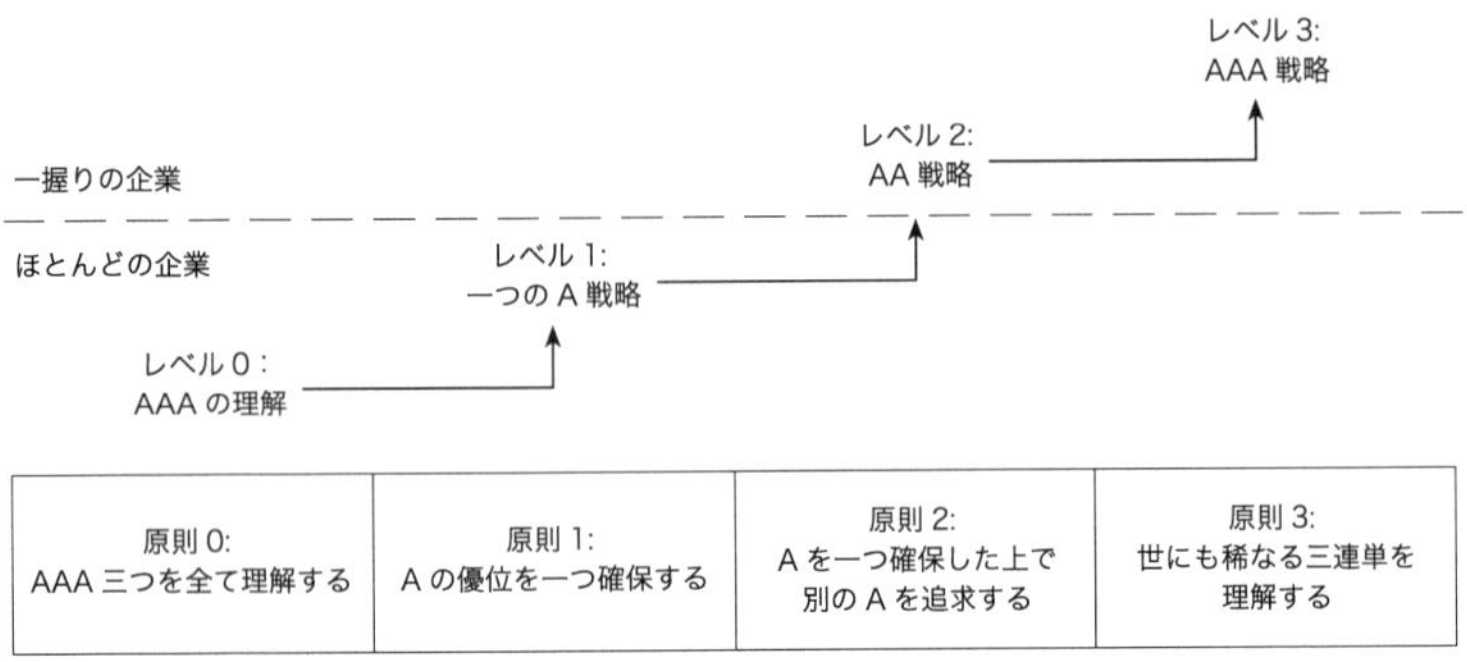

なく、単に選択肢をまとめただけだ。四段階のグローバル戦略について、次のセクションで一つずつ議論する。

レベル0：AAAの認識

三つのA戦略を少しでも活用するためには、まず三つのA戦略を理解する必要がある。当たり前のことを強調しているように思えるかもしれないが、本書で挙げた事例を見ると、この要件を満たしていない企業は多い。失敗のパターン自体が非常に多様化している。海外に初めて進出する企業は、往々にして集約が即座に達成できると考え、国内でやってきたのと同じやり方で海外でも事業を展開しようと試み、ある程度の適応も必要だと思い知る頃には巨額の損失を積み上げている場合が多い。裁定を利用しようというのがグローバルに進出する目的なのでない限り、裁定機会には早い段階で見向きもしなくなる。伝統ある企業では過去の経験も重要な条件となる。買収によって成長してきた企業

表7-2

グローバル戦略のツール

適応：差異への調整	集約：差異の克服	裁定：差異の利用
・多様化 ・絞り込み ・外部化 ・設計 ・イノベーション	・地域による区分け ・絞り込み ・国以外での区分け ○事業または製品 ○グローバル顧客管理 ○顧客の業界 ○販売経路	・文化的 ・制度的 ・地理的 ・経済的

は連邦主義的な伝統が強く、本来の集約に必要な焦点を絞るという行動がうまくできないことが多い。また、企業の本拠地に左右されることも多い。アメリカ企業はヨーロッパ企業に比べてより積極的に集約と裁定を追求するきらいがあるが、適応を選好することは少ない。一方、中国やインドの優良企業は適応や集約よりも裁定を得意とすることが多い。

この点での不要な偏りに立ち向かうには、AAAトライアングルを使って自分の会社が追求する全ての戦略目標と、それを達成するためのツールや補助ツールの適合度を高めるとよい。この意味では、細かく具体的な取り組み方のほうが役に立つ。というのは、第四章から第六章で議論した見逃されがちなツール（**表7－2**参照）を取り上げ、更に個別の補助ツールのレベルまで降りて検討を加えるのが合理的だからだ。興味深い例があればなおよい。

三つのAの理解を深めるアプローチの二つ目は、AAAトライアングルを使ってグローバリ

図7-3

グローバリゼーション・スコアカードの例

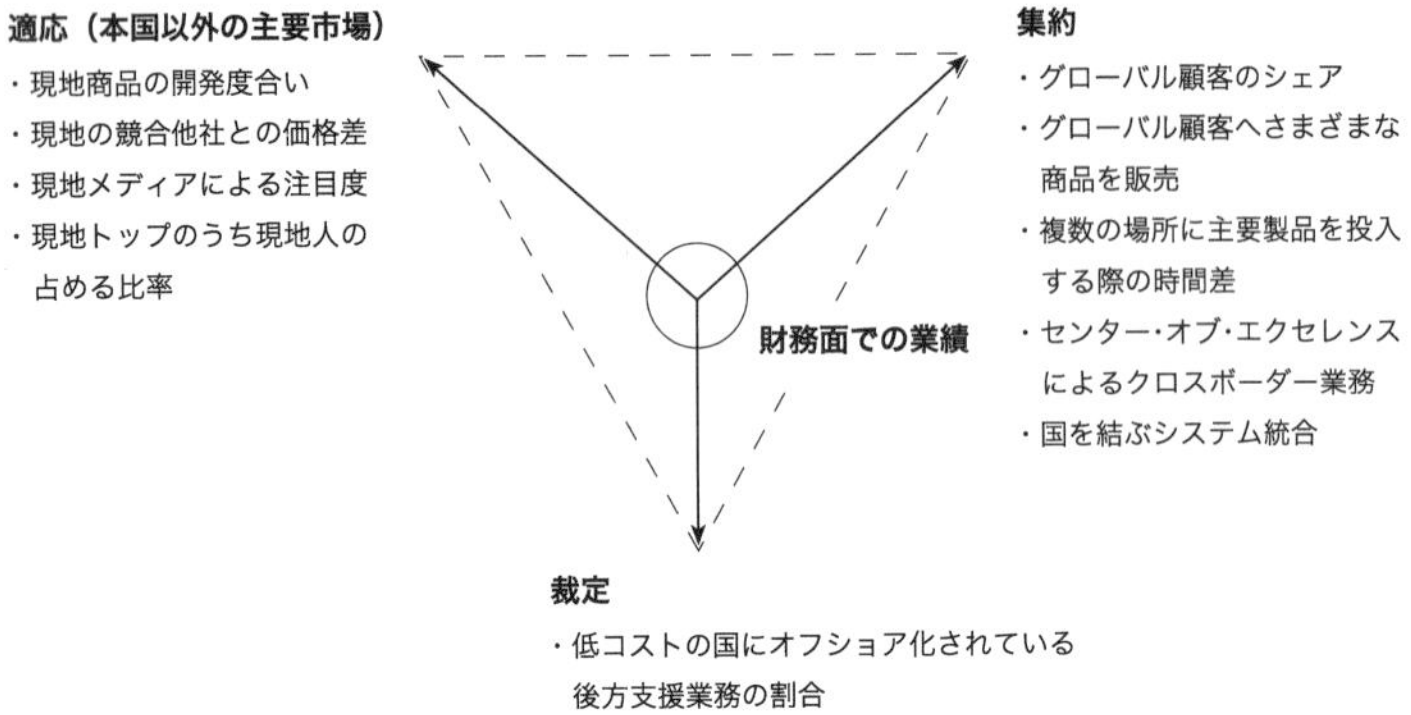

ゼーション・スコアカードを作ることだ。このスコアカードにもプラス面とマイナス面はあるが、少なくとも現状を大幅に改善する余地を与えてくれる。ほとんどの企業は、体系的にグローバル業務を評価する基準を持っておらず、やっていることと言えば、海外事業からの売上高が占める割合をフォローするか、海外事業の収益性が許容範囲内かどうか（少なくとも持続できないほど悪くないか）をチェックする程度だろう。

図7－3はグローバリゼーション・スコアカードの簡単なサンプルである。この例は金融サービス会社のために作られたもので、買収によって拡大した同社の個人向け金融サービスではなく、キャピタル・マーケット部門に焦点を当てている。図7－3のスコアカードに載っている要素のうち、定量的な目標は定性的な目標で補完されている。一方、構図は定量・定性の両方の目標を達成する手助けとなるように描かれている。進捗状況はADDING価値スコアカ

ードに沿って、業績面に加えて価値創造という面からも把握される。

図にあるグローバリゼーション・スコアカードは三つのAを全てカバーしているが、重要度のバランスは意図的に崩してある。これが意味するのは、会社の業種、買収による成長という経緯、戦略を考慮すると、グローバルなレベルでは集約を進めるのが最も優先順位の高い戦略だということ、また、この戦略と他の戦略、特に適応との間にはトレードオフがあるということだ。

最後の点は一般化できるし、一般化すべきだ。三つのA戦略全てを認識することは不可欠で、多くの企業、特に後発組は、それぞれの戦略について改善すべき点がある。しかし、企業の大半はAAA戦略のうちいずれかを優先的に追求する必要がある。次はこの点について述べる。

レベル1：一つのA戦略

企業は三つのA戦略をひたすら追求するのではなく、戦略に優先順位をつける必要がある。表7-1（309ページ）で示したAAA戦略の多様性がその原因だ。こうした多様性があるために、企業は全ての側面で競争相手を打ち負かすことはできず、代わりに、どうやって競争相手に勝つかを選択せざるを得なくなる。また、この現実に直面できない企業は大きな摩擦と調整コストを強いられることになる。競争戦略に関する研究は長い間そう主張してきた。[注4] 第六章で見たように、エイサーはそんな摩擦を経験した。同社のプライベート・レーベル事業は裁定戦略に基づいて確立されたが、同社は自社ブランドをも立ち上げ、集約戦略も実行しようと試みた。その結果、同社は顧客を失うはめになった。また、調整コストの問題を考えると、全てを優先しようとすると結局はどれも優先していないことになってしまうのがわかる。[注5]

三つの戦略のうちどれがクロスボーダーで優位に立つための礎になるかを明確にするといっても、その他の戦略を忘れてよいということにはならない。先ほども強調したように、海外に進出する企業は三つの戦略を、まずそれぞれ検討してみるべきだ。海外での事業活動による価値創造を試みる企業の最高経営者にとって大切なのは、そうした検討を行った後に、自分の頭の中で、三つのA戦略のうちどれが国境を越えた比較優位の基礎になるかをはっきり具体的に説明できるようにすることである。

本拠地以外で収益をあげている企業の大半は、三つのA戦略のいずれかを重視することによって成功している。そういうやり方を「純粋」であると称することにするが、これを「単純」と混同してはいけない。ウォルマートの海外店舗は、特にアメリカと類似点が少ない市場では振るわなかった。自国で成功したビジネスモデルを適用するのが根本的に困難だったし、また彼らはそんな難しい仕事を自らに課してしまったからだ。ユニリーバはビューティ・ケア製品でプロクター&ギャンブルと競合し、敗北している。同社の最近の努力にもかかわらず、クロスボーダーでの規模と範囲の経済を集約で獲得できていないからである。成功例にはエンブラエルがある。小型ジェット機業界で同社がボンバルディアに勝っているのは、完全に労働の裁定のおかげだ。安価な労働力を利用するというのは単純なやり方だが、ブラジルで世界第一級の航空機メーカーを経営するのは、実際、単純からは程遠い。

グローバルに成功を収めた企業は特定の戦略に必要となる経営資源や能力を既に備えている。それに対し、経験の浅い、または成功していない企業はＡＡＡ戦略のどれに的を絞るか決めるところから始めなければならない。その際にもＡＡＡトライアングルを利用できる。一つのやり方として、業界または企業がどの分野に資金をつぎ込んでいるかを測定し、それを三つのＡ

図7-4

業界全体の支出の大きさ

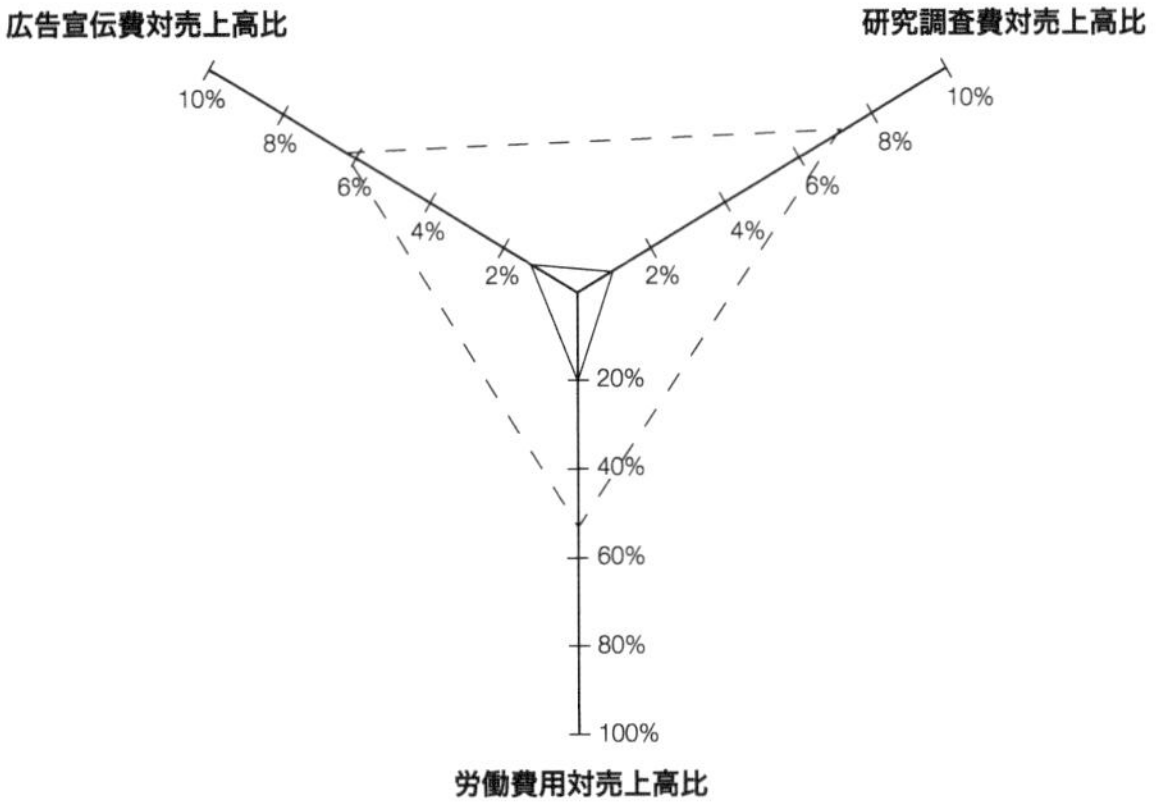

による改善の余地をあらわす代理変数に使うことができる。宣伝広告費の対売上高比が高い場合は適応、研究開発費が高い場合は集約、そして労働費用が高い場合は（労働の）裁定が重要であると言える。[注6]

より具体的には、業界または複数の企業を、**図7－4**のような、目盛をつけたAAAトライアングル（これはアメリカの製造業のデータに基づいている）上にプロットすることを薦める。ある産業または企業の分野での数値が中央値（図の実線で線引きした部分）より高かったなら、それに対応する戦略は検討に値する。もし数値が点線（上位一〇％）に近いか、またはそれを上回るなら、対応する戦略を無視するのは危険かもしれない。

AAAトライアングルを使えば、ある会社とその競合他社を、支出の大きさなど、さまざまな尺度でプロットすることができる（330ページ、図7－7参照）。これは、どの戦略（一つまたは複数）を重視すべきかについて新たな切り口を与えるものであり、強力な競争相手に直面している企業にとっては特に重要である。

レベル2：複合AA戦略

純粋なA戦略はグローバル戦略の中で最も明快な形であるが、少なくとも私がAAA戦略について話す機会のある最先端のグローバル企業では、一つのAではなく、二つのAを追求していることが多い。複合AA戦略は、企業が二つの側面において実際に競合他社に打ち勝つことで実現することもありうるが、二つのAのバランスを競合他社よりもうまくとることで実現する可能性のほうが高い。後者のケースでは、AA戦略とは適応と集約という古典的なトレードオフを一般化したものになる。市場のグローバリゼーションに焦点を当てる従来の考え方では、戦略の選択は適応と集約のどちらか一つに絞られていた。AA戦略は生産のグローバリゼーションを考慮することでそれを一般化し、AAAトライアングルによって明らかになった三つの要素のトレードオフに焦点を当てる（307ページ、図7－1(a)と図7－1(b)を比較せよ）。AAトライアングルの三辺に対応するAA戦略は、それぞれのトレードオフの背後にある共通の要素を重視する。適応と集約の場合は類似点、適応と裁定の場合は差異または多様性、裁定と集約の場合はクロスボーダー統合がそれにあたる。

更に注目すべき点は、AA戦略を採用することにより、グローバル戦略の選択肢は三通りから六通りに増えるということだ。AA戦略の要素二つに優先順位をつけ、第一戦略、第二戦略とするなら九通りだ（この場合はAa戦略となる）。AA戦略の野心的な目標をどうやって達成すればよいかを調べるには、最先端を行く会社を見るのが一番だ。ここでは事例を四つ挙げる。四社のCEOやその他の経営者と直接話して得られた内容も含む（**図7－5**）。

図7-5

最先端企業の進化

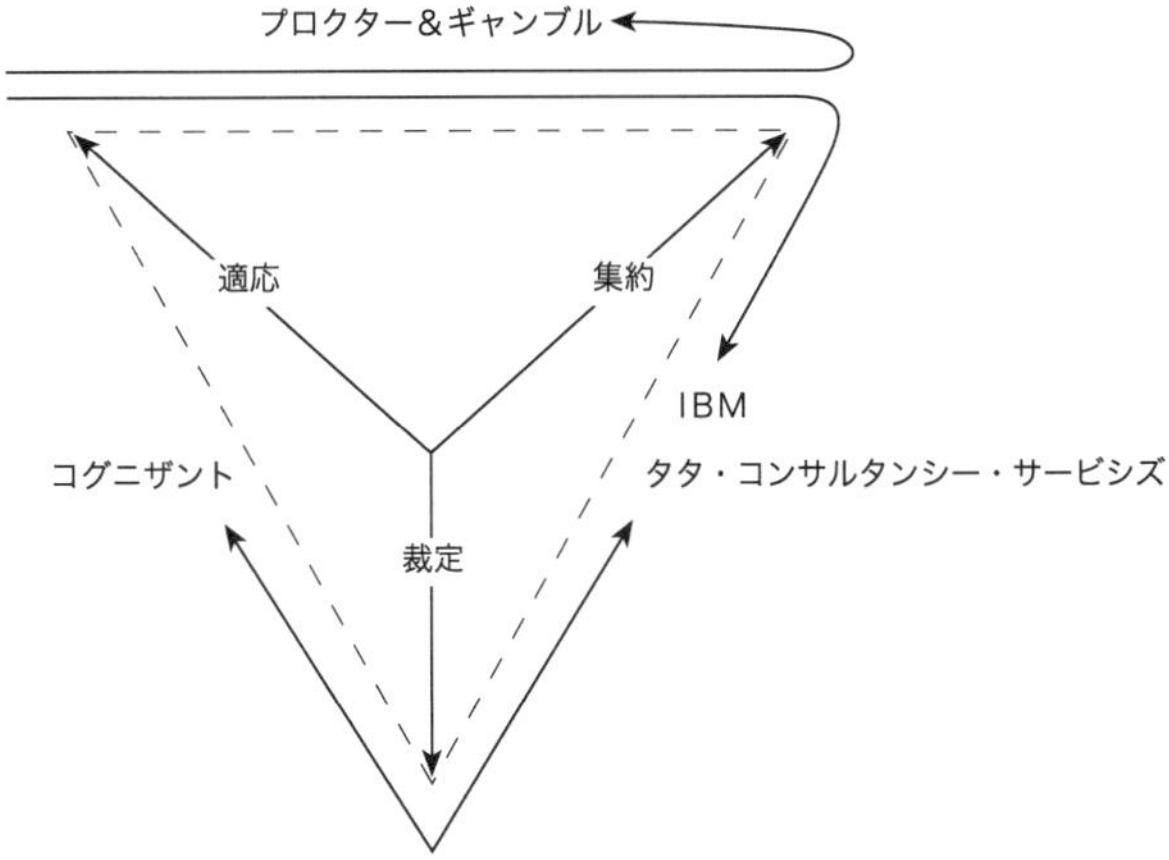

ＩＢＭ

ＩＢＭがこれまでとってきたのはほとんど適応戦略であり、ターゲットとする国でそれぞれミニＩＢＭを設立して海外市場でサービスを提供してきた。研究開発と経営資源の配分を除けば、海外拠点はそれぞれが概ね独立して活動しており、必要に応じて現地での差異に適応していた。一九八〇年代と一九九〇年代には、国ごとの適応が海外の規模の経済を阻害していると不満を抱き、ミニＩＢＭに地域組織をかぶせることになった。ＩＢＭは国を地域で集約し、調整をしやすくし、地域、そしてグローバル・ベースで規模の経済を獲得しようとした。

しかし、最近のＩＢＭは国ごとの差異を活用し始めた。裁定（同社のトップはこの言葉を使っていないが）に着目した兆しとして最近最も顕著なのは、賃金の差異を利用して、新興国の社員を三倍以上に増やし（特にインドではこの期間に従業員数が一万人から五万人に増加した)、新興国で大幅な拡大を図ったことだ。新しい従業員のほとんどは、IBMグローバル・サービシズというグループ会社に所属している。この会社は急拡大しているがマージンがIBMの関連会社の中では非常に低く、価格引き上げよりもコスト削減という点で貢献することになっている。したがって、IBMは集約と裁定の戦略を追求している。適応は特に市場に直面した活動では引き続き重要であるが、従来ほどは重視されていない。

需要に見合うだけの有能な人材をグローバルに調達・配置したIBMの裁定の試みの中で非常に注目すべき要素は、各拠点に配置する社員を動学的に最適化する、洗練されたアルゴリズムである。人材配置モデルに、たとえば部品配送モデルと異なる高度な知識が必要になる理由を、IBMチューリッヒ研究所の所長、クリシャン・ネイサンが語ってくれた。まず、人的サービスは在庫を持つことができない。第二に、部品の機能が製品番号や技術的特徴の記述で要約できるのに対し、人の機能は同じような標準化したやり方で要約することができない。第三に、人をチームに配属する際、各個人という部品の集まりよりもチームの能力が劣るといった最悪の事態が起きないよう、会社は相性などを考慮する必要がある。第四に、それらも含めたさまざまな理由（社員の能力開発など）により、任期と手続きは他の補助的な要件を満たす必要がある。更にネイサンは、アルゴリズムに基づく配置を「七五％がグローバル、二五％がローカル」としている。これは現実よりも理想に近いかもしれないが、裁定の効率を高めるために優れたマッチングが行われるなら、大規模な権限の移動が起きる。その中で組織を調和させるのは大きな課題である。

プロクター&ギャンブル

ＩＢＭと同様に、プロクター＆ギャンブルも当初は現地市場に合わせるべく世界各地にミニ・プロクター＆ギャンブルを作ったが、その後の発展は大きく異なる。特に同社には、ヨーロッパ全体を集約する試みをやめた後、一九八〇年代の大部分という長い時間をかけて、機能別のマトリックス構造を構築するに至った。しかし事業と地域のマトリックスは扱いづらく、一九九九年に新ＣＥＯのダーク・ジェイガーはグローバル事業部門による組織再編を発表し、それぞれに収益責任を課し、補完的に地域市場開発組織が販売部門（グローバル事業部門間で共有される）を動かして現場で活動する形とした。

集約を一段とすすめようとしたこの野心的な試みは、主なグローバル事業部門と地域市場開発組織の接点でさまざまな大混乱を引き起こした。ジェイガーはたった一七カ月で職を去った。プロクター＆ギャンブルは後任のＡ・Ｇ・ラフリーの下で成功したが、ラフリーはジェイガーが作った組織を維持しつつ、組織に配線を加えたという。つまり、何カ月にもわたる交渉の結果として考案された意思決定表は、さまざまな意思決定が、誰の手で（グローバル事業部門か地域市場開発組織か）どう行われるべきかといった手順を示し、一方で一般的にはグローバル事業部門に収益責任（加えて意思決定表に決められていない意思決定を行う権利）を課していた。同時に、システム内には若干の柔軟性を残しており、医薬品事業は特殊な販売網を持っているため地域市場開発組織の構造に取り込まれていないし、市場開拓の課題が大きい新興国はカントリー・マネージャーが収益責任を負う。グローバル事業部門と地域市場開発組織をまたぐ共通のＩＴシステムとキャリア・パスが、この二つのサブユニットを結びつけるのに役立っている。成長目標の設定に始まり、それが戦略、イノベーション、ブランドなどに落とし込まれる。それに加えて、先二年の事業計画や予算に至るまでの念入りに積み重ねられた評価の体系が、最高の業績をもたらしている。

また、プロクター&ギャンブルは必要とあれば重要な市場に適応する意志があるが、同社の最終的な目標は、グローバル事業部門のレベルで集約を行って、国単位で活動する多国籍企業や現地の競争相手に勝つことだとラフリーは言っている。更に、プロクター&ギャンブルにとって裁定（特にアウトソーシングによるもの）は重要であるが、適応や集約よりも優先順位は低いという。「顧客の心を捉えるものがあれば、それを外注することはない」。同社はグローバル・ビジネス・シェアード・サービス部門を通じた複数年契約のアウトソーシングで、ITはヒューレット・パッカードに、人材はIBMに、施設の管理はジョーンズ・ラング・ラサールに委託している。裁定にかかわる人員はプロクター&ギャンブル全体の二・五％にすぎない（一方、IBMは二五％近い）。日用品業界では、労働の裁定の範囲は広がっているかもしれないが、その重要度はIBMグローバル・サービシズのような業界よりも依然として低いのが理由の一つである。

タタ・コンサルタンシー・サービシズとコグニザント

タタ・コンサルタンシー・サービシズによる集約の試みと中核としての裁定戦略については既に述べた。S・ラマドライCEOは、同社の将来には集約と裁定の両方が不可欠だという。ただ、IBMと同じAA戦略ではあっても、タタ・コンサルタンシー・サービシズが当初から重視しているのは裁定戦略だ。この二社を比較することによって、一見同じAA戦略でもその内実や実行の仕方はさまざまであるのがわかる。加えて、プロクター&ギャンブルの事例（集約を第一の戦略とし、裁定は第二の戦略とする）が示すように、AA戦略を基本戦略と補完戦略に分けることも重要だということも理解できるだろう。

そんな区分けはしなくていいのかもしれない。業種によっては成功への道筋が複数あるのかもしれない。インドのITサービス会社の事例をもう一つ挙げる。コグニザントはサービスの大半をインドから提供するITサービスで急成長を遂げ、業界第四位となった。同社は裁定と集約ではなく、裁定と適応を重視しており、主要市場であるアメリカでのプレゼンスや「会社の顔」に大規模な投資を行い、状況に応じて同社がインド企業としてもアメリカ企業としても通じるようにまでなっている。

コグニザントはダン&ブラッドストリートの一部門として一九九三年にスタートし、純粋なインド企業よりも均等に権限を分散している。創立者のクマール・マハデヴァがアメリカの顧客を担当する一方で、ラクシミ・ナラヤナン（当時は最高執行責任者、現会長）はインドからのサービス提供部門を担当した。同社はまもなくこの分担を昇華し、「双頭」構造を作り上げた。即ち、それぞれのプロジェクトにおいて常にインドに一人、アメリカに一人と、ふたりのグローバル・リーダーを置くようにしたのだ。二人は共同責任を負い、同じ成果に対して同じ評価で報酬を受ける。この構造を実装するのには二年かかった。社員は僅か六〇〇人だったのに、考えを変えるのにこんなに時間がかかったとコグニザントの新しいCEO、フランシスコ・デスーザは言う（現在の社員数は二万五〇〇〇人だ）。この「双頭」構造は重要だが、それでもなお、裁定と適応のトレードオフを再考し、同社の経営陣がグローバルなオフショア化における統合の主たる課題（「サービスの提供とマーケティングの調整に失敗すると、ただ『モノを壁越しに投げる』ことになる」と称する状態）を克服するための、幅広い試みの要素の一つにすぎない（**図7－6**）。

図7-6

コグニザントの裁定ー適応戦略

人材配置	サービス提供	マーケティング
●比較的厳格な採用プロセス ●豊富なMBA、コンサルタント ●インド人以外のほうが多い ●インドで研修を実施し、文化に慣れさせる	●双頭体制 ●インドと海外の協調を提案 ●顧客にいっそう近づく ●オンサイトでキックオフ・チームが稼動 ●頻繁な顧客訪問、技術の利用	●インドとアメリカのポジショニング ●主要なマーケティング責任者はアメリカ国籍 ●顧客窓口担当は経験豊富な上席者 ●少数の大手顧客に積極的に営業

コグニザントの事例は、一つの戦略でなく複数の戦略を追求するのは大きな課題だということを示している。この課題の組織に関する要素は、本章の最後の部分で掘り下げる。

レベル3：三連単AAA戦略

最後に、適応、集約、裁定と、全ての戦略で競争相手に勝とうとする企業を考えてみよう。この形で成功するのは不可能ではないが稀である。表7－1（309ページ）で示した緊張が少ないか、規模の経済あるいは構造上の優位によって課題を克服できるか、または競争相手が制約を受けている場合に見られることが多い（つまりこうした要素がないと難しい）。

AAA戦略を追求した例として、医療用画像診断装置メーカー、GEヘルスケアを挙げる。この業界は急速に成長している。グローバル市場はGEヘルスケア、ジーメンス・メディカル・ソリューションズ、フィリップス・メディカル・システムズの大手三社に集中しており、この業界の世界全体における売上高に占める三社の割合はそれぞれだいたい三〇％、二五％、二〇％である。[注7]グローバル市場でこれほど集中が進んでいるのは、彼らの戦略の最も顕著な特徴に関連していると思われる。図７－４（315ページ）を使うとそれがよくわかる。医療用画像診断装置は、研究開発の集約度が製造業では上位一〇％に入る。具体的には、研究開発費対売上高比は大手三社では一〇％超、小規模な競合他社では比率は更に高く、それが利益圧迫要因となっている。この数字は、グローバルな規模で集約を行うという課題がこの業界では最近特に重要だと示している。

大手三社のうちでも最大手のGEヘルスケアは、常に三社で最も高い利益をあげている。次のように集約で成功しているためである。

・**規模の経済**　GEヘルスケアはジーメンス・メディカル・ソリューションズやフィリップス・メディカル・システムズと比較して研究開発費、総売上高が大きく、またサービス担当者も多い（GEヘルスケアの全社員の半数を占める）。しかし、他の二社と比較すると研究開発費対売上高比は小さく、他の費用比率は同水準で、主要生産拠点の数は少ない。

・**買収能力**　経験を通して、GEヘルスケアは一段と効率的に買収を行えるようになった。同社はジェフリー・イメルトの指揮下で（彼がゼネラル・エレクトリックのCEOになる前に）一〇〇件近くの買収を行った。その後も多くの買収を行ったが、その一件が二〇〇四年の総額九四億ドルにのぼるアマシャム買収で、これにより同社は機器製造から医療業界へ進出し、二〇〇七年初めにはアボット・ラボラトリーズの二つの診断ビジネスを八一億ドルで買い取って、医療分野での能力を更に高めていった。

・範囲の経済　アマシャムとアボットの買収は、ゼネラル・エレクトリックが伝統的に持っていた科学技術のノウハウをバイオ化学のノウハウと融合するきっかけとなった。更に、GEヘルスケアは機器の購入の資金を、GEキャピタルを通じて調達している。

集約における成功に加えて、GEヘルスケアは裁定の面では一段と競争相手に勝っている。イメルト時代になって以降のごく最近、同社は生産を低コストの拠点に移し、「グローバル・プロダクト・カンパニー」になった。拠点の移転は「ピッチャー・キャッチャー」コンセプトによって促進された。このコンセプトはもともとゼネラル・エレクトリック・グループ内の別の会社で始まったもので、移転元の「ピッチャーチーム」が、移転先の「キャッチャーチーム」と協調し、後者の実績が前者の実績に並ぶまで、密接に移転業務を進める。二〇〇五年までに、GEヘルスケアは直接原材料の五〇%と自社の生産拠点の六〇%を低コストの国に求める、という目標の半分以上を達成していたと言われている。

最後に、適応という観点から見ると、GEヘルスケアは国別のマーケティング組織に大規模な投資を行っているが、この組織は、統合された開発・製造部門（ある経営幹部の言葉によると「ドイツ人よりもドイツらしい」）とは比較的つながりが緩い。更に、機器に加えて、放射線技師の教育や画像処理に関するコンサルティングといったサービスも提供するという点を強調して顧客にアピールした。こういった顧客との密接なつながりは、国ごとに合わせて構築する必要がある。

非常によく計算されたGEヘルスケアのグローバル戦略をおおまかに説明したが、そんな同社でさえ、ある程度は社内の緊張にさらされた。特に、グローバルな統合を行う際、中国やインドのような、市場が拡大する可能性はあるが低所得の国を例外扱いするかどうかという点について、意見が分かれた。最近、ジェフ・イメルトはこう語っている。

去年の会議で、ヘルスケア部門の割引販売の見直しについて、部門責任者、ジョー・ホーガンと話した。その結果、二〇〇〇万ドルを追加で投資し、割引販売に関する責任を通常のプロダクト・ラインからはずして中国に置くことにした。こうして私たちは社内の壁を取り除いた。基幹部門が割引販売部門の収益を圧迫していたのだ。それ以降、売上高は六〇〇〇万ドルから二億六〇〇〇万ドルに増加した。この部門に関する最新の報告が行われた際、我々は外部の障害について話した。組立式キットをどう作るか？　インドでキットを作り、中国で組み立て、関税やその他の負荷を回避できるようにするにはどんな設計にするのがいいか、ということだ。注8

GEヘルスケアが全ての側面で競争相手の先を行っていたわけではない点も指摘しておく。ジーメンス・メディカル・ソリューションズはコア・イメージングにもっと重点を置いていて、同社の画像診断技術のほうがずっと進んでいると考えられている。即ち、ジーメンス・メディカル・ソリューションズは少なくとも一つの面では集約がより効果的に進んでいると言える。この事例を見ると、二社以上が同じ戦略を追求する場合、全く異なるアプローチをとることによって両者とも成功する場合もあるという点を再認識できる。

更に、GEヘルスケアがここまで三つのAを追求できたのは、三つのAのうちの一つ、適応を分離したことである。これは経営陣の処理能力を効率化するさまざまな仕組みの一例だ。このようなメカニズムが特に必要になるのは、企業が二つ以上、特にAを三つとも追求しようとする場合である。非常に幅広い活動なら、ただ単にマトリックス組織にかみ合わせるよりも、分離したほうが全体にとってはよいアプローチであると言える。プロクター&ギャンブルが、適応と集約に加えて、ある程度裁定を追求することができたのは、同社が意図的にこれらの機能を三つのサブユニット（グローバル事業部門、市場開発組織、そしてグローバル・ビジネス・シェアード・サービシズ部門）に分け、これらが接触する（即ち摩擦が生じる）場を最小限に抑える構造にしたためだと、A・G・ラフリーは私に説明している。

プロクター&ギャンブルがグローバル・ビジネス・シェアード・サービシズ部門を通じたアウトソーシングの重視によって裁定を効率的に外部化している点は、第四章の適応の部分で議論した補助ツールの一例を思い起こさせる。第四章で説明したその他の補助ツールも、限りある経営陣の処理能力の効率的な配分という最適化の問題に応用することができる。組織の別々の部分に別々の機能を持たせるというのは、結局、社内の多様性を効率的に高めることに相当する。ただ、トレードオフは存在するし、分割できないさまざまな要素に関しては全社統一の方法で遂行したほうがよい場合もある。

最後に、GEヘルスケアの業績は、競争相手の限界に依存している部分もある。GEヘルスケアと比較すると、競合二社は規模その他の点で不利であるし、ジーメンス・メディカル・ソリューションズやフィリップス・メディカル・システムズ（特に後者）はいろいろな面、特に生産を低コストの国に移転する際の動きが遅い。だから、GEヘルスケアの事例を根拠に、適応・集約・裁定の三連単を追求するのが誰にとっても望ましいと考えるのは間違いだ。もしそんな誘惑にかられたら、囲い込み記事「AAA三連単：競馬場のほうがまだ勝率が高い？」を注意深く一読されたい。

ＡＡＡ三連単：競馬場のほうがまだ勝率が高い？

ＡＡＡの全ての側面で有力な競争相手に勝とうとするなといくらくぎを刺しても、鼻息の荒い経営者はそういうことを考える。しかも実現できそうにない場合にはなおさら熱心に追い求める。自分の会社の経営資源をＡＡＡ戦略に賭けるよりも、彼らを競馬場に連れて行って三連単に賭けさせたほうがまだ安全かもしれない。

競馬好きなら誰でも知っているとおり、三連単は、一着、二着、三着の馬をそれぞれ当てるものである。三頭が順番どおりにくる確率は非常に小さいため、競馬界では三連単で当たりが出たらインサイダー情報の漏洩が行われた可能性があるとまで言われている。

ピックスリーは、三つのレースそれぞれの一着を全て当てるもので、三連単よりも更にリスクが高い（他の条件、特に馬の能力の配分が同じ場合）。三連単では一着の馬は二着以降にはならないからだ。

ビジネスでＡＡＡ戦略を成功させるのは三つのレースの一着を全て当てることよりもずっと難しいと思われる。表７－２で示した三つのＡの間には摩擦やトレードオフがあるためだ。また、第六章で言及した動物のたとえを使うなら、何でも屋になろうとすると往々にしてジャツカロープになる傾向にある。

ＡＡＡトライアングルと戦略の策定：競争マップの事例

前のセクションではグローバル戦略のさまざまなあり方を説明するためにＡＡＡトライアングルを使った。トライアングルは、最初にどの戦略を追求するかを決定する際に役立つ。この点は既に、Ａ戦略のセクションで業界の支出が拡大する局面（315ページ図７－４）を論じた際に触れた。ここでページを割いて更に追求する。

医療用画像診断装置のビッグスリーのうち最も小さいフィリップス・メディカル・システムズを例にとる。第四章で説明したように、フィリップスが従来とってきた戦略は、権限をカントリー・マネージャーに集中させ、適応を重視するものだった。一九九六年に新しいＣＥＯが地域－製品マトリックスの地域部分を廃止し、グローバル製品の部門ごとに一段と効率的に集約を行った。事業レベルで見ると、フィリップス・メディカル・システムズではフィリップスの従来の適応戦略が継承された。それがＧＥヘルスケアやジーメンス・メディカル・ソリューションズに対する比較優位の源であったと言われている。しかしフィリップス・メディカル・システムズの適応面での優位は、ジーメンス・メディカル・ソリューションズの技術とＧＥヘルスケアのサービスの質がもたらす優位に及ばなかった。競合二社のこうした優位は、グローバル・レベルでの属性と思われているが、実際現地レベルでも顧客を摑んでいた。

フィリップス・メディカル・システムズは適応の側面ではＧＥヘルスケアとジーメンス・メディカル・ソリューションズに対してやや優位だったが、集約の側面では両社に劣った部分のほうが大きかった（フィリップスが一九九〇年代後半にグローバル・プロダクト部門に大きな権限を与えたのは集約へ向けた動きではあった)。フィリップス・メディカル・システムズの研究開発費は絶対額でGEヘルスケアより三分の一、ジーメンス・メディカル・ソリューションズより四分の一少ないだけで、小規模な企業のより少ない軍資金の中では大きな支出であった。更に、フィリップス・メディカル・システムズは時代遅れになっていた従来のX線画像ビジネスを補完するべく、一九九九年から二〇〇一年にかけて矢継ぎ早に六社を買収した。同社は買収をあまり経験していなかったのに、この試みが大きな成功を収めたのは驚くべきことだったが、後遺症は現在も残っている。最大の後遺症は、過去の買収案件(成立したものや検討したもの)にかかわる費用または引当金として計上した額が二〇〇四年でも七億ユーロにのぼっていることで、同年の利益はそれでほとんど帳消しになっている。

買収によって傘下に入った異質のパーツを一つの組織にくっつけようと最近まで躍起になっていたことも、フィリップス・メディカル・システムズが裁定で遅れをとった原因の一つである。同社が中国で合弁による生産を始めたのは二〇〇四年で、中国市場向けの製品は二〇〇五年、輸出向けの部品は二〇〇六年になってようやく生産が開始された。親会社のフィリップスは中国で活動している多国籍企業では大手の一角であるにもかかわらずそんな有様だ。全体を見ると、フィリップス・メディカル・システムズにおける低コスト国への外部化は、二〇〇五年でやっとGEヘルスケアが二〇〇一年に達成していた水準にたどり着いた程度であるし、ジーメンス・メディカル・ソリューションズにも遅れをとっている。

三つのAに対する相対的なポジショニングは一つの競争マップにまとめることができる(**図7-7**)。おおざっぱではあるが、この図に各社を配置していくと、それぞれが戦略マップのどこに位置しているかを把握でき、またさまざまな戦略のトレードオフが視覚的に把握できる。

図7-7
画像診断装置のAAA競争マップ

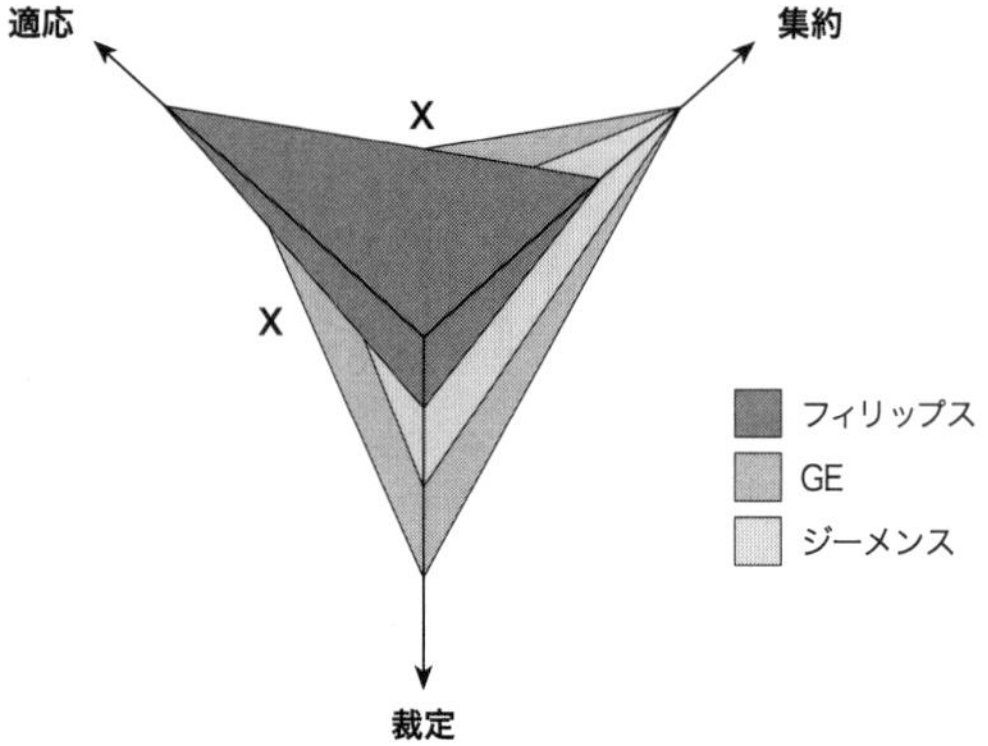

どこに注力すべきであり、どこに注力すべきでないかを熟考するのにはこの枠組みが便利である。

フィリップス・メディカル・システムズはこの競争マップを、そしてもっと大所からはAAAトライアングルを、どのように戦略の策定に利用すればよいのだろう？　それを考えるには、フィリップス・メディカル・システムズがどの点で他社に劣っているかを把握し、そのギャップをどうやって埋めようとするかを仮定する必要があるだろう。たとえば、個別部門による協調で改善を続ける（集約）、生産の低コスト国移転を加速させる（裁定）などだ。しかし、どちらの戦略でも、フィリップス・メディカル・システムズが他社に決定的な勝利を収める可能性は低そうだ（何らかの革命的な新技術を導入すれば話は別だが、言うは易し、行うは難しである）。業界全体が集約と裁定に注力していることを考えると、適応だけの戦略は有効ではないだろう。

フィリップス・メディカル・システムズが選ぶべき戦略は、明らかに、図7−7にXで記した二つのAA戦略、即ち適応−集約、あるいは適応−裁定のいずれかである。適応−集約戦略は現在の姿に最も近い。しかし、注意すべきなのは、フィリップス・メディカル・システムズの業界第三位の地位を危うくしている、集約にかかわる課題は解決できそうもない点だ。それなら、現地できめ細かな対応をしておいたほうが本当に身のためだ。あるいは、同社は競争優位を創造するという考えをあきらめて、平均して高いこの業界の収益性を単に享受することも考えられる（大手三社は価格設定が「紳士的」であると言われている）。いずれにせよ、大手競合他社の大がかりな行動に追随して全く新しい分野に参入すると、不利な面が縮小するのではなく拡大する可能性が高い。

フィリップス・メディカル・システムズの二つ目の選択肢である適応−裁定戦略は、低コストの場所で生産するだけでなく、徹底的に製品を設計しなおし、単純化して、コスト要因の大半を中国やインドのような成長目覚しい国に持っていくことだ。しかし、この選択肢はコストの低さで勝負しないというフィリップスの伝統にそぐわない。そしてGEヘルスケアの動きは、フィリップス・メディカル・システムズがこの手の戦略で追随できる余地を狭めている。GEヘルスケアの「中国のための中国製」製品はコストを五〇％削減したと言われているが、フィリップス・メディカル・システムズが中国製品で削減できたコストは二〇％だ。

最後に、これらの選択肢のどちらも魅力的でなく、正直言ってどちらをもってしてもフィリップス・メディカル・システムズが競争優位に立てそうにないのであれば、戦いの場を変えるという選択肢がある。フィリップス・メディカル・システムズは中核となる医療用画像診断装置では構造的にGEヘルスケアやジーメンス・メディカル・ソリューションズに対して不利な状態にあると思われるが、他の分野では競合他社より有利な点が多い。そうした中から不利な点が少ない分野を見つけることができるかもしれない（AAAトライアングルに関連付けて言うと、これは新しいビジネス分野への水平的なシフトと考えるのがふさわしい）。実際に、フィリップス・メディカル・システムズはゆっくりとではあるが、この方向へ動こうとしており、最近は、突然の心停止の治療に用いる自宅用自動体外式除細動器（AED）など、一般市民が自宅で使う医療機器に注力している。この分野ではフィリップス・メディカル・システムズは、ジーメンス・メディカル・ソリューションズとGEヘルスケアの両社に対して優位であると元CFOの何孟陽は言う。「家電製品事業で我々は消費者への対応にかかわる経験と知識を得てきた」[注9]。本家のやり方に戻る戦略で前面に押し出した、ブランドと販売網という経営資源は、現地または国レベルで活用される。新しい戦略は新しい市場における適応（そしてある程度の集約）を重視していると言える。

組織の三原則

ここまでは、グローバル戦略の多様性に焦点を当て、その中から戦略を選ぶためのツールや具体的な原則を提示してきた。以下に述べる、さまざまな戦略の目的を達成する組織を作るための三原則も有用である。

協調を広げること

多国籍企業は少なくとも数百年にわたって存在しているが、協調の度合いは大きく向上した。

大手商社のような初期の多国籍企業は、情報の伝達が遅くてまばらな環境の下で事業を展開しており、本社は小規模であった。たとえば、ハドソン・ベイ・カンパニーは一八世紀初めには本社の正社員マネージャーを二〇名しか採用していなかった。[注10] 一九世紀末までに、遠距離の協調と管理という課題への対応として、機能別・部門別の組織体系をとった多国籍企業もあったが、本社は今日と比較すると依然小規模であった。非常に統合が進んだ巨大石油企業、ジョン・D・ロックフェラーのスタンダード・オイルは、一九一一年の解散前夜でも、一般管理部門の職員がたった一〇〇〇人しかいなかった。それ以降、最前線の多国籍企業は画一的戦略（元来は裁定）の先を見据え、最近では情報技術の飛躍的な進歩による恩恵を受けてきた。その結果、そういった企業では、本社による経営資源の配分と国別事業のモニタリングを重視するという従来の協調に加え、国境を越えた協調が進んでおり、組織の壁を乗り越えた協調がよく機能している。しかし、たくさんの企業（や、言うまでもなく文献）は、協調は最小限にという固定観念にしがみついている。

新しい協調メカニズムを作ること

協調を効率的に拡大するには、新しい協調メカニズムを開発するのが大きな後押しとなる場合が多い。本章で述べた最前線の多国籍企業の事例を見てみよう。ＩＢＭはヒューマン・サプライチェーンに加えて「案件のハブ」を考案した。同社の多様な事業を集約し、グローバル機能本部の配置を再考した点でこれには高い創造性が発揮されている。同社は最近、調達部門の最高責任者の任地をニューヨーク州ソマーズから中国の深圳に変更した。その他にも、プロクター&ギャンブルの落とし込み構造による評価、コグニザントの「一案件二責任者」方式、ゼネラル・エレクトリックの「ピッチャー・キャッチャー」・コンセプトなどが例として挙げられる。報道からも例を挙げることができる。シスコは最近、最高グローバリゼーション責任者を任命し、シスコ・グローバリゼーション・センター・イーストと位置づけたバンガロールを任地とした。これは、インド亜大陸にグローバルな技術開発のハブを設立し、中国の華為のような競争相手と、従来にも増して効果的に戦っていこうとする計画の一環である。注11（実は、シスコは主要業務を全てインドで行おうとしており、二〇一〇年までにバンガロール勤務の上級管理職を二〇％にすることを目標にしている）。こうした事例で言いたいのは、新しい課題には新しい対応が必要なのであり、最先端の企業はそんな新しい対応を探すのによい場所だということである。

検討課題を発展させること

本章の最初の事例、ＩＢＭに戻ってみよう。ＩＢＭは昨今、長い道のりを経て、裁定を新しい事業、具体的にはＩＢＭグローバル・サービシズに組み入れてきた。それでも、同社がソフトウェア・サービス事業でインドの競合他社に低価格で戦って勝つ見込みはなさそうだ。人件費が現地企業よりも五〇％から七五％も高いからである。むしろ、ＩＢＭが他社と異なる点は、最近では事業売却を行っているにせよ、ハード、ソフト、ＩＴサービス分野における製品のラインナップで依然として業界随一だということだ。フィリップス・メディカル・システムズが空いているポジションを探した事例と似ているが、ＩＢＭはもっと強い立場にいる。ＩＢＭの選択肢の一つは、三つの分野全てでソリューションを提供する「Ｏｎｅ　ＩＢＭ」のビジョンを実現することである。ＩＢＭ本社からの最近の報告によると、同社は裁定が加速した段階でこの方針に沿った集約を導入するとのことである。サム・パルミサーノは、トップダウンで部門ヘッドの目標を定めるのではなく、組織をもっと根本的に変革する（どちらかといえば）ボトムアップのやり方を採用し、統合チームと割引販売チームを社内の数百名のマネージャーで作っている。複数の戦略を同時に追求する場合、相対的な力点は短期間で変更されることが多い。

＊　＊　＊

このセクションで議論した三つの組織原則は全て、広く一般に当てはまる。複雑なグローバル企業における最適な組織の作り方を編み出せた人はいない。特定の戦略や特定の戦略目標の範囲で考えてもそう言える。しかし、最先端の企業がやろうとしていること、追求する目標の選び方、今後取り組んでいく課題などからは、たくさんのことがわかる。

結　論

「第七章のまとめ」は本章の具体的な結論をまとめている。最後の数点は意図的に未解決の形で提示してある。本書の目的はグローバル戦略についての考えを広げることにある。本章では、グローバル戦略の多様性を強調した。三つのAそれぞれに対応する三つの純粋戦略があり（また、それぞれにたくさんの形態があり）、加えて、少なくとも同じ数だけの複合戦略（AAまたはAAA）がある。更に、特定のA戦略またはAA戦略（場合によってはAAA戦略）を選んだとして、どのような組織を作り、どのような戦略を実行するかは、一意には決まらない。

企業は三つのAから戦略を選択すべきであると私は考える。戦略を策定するにあたり、セミ・グローバリゼーションと真剣に向き合うことで、企業はさまざまな選択肢を自由に選べるようになるだろう。差異を操作する道はたくさんあるのだ。

第七章のまとめ

1　グローバリゼーションに対する期待は、一九八〇年代における市場のグローバリゼーションから生産のグローバリゼーションへとシフトした。

2　現在盛り上がっている、生産のグローバリゼーション（広義の裁定）に対する期待は冷めるかもしれないが、グローバル戦略という課題の全容が、これで初めて認識されることになる。

3　この課題はAAAトライアングルの形でまとめられる。AAAトライアングルは、グローバル戦略の多様性を浮かび上がらせるのに加え、グローバリゼーション・スコアカードを作成し、戦略の優先順位を決める際にも利用できる。

4　海外進出による価値創造を追求する企業のトップは、クロスボーダーで自社の比較優位となる基盤が三つのAのうちどれであるかを具体的に示せなければならない。

5　AAA戦略に関し、この点での推奨は次のとおりである。Aを少なくとも一つは確保すべし。その上で可能なら他にもAを追求してかまわないが、三連単を追って全てを逃さないよう注意すべし。

6　三つのAの中から戦略を選ぶAAAトライアングルを実践し、応用する際は、三つの間のトレードオフや、費用の集中度、競争上のポジションなどのマッピングを注意深く分析する必要がある。

7　適応、集約、裁定を追求する場合、特にこれらの複合形を追求する場合は、協調の概念や、協調のメカニズムを拡張する必要がある。

8　複雑なグローバル企業の組織一般に当てはまる最適化の方法を見つけ出せた人はいない。しかし最前線の企業を見て学べることは多い。

第八章

世界で成功するための
5つのステップ

TOWARD A BETTER FUTURE
Getting Started

正しい道に乗っていたとしても、
ただそこに座っていたら轢かれてしまうだけだ。

アーサー・ゴドフレーによるウィル・ロジャースの引用

一九八〇年代には、グローバリゼーション崇拝のスローガンは市場に関するものだった。二〇〇〇年代は、生産のグローバリゼーションへの注目度が高まっているようだ。この移り変わりは、実質的な変化に加えて、グローバリゼーション信者にとってのグローバリゼーションが、時とともにどう変わってきたかも物語っている。グローバリゼーションの将来についての考えも、やはり時とともに変化する。

このテーマで議論をしても、グローバル戦略をどうするかの判断やその実践にとりかかる手助けにならないし、それればかりか時には妨げになることもある。本章では最初にグローバリゼーションの将来を簡単に予想する。次に、将来への道筋を改善するための提言を行い、最後にグローバル戦略診断を行って実践にとりかかる五段階のステップを紹介する。

グローバリゼーションの予想

グローバリゼーションの予想は、予想を立てた時期に影響されやすい。カール・ポランニーと共著者（一九五七年）や、カール・W・ドイチェとアレクサンダー・エクスタイン（一九六一年）が予想を立てた時代には、第二次世界大戦以降のグローバリゼーションの復興が完全に見えていなかった。だから彼らは、さまざまな国際化の尺度が第一次世界大戦前の時期と比べて大きく低下したことを重視し、このトレンドが近いうちに逆転する可能性は低いと主張した。[注1]

こういった著名な学者の予想に反して、戦後に国際的な経済活動は急増し、戦前の水準を超えて、さまざまな反応を引き起こした。楽観主義者は経済の国際統合は史上最高の水準に達したと力説し、悲観論者は一世紀近く前に到達した水準にようやく戻ったところだと主張した。一九八〇年代後半のベルリンの壁崩壊やアジア（特に中国）の急成長（ただしアジア通貨危機が足かせとなった）、もっと最近では生産のグローバリゼーションの急増などがきっかけとなり、グローバリゼーションへの楽観論が勢力を増している。しかし、楽観論はそれ自体が反対意見を生み出す傾向があり、私が本書を執筆している現在の段階で、グローバリゼーションは進んだのと同じ速さで後退する可能性があると真剣に提言する人たちも現れている。

私はこの予想をあまり真に受けていない。過去の経験に加えて、次の点も考慮しているからだ。

- 景気が悪いときや、その他目立つけれどよくある現象を論拠に、長い間強い勢いで続いてきた流れの方向やスピードが変わったと宣言する向きは信用できない。
- 組織について正確な予想を立てるのは難しいし、ましてや国や世界全体の経済の正確な予想はあまりに複雑すぎてほとんど不可能だ。また、そういった予想は、だいたいは何もないところから出てくるのが不安である。
- 現実の世界は、完全な現地化とも完全な統合とも違う、セミ・グローバリゼーションであると信じている。この考え方のほうが、状態の変化とか変化の速度の変化とかの怪しげな予想よりも、企業戦略の礎としてよっぽど信頼できる。

最後の点についてたとえ話をしよう。車でアメリカ横断をしている人が今中西部にさしかかっているとする。運転手はこの先かなり長い間、海岸から遠く離れた状態のままだ。スピードを上げようが落とそうが、方向転換しようがしまいが、海岸から遠く離れている状態であることは変わらない。セミ・グローバリゼーションについても同じことが言える。この先、国際統合の水準は上がるかもしれないし、今の水準にとどまるかもしれないし、また、二度の世界大戦の間の出来事が将来の可能性を示唆するならば、急激に下がるかもしれない。しかし、現在の状況のパラメータを前提とすれば、統合の水準が上がったとしても、国ごとの差異が無視できるほどにはなりそうにない。同時に、統合の水準が下がったとしても、国際的な結びつきが一切忘れ去られてしまうような状態にはならないだろう。したがって、それほど厳密な予測を行わなくても、この先かなり長い間、セミ・グローバリゼーションの状態を当面の前提条件として使ってかまわないことがわかる。グローバルな活動への姿勢についても同様に、現在の状況が続くと仮定するほうが、見通しが急変すると仮定するより適切であろう。そもそも、グローバル戦略の大部分は即座に変更できるものではない。

まとめると、私が適切だと考える予想は、セミ・グローバリゼーションがこの先一〇年、二〇年、更におそらくその先も続くというものだ。もちろん、予想の信頼度は先になるほど落ちる。でも、グローバリゼーションに対する両極端な姿勢を私の診断で否定できるならそれだけでも十分だ。しかし読者はおそらく、自分の会社が将来たどるグローバルな軌跡を改善するにはどうしたらよいか、具体的な提言を求めているのだろう。それに応えて、よりよい将来のための道を選ぶ際に役立つ暫定的な提言を行う。

道を選ぶ

将来が不確実性に包まれているなら、今日から明日、そしてその先の道筋をどうやってよりよくすればいいのだろう？　具体的には、グローバリゼーションという文脈で、自分の会社はどのように進化していくのだろう？　一時しのぎで一方向に航行を続け、砂浜に乗り上げるか、ピンボールのようにあちこち方向転換をするか、それともただ時間を稼ぐのか？

1　たとえ、最終的には世界の統合がもっと進むと信じていても、躓《つまず》いたり回り道したりすることだってあると考える。

ほぼ完全な統合がいずれ達成されるという津波論を相変わらず信奉しているにしても、ここからそこまでの道のりは平坦でもなければまっすぐでもない。衝撃やサイクルは必ず訪れるし、一〇年単位の低迷や後退もあるかもしれない（実際そんなことがあったのだ！）。この種の不確実性は、二一世紀の価値創造の中心として昨今トーマス・フリードマンをはじめとする多くの著者が重視しているＢＲＩＣｓ（ブラジル、ロシア、インド、中国）経済を考慮すると特にありうる。しかし、新興国での経験が豊富だと考えられている企業でも、この点で足をすくわれることがある。世界の主要市場における投資銀行業務で大手のゴールドマン・サックスは、ウォール街の会社で初めてソ連崩壊後のロシアに経営資源を投入し、機会の宝庫としてのＢＲＩＣｓ諸国の人気に火を付けた組織の一つだが、二〇〇五年のロシア株式・債券引受業務ランキングでは二四位にすぎない。[注2]　どうしてこんなに下位にあるのだろうか？　理由は、他の投資銀行と同様にゴールドマンも一九九八年のロシア危機と同国の国債がデフォルトした後に撤退し、何年も経過した後になって、再度、現地に足がかりを作ろうとしたためだ。こういった戦略は往々にして、サイクルの山頂で参入し、谷底で撤退することになりがちで、一般的には業績向上へのレシピにはならない。

2　さまざまな「予測可能なサプライズ」に注意する。

つまずきは「予測可能なサプライズ」の表れにすぎない。「予測可能なサプライズ」は、マックス・ベイザーマンとマイケル・ワトキンスが「大きな問題が起きるかもしれない、あるいは必ず起きるということを認識できるだけの十分な情報や見識を持ちながら、それを未然に防ぐ行動をとらない」状況を説明するのに作った言葉である。[注3] 一般的なグローバル環境では、予測可能な、また少なくとも起こりうるサプライズは、ありとあらゆる場所に存在する。地球温暖化、中東、中国、インドそしてアメリカにおけるさまざまな種類のメルトダウン、グローバル流動性危機、グローバリゼーションに対する一般的な社会・政治的反発などがそうだ。[注4] ガバナンスの国際的なギャップを考えると、こうした衝撃が長期的な影響を及ぼすかもしれないという考えはいっそう強固なものになる。会社はこれらの衝撃のどれに対して準備できているだろうか？　少なくとも、グローバリゼーションが後退するというシナリオを立て、それが会社のグローバル戦略にどのような影響を与えるかを（代替案を検討する前の段階として）分析する必要がある。

3　物事を業界レベルや企業レベルに掘り下げることによって、予測能力を高める。

衝撃、サイクル、トレンドは、さまざまな分野に横断的に影響を与えうる。しかし、そういう場合でも、それらが与える影響の強さには大きなばらつきがある。だから、「世界は一つ」という昔ながらの通念を全ての企業や産業に当てはめてもなかなかうまくいかない。自分の会社や業種に影響を与えそうなリスクやさまざまなトレンドに着目し、実際そのリスクやトレンドはどんな影響を及ぼすのかを検討しよう。地球温暖化のような大規模な現象の影響でさえ、問題の捉え方は見る人の立場によってさまざまである。多数ある実例の中から一つを挙げれば、金融投資会社、建設会社、自動車メーカー（大型車か小型車のどちらに注力しているかによって反応は異なる）、クリーン・エネルギーの供給業者など、どの立場にいるかで問題の所在が異なるのである。また、状況によっては他のリスクやトレンドのほうが突出しており、まずそちらに対応する必要があるかもしれない。たとえば、私がインドのソフトウェア会社、タタ・コンサルタンシー・サービシズと共同で将来のシナリオを作ったときは、会社の業態の性質を考慮し、まず鳥インフルエンザのリスクから始めるのが妥当であろうという結論に達した。

4　ビジネスがさまざまな結果（グローバリゼーションの将来に関するものを含む）をもたらすことの重要性を認識する。

前述の議論は、企業がやろうとすることに関係なく結果が決まると言っているように聞こえるかもしれない。しかし鍵となる不確実性の多くに関しては、これは当てはまらない。グローバリゼーションそのものの一般的なプロセスを考えてみよう。グローバリゼーション反対派が指摘する懸念には次のようなものがある。

・先進国の国民総所得に占める賃金の割合が低下している一方で、利益が占める割合は多くの先進国において数十年来の高い水準にある。
・先進国の多くでグローバリゼーションに備える安全策が未整備である（たとえばアメリカは貿易で一兆ドルを得るが、対応する教育に費やすのは僅か一〇億ドルそこそこと推定されている）。注5
・世界の二極化が進む。マイクロクレジットの先駆者、ムハマド・ユヌスがノーベル平和賞の受賞スピーチで言ったように、グローバリゼーションは「誰にでも無料で入れる高速道路かもしれないが、車線は経済大国の巨大なトラックに占拠され、バングラデシュの人力車が入る余地はない」。注6

グローバリゼーションの配当の分配という根本的な問題に直面して、会社が現実に目をつぶるのは道徳的にも実践的にも正しくない。国際的な統合の進展を支持する会社には、特に公の場における言動について、次のように推奨する（全ての会社が国際統合の進展を支持しているわけではない点に注意）。

・言葉の選び方に注意する。ブッシュ政権の経済諮問委員会の委員長を務めたグレッグ・マンキューが発見したように、アウトソーシングは時として悪い印象を伴う。グローバリゼーションも同様で、アメリカの世論調査の専門家、フランク・ルンツによれば「年配の労働者に不安を与える」注7（ルンツは、代わりに自由な市場経済について語ることを薦めている。ただ、これもヨーロッパ大陸ではあまり成功しないだろう）。

図8-1

グローバル戦略の再検討：実践にとりかかるための5つのステップ

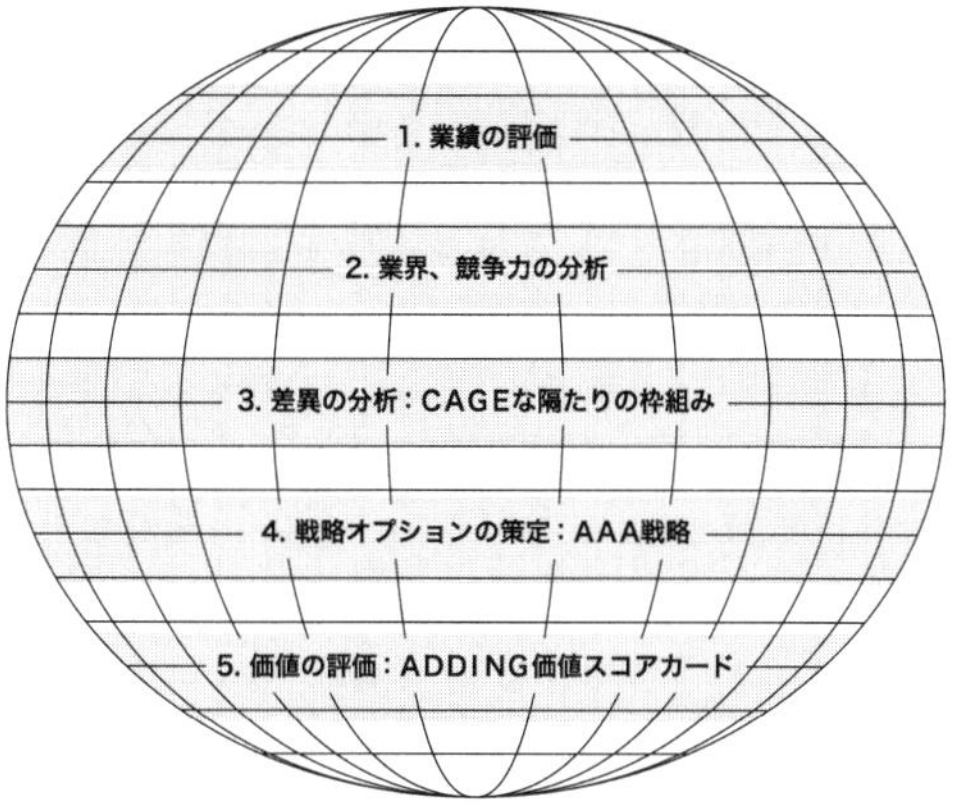

・グローバリゼーションが経済全体に与える恩恵について、抽象的な説明は避け、できるだけ具体的に語る。経済学の教科書に載っている市場均衡プロセスの説明ではだめだ。「マッキンゼー・グローバル・インスティテュートなどによると、アメリカ人がアウトソーシングで海外に一ドル送れば、それが一・一二ドルになって返ってくる計算になる」といった説明のほうが役に立つ。[注8]

・私が第一章や他の著書で叩きのめしたように、科学的根拠に欠けるグローバリゼーション信者や、国際統合が進めば必然的に世界的な市場集中が進むという世迷《よま》い言《ごと》は切って捨てる。

・労働者の再教育や、より一般には社会保障制度を支持する。歴史的に見て、こうした仕組みがない場合、自由貿易への支持は脆弱である。

・経営方針や政策の主眼として生産性の向上を強調する。企業や諸国民の富を本当に決めるのは、長期的には生産性である。

5　未来にばかり目を向けて、今をないがしろにしない。

グローバリゼーションへの風向きが順風か逆風かも含め、未来はグローバル戦略がうまくいくかどうかを大きく左右する。しかし、だからといって影響を及ぼしうる他の要素、特に今そこにある要素をないがしろにしてはいけない。本書で繰り返し強調しているのは、グローバル戦略の今の状況は改善の余地が非常に大きいということである。改善を試みる方法の一つは、グローバル行動を始めることだ。**図8－1**（347ページ）は始めるための五つのステップを描いている。順序は図のとおりでなくてもかまわない。本章の後半はこのステップについて述べる。[注9]

戦略の実行に向けて

優れたグローバル戦略を策定するために本書で紹介した考え方がどう使えるかは、これまでの章で説明した。戦略の実行にとりかかる読者のために、この最終章でそれをもう一度まとめておく。ここで挙げる五段階のステップは、まず背景の分析に始まり、それから戦略オプションの明確な策定と評価に移る。背景の分析について詳しく説明する章はなかったので、この点を以下で詳細に述べる。

1　業績の評価

グローバル戦略の検討や再検討を行う背景として、そもそもグローバル事業がうまくいって

図8-2

国ごとの経済的利益:日用品業界の某メーカーの場合

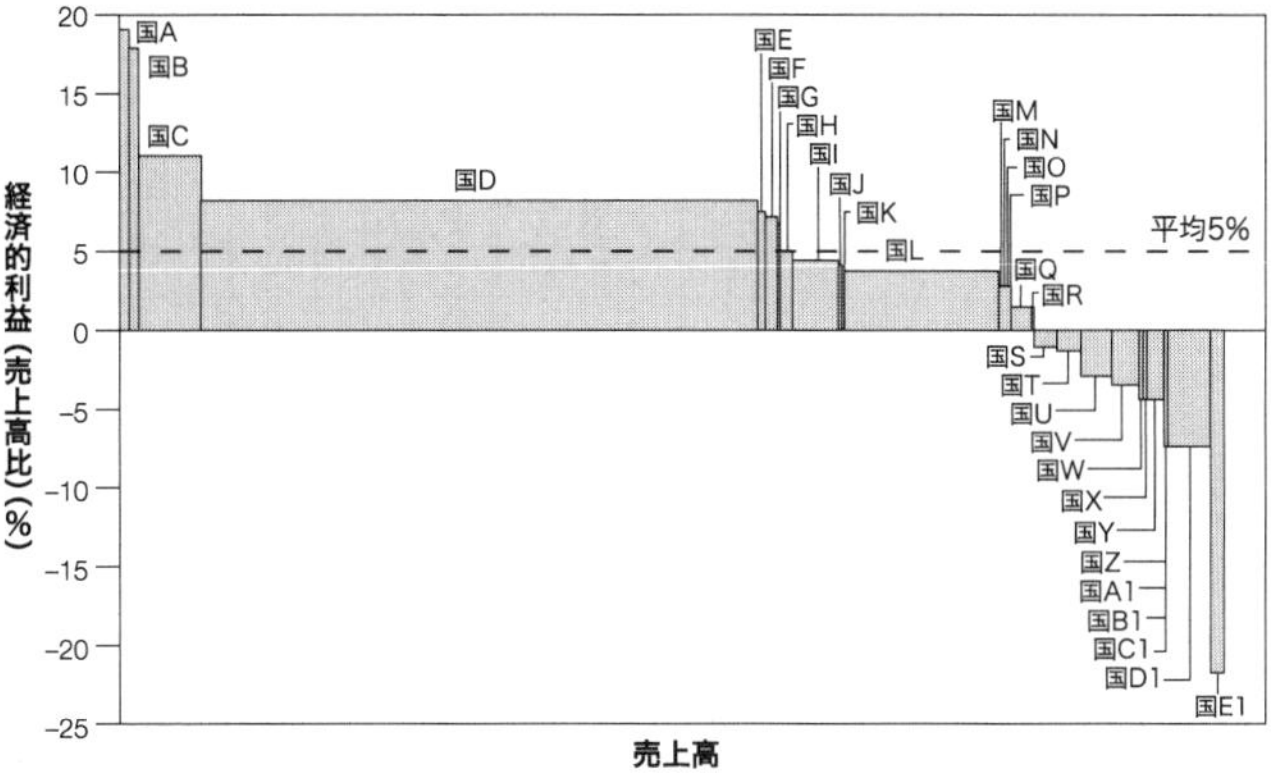

いるかどうかを評価する意義は大きい。少なくとも、地理的な側面で業績を分解するのが重要である（第五章で議論したように、分解する際の切り口は、集約戦略と同じぐらいさまざまだ）。世界中でプレゼンスを確立すべきだと考えたり、コミットメントを積み上げたり、機会費用や投下資本を考慮した経済的利益でなく会計上の利益を重視したりといった、さまざまな意味で最適ではない場所に入り込み、出てこられなくなる企業は多い。問題がどれだけ大きいかは、私の依頼でマラコン・アソシエイツが分析したデータが実証している。マラコンの発見は次のとおり。

> 当社が調査した会社の半分（一六社のうち八社）では、経済的利益がマイナスの地域部門がたくさんあった。……（中略）……長期で見ると、特定の国や地域に対して目標を持った行動をとっていない限り、顧客の地域ごとの損益は比較的安定していた。

図8－2（349ページ）に、この種の典型的な事例を挙げる。二〇〇五年には、この会社の売上高の約五分の一は経済的利益がマイナスであった。これは特に悪い例なのだと思うなら、グローバリゼーションのお手本であるトヨタにおけるこの数字は五分の一どころか四分の一だという事実を指摘しておく。

ここでより一般的に指摘したいのは、国際的な売上高や成長率や会計上の利益ではなく、価値を重視した視点をとるべきだということだ。グローバルな業績評価の、より幅広いアプローチを採用し、図7－3（312ページ）で示したグローバリゼーション・スコアカードを作るのもいいだろう。一般的にいって、自社の業績はどうかという感覚こそが、今後何をすべきかという議論を発展させるからである。

2　業界と競争力の分析

業界と競争力の分析は本章で説明するグローバル戦略の策定に不可欠である。これは五段階のプロセスにおける次のステップ以降にもつながっていくものであり、次の項でも議論する。ここで強調したいのは、自社の業界とその業界内での相互作用に関する非常に基本的な問題があり、問題の答えを持たずに突っ走るのは無謀というものだということである。この問題に関する一般的な直観の少なくとも一部は間違っていることを考えれば、なおさら無謀だ。そうした直観には、たとえばグローバルな集中化や標準化に関するものが含まれる。[注10]

この種の（感覚でなく、データに基づいて回答できるはずの）問題を、囲み記事「クロスボーダーでの業界と競争力の分析に関する九つの問題」に掲載している。これらの問題の多くは、ある時点における水準や時間軸上での水準の変化、グローバル、地域、現地といった分析のレベル、あるいは他の分断化の切り口で、更に深く追求することができる。その際、それぞれを各業界独自の観点から分析すべきである。更に、だいたいどの尺度で測ってもグローバリゼーションの進み具合は急には変わらないから、分析にあたっては、一〇年以上などの長い時間枠で変化を見るのが大事である。更に、国際的なデータを蓄積したり比較したりするのは国のデータを扱うよりもずっと手間がかかる。これらのいずれをとっても、業界の背景とその中での相互作用を把握する「だけ」のことが、実際にはたいへんな作業量を伴うことがわかる。

クロスボーダーでの業界と競争力の分析に関する九つの問題

1　**上位三社から五社の売上高が占める比率**　本当に上昇しているか。

2　**業界首位の企業や、業界内の順位、シェアの変動**　誰にでもわかる業界首位や中核企業が存在するか。するなら、その地位にある企業はどれほど激しく入れ替わっているか。

3　**世界総生産に対する国際貿易の割合、総固定資本形成に対する海外直接投資の割合、（たとえばクロスボーダーでの買収・合併に対する）国際間の合弁や戦略的提携の割合**　こういった国際統合の標準的な尺度がどうなっているか。

4　**クロスボーダーでの標準化（最もはっきりわかるのは製品である）**　本当に進んでいるか。

5　**実質価格の下落**　これが生産性向上のノルマにどんな影響を及ぼすか。
6　**業界の収益、特に経済的利益**　国ごとに収益性がどれほど異なるか。
7　**収益性と規模の関係（あれば）**　収益性はグローバル、地域、国の各レベルで、あるいは工場や顧客のレベルで規模に左右されるか。
8　**納入業者、競合他社、協力企業、買い手の間における経済的利益の分配**　お金はどこへ流れているか。
9　**広告・マーケティング、研究開発、労働（更に資本や特化したインプット）**　これらの支出項目のうちどれが自社の業界では比較的大きいか。また、その点から見ると自社の業界はどんなタイプの業界に分類できるか。

3　差異の分析：CAGEな隔たりの枠組み

第一段階と第二段階は、デューデリジェンスという意味では基礎的な作業だが、本書で展開したセミ・グローバリゼーションの考えを直接に反映していないという点で、無味乾燥であり、味気なく、得るものがない。セミ・グローバリゼーションという考え方は、国ごとの差異に注目する。第二章のテーマはセミ・グローバリゼーションの背景を理解することであった。国ごとの差異の度合いの違いを考える多面的な（CAGEの）枠組みを紹介し、また差異を測るために隔たりという尺度を使用した。これらには目的が二つあった。

・数量的な尺度を導入することで、単に国ごとの差異が存在するとか、そんな差異が大事であるとかと宣言する以上の議論を展開する。

・本拠地の国からの隔たりを考慮せず、国を一面的に特徴付けて行う、よくある類の分析を退け、議論に二面的または多面的な要素を加える。

そんなのは今どきありふれているとお思いなら、現在の状況、それも優れた企業の状況を見てみればいい。最近ウィーンで、実業界の著名な人たち数名と、グローバリゼーションに関するパネル・ディスカッションを行った際、それを思い知らされた。聴衆は当然のようにオーストリアに関係した話題を求めていた。我々が受けた質問の一つは、「オーストリアは東ヨーロッパをどう考えるべきか」であった。パネルの参加者は、東ヨーロッパは興味深いが注意が必要だという意見で一致した。しかし、CAGEな隔たりの枠組みを使えばもっと深い議論が可能だ。即ち、CAGEの枠組みで分析すれば、東ヨーロッパ諸国でもドイツ語が広く使われている地域、オーストリアから極めて近い地域、オーストリア・ハンガリー帝国の一部であった地域、国境を共有する国、ドナウ川流域などといった地域に関心を向けることができる。更にこの枠組みは、一人当たりの所得のばらつきなど、東ヨーロッパ諸国間における差異にも簡単に応用できる。

また第二章では、差異や隔たりの分析は、業種のレベルに適用してこそ真価を発揮すると強調した。言い換えると、分析の目的はセミ・グローバリゼーションという観点から自社の業種を取り囲む環境を調べることにある。自社の業界にとって最も重要な差異は何かを認識するのが大事であり、隔たりへの弾力性を数量的に把握しておくと理想的だ。採用する戦略（次の二つのステップで焦点を当てる）には、重要な隔たりにどのように対処するかという面で、ある程度の一貫性があってしかるべきだ。それでも、近くから順番にといったよくある戦略から、ハイアールが採用した「まず難しいことを、簡単なことはその後で」という逆のやり方まで、隔たりに対応するアプローチには選択の余地がある。しかし、全ての側面における隔たりを全て克服しようとし、それに成功する会社は稀だ。同様に、隔たりを全く無視してしまうのも明らかに間違っている。

4　戦略オプションの策定：ＡＡＡ戦略

戦略オプションの策定については第四章から第七章で述べた。ＡＡＡ戦略を紹介し、戦略オプションのメニューの中からどのように差異を操作すべきかについて議論した。その際、一連の手続きに関する重要な点を述べた。ここでそれを再度強調しておく。まず、評価を行う段階では、選択肢は複数持っておいたほうが、一つの選択肢だけに絞るよりずっといい。次に、戦略オプションは虚空から突然出現することはない。策定し、更に策定の事跡を残すべきである。第三に、検討する戦略オプションの選択肢を改善することに、戦略オプションそのものの評価を改善することと同じだけ気を配る必要がある。

戦略オプションの選択肢を改善することは、本書に繰り返し登場したテーマである。本書の目的の一つは、さまざまな多面性と多様性を考慮しながらグローバル戦略の視野を広げることだ。そうした多面性と多様性とは、具体的には次のとおりである。

・国ごとの多面的な（ＣＡＧＥな）差異、更に差異の違い
・クロスボーダーでの活動範囲に影響を及ぼす価値のさまざまな構成要素

・クロスボーダーでの差異に対応する戦略の多様性

選択肢を策定するにあたっての創造性を論じた箇所（第三章）、および適応する開かれた姿勢を論じた箇所（第四章、加えて私のウェブサイト：www.ghemawat.orgも参照）では、戦略オプションを改善するために必要な洞察を提供した。また、議論の過程でグローバル戦略の具体的な事例や独創的な（また独創性に欠ける）多くの事例を挙げた。結論は？　新しい、違った視点を追求することには常に価値がある。

5　価値の評価：ＡＤＤＩＮＧ価値スコアカード

戦略オプションの評価には、第三章で紹介したＡＤＤＩＮＧ価値スコアカードの六つの構成要素の観点から、価値に影響を与える要因を分析するのが有効である。133ページの表３－２に、価値の構成要素を分析するためのガイドラインを長々と（全部で二八項目）掲載した。しかし、リストの長さや構成とは関係なく、グローバリゼーションは価値に着目して考えるのが大事だというのが基本的な論点である。

繰り返すが、この提言が陳腐に聞こえるなら現状を見てみるといい。多くの会社が主に売上高に基づいてグローバリゼーションを見ている。更に、（資本コスト控除後の）経済的利益ではなく会計上の利益を見ている。つまり、価値重視の見方は依然として一般的ではなく、むしろ例外的なのだ。資金調達を計画する際、それをグローバリゼーションに関する戦略的意思決定にうまく結び付けている会社はなおさら少ない。

ここで述べた価値の重要性と、前述した創造力の必要性の二つを強調して、本書の締めくくりの言葉としようと思う。完全な国際統合や完全な国際分断化などという極論とは違い、セミ・グローバリゼーションの考え方は、グローバル戦略の選択肢の幅を広げてくれる。また、セミ・グローバリゼーションの考え方に基づけば、グローバル戦略は創造性を駆使するだけの価値のあるものとなる。しかし同時に、セミ・グローバリゼーションは国境を越えた事業展開の大きな妨げとなることがあり、だからこそ価値を重視する姿勢が必要であることも、明確に認識しておかなければならない。

謝　辞

本書は、インドの小さな町に始まり、インディアナ、再びインド、更にマサチューセッツ州ケンブリッジ、そして最近バルセロナに至った私個人の足跡がそのまま背景になっている。本書の元になっているアイディアに仕事として手をつけたのは一九八〇年代半ばだった。具体的には、ハーバード・ビジネススクールの教授陣の一員となり、博士論文のアドバイザーの一人だったマイク・スペンスと共同でグローバル戦略を分析する論文を書いたときだ。

戦略に関する研究にクロスボーダーという観点を持ち込もうと思い立ったのは、一九九〇年代半ばにインド産業連盟の依頼でインドの競争力に関する研究をマイケル・ポーターと共同で行ったときだった。幸運にも、その後まもなく私はハーバード・ビジネススクールのグローバル戦略と経営の講座をマイク・ヨシノから引き継ぐことになり、研究、カリキュラム設計、そしてこの課題に関する実践者向けの論文執筆を同時に進めることができるようになった。今では、概ね一〇年近く、グローバリゼーションとグローバル戦略に関する問題に専念していることになる。この期間の産物は、五〇本のケース・スタディや論文、本書、グローバリゼーションに関するコンパクト・ディスクなどの補助資料等、私のウェブサイト（私のこれまでの研究の大半を掲載している）、進行中のプロジェクト数件の資料などである。

キム・クラーク、ジェイ・ライトの二人の学長の下で、ハーバード・ビジネススクールが私の研究を一〇年近くにわたって寛容にも支援してくれたことに、私は特に感謝している。IESEビジネススクールは、ジョーディ・カナル学長の下でこの本の仕上げをするのにすばらしい場所であった。また、ハーバード・ビジネス・レビュー誌のトム・スチュアート、デイヴィッド・チャンピオンその他の人々が、実践者の話を聞こうとする際に尽力してくれたことにも大いに感謝している。そしてもちろん、ハーバード・ビジネススクール出版に対しては、本書に関する業務、特にメリンダ・メリノとブライアン・スレットのアドバイスに感謝しているし、また私の編集担当のジェフ・クルイクシャンクには複雑な構想を一冊の本にまとめるのを手伝ってくれたことに感謝している。

これ以外の謝意は多すぎてここに記すことはできない。多くの同僚、インタビューに応じてくれた何百人もの経営者、本書で論じている概念について私とともに研究に参加した多くの学生、それに多くの優れた文献など、全てをここに記すのは不可能である。それでも、寛容にも本書の原稿を読んでコメントをくれた方々には特に名前を挙げて感謝したい。スティーブ・アルトマン、アマー・ビド、ディック・ケイヴズ、トム・ハウト、ドン・レサール、アニタ・マクガハン、ニコス・ムルコギアニス、ヤン・オステルヴェルト、リチャード・ローリンソン、デニース・レーバーグ、ジョーダン・シーゲル、ロリ・スパイヴィだ。ハーバードでの長年のアシスタント、シャリリン・スケッティは本書の研究の一部を担当し、原稿を読み、本書の校正に尽力してくれた。リサーチ・アシスタントのケン・マーク、ブラー・デスーザのリサーチにも感謝している。最後になるが、私の妻、アヌラダ・ミトラ・ゲマワットには、この本のことでも他のことでも、一番感謝している。

注釈

はじめに

1 David Goldblatt, The Ball Is Round (London: Viking, 2006) は世界のフットボールの歴史を扱った権威のある文献である。サッカーのグローバリゼーションについては Gerald Hödl, "The Second Globalisation of Soccer" (San Francisco: Funders Network on Trade and Globalization, 16 June 2006) でも論じられている。これは次のウェブサイトで閲覧可能である。www.fntg.org/news/index.php?op=view&articleid=1237&type=0。加えて、Franklin Foer, How Soccer Explains the World: An Unlikely Theory of Globalization (New York: HarperCollins, 2004) も参照。

2 Kofi A. Annan, "At the UN, How We Envy the World Cup," International Herald Tribune, 10-11 June 2006, 5.

3 Geoffrey Wheatcroft, "Non-Native Sons," Atlantic Monthly, June 2006.

4 前に同じ。

5 Alan Beattie, "Distortions of the World Cup, a Game of Two Hemispheres," Financial Times, 12 June 2006, 13.

6 このパラグラフと次のパラグラフの成功に関するデータの出典は、Branko Milanovic, "Globalization and Goals: Does Soccer Show the Way?" Review of International Political Economy 12 (December 2005): 829-850 と彼から受領した二〇〇六年八月一三日付の、二〇〇六年のワー

ルドカップでの得点格差に関する電子メールである。

7 Deloitte, Sports Business Group, "Football Money League: The Reign in Spain," (Manchester, UK: Deloitte 2007), 次のウェブサイトで閲覧可能。http://www.deloitte.com/dtt/cda/doc/content/Deloitte%20FML%202007.pdf.

8 Robert Hoffmann, Lee Chew Ging, and Bala Ramasamy, "The Socio-Economic Determinants of International Soccer Performance," Journal of Applied Economics 5, no. 2 (November 2002): 253-272.

9 Mike Kepp, "Scoring Profits?" Latin Trade (magazine), December, 2000.

10 Uwe Buse, "Balls and Chains," Spiegel Online, 26 May 2006.

11 "Blatter Launches Fresh Series of Blasts," ESPN SoccerNet, 13 October 2005, http://soccernet.espn.go.com/news/story?id=345694&cc=5739. で閲覧可能。

第一章

1 元の論文はTheodore Levitt, "The Globalization of Markets," Harvard Business Review, May-June 1983, 92を参照。

2 一例としてウィキペディアの定義参照。http://en.wikipedia.org/wiki/Global-strategy.

3 たとえば以下を参照。Richard Landes, "Millenarianism and the Dynamics of Apocalyptic Time," in Expecting the End: Millennialism in Social and Historical Context, ed. Kenneth G. C. Newport and Crawford Gribben (Wilco, TX: Baylor University Press, 2006).

4 これはもちろん Thomas Friedman の The World Is Flat (New York: Farrar, Straus and

Giroux, 2005)（『フラット化する世界』日本経済新聞出版社）の影響によるものだ。この本はグローバリゼーションに関する全ての著書を合計したよりも長い期間、さまざまな週間ベストセラーに継続して入っていた。フリードマンの本は四五〇ページ以上の大作で、表やチャート、注、参考文献が何も掲載されていないため、直接に論じるのは難しい。しかし、私の論文 “Why the World Isn't Flat,” Foreign Policy (March-April 2007) と、フォーリン・ポリシー誌（二〇〇七年五―六月号）に掲載されたフリードマンと私の手紙のやり取りを参照。

5 Times TV, Mumbai, 10 August 2006.

6 二〇〇六年の速報値によれば、合併ブームの影響で海外直接投資の総固定資本形成に対する割合は約一二%に上昇した。

7 国境は関係ないという状態を完全な国際統合とするならば、国際化の水準は通常一〇〇%未満ということになる。具体的な数値はそれぞれの活動のうち大国が占める割合に依存する。国内総生産は正規分布しており、ダブルカウントがないと仮定すると、世界貿易の世界総生産に対する割合は、国境は関係ないと言える水準である九〇%（一〇〇%から国内総生産のハーフィンダール集中度指数を引いたもの。関心ある読者は計算してみるとよい）になるであろう。標準化による貿易の比較については、更に第二章で述べる。

8 問題の一つは、付加価値よりも売上高が重視されていることだ。一例として、アメリカがカナダに輸出する自動車部品と、カナダがアメリカに輸出する自動車がある。

9 U.N. Conference on Trade and Development, World Investment Report, 2005 (New York and Geneva: United Nations, 2005).

10 Pankaj Ghemawat, “Semiglobalization and International Business Strategy,” Journal of International Business Studies 34, no. 2 (2003): 138-152.

11 これは、たとえばトーマス・フリードマンが図1－1に直面した際の逃げ口上である。私と彼との意見交換を参照。"Why the World Isn't Flat," in the May–June 2007 issue of Foreign Policy.

12 UNESCO, International Organization for Migration, World Migration 2005: Costs and Benefits of International Migration (Geneva: International Organization for Migration, June 2005).

13 Alan M. Taylor, "Globalization, Trade, and Development: Some Lessons from History," in Bridges for Development: Policies and Institutions for Trade and Integration, ed. R. Devlin and A. Estevadeordal (Washington, DC: Inter-American Development Bank, 2003).

14 第二章で述べるように、貿易専門のエコノミストは、貿易がなぜこれほど多いかではなく、なぜこれほど少ないかを説明しようとしている。

15 レヴィットが強調した「嗜好の収束」は今や重視されていない。以下を参照。John A. Quelch and Rohit Deshpandé eds., The Global Market: Developing a Strategy to Manage Across Borders (New York: Jossey-Bass, 2004)、特に私が執筆した章 "Global Standardization vs. Localization: A Case Study and a Model," 115-145を参照されたい。

16 技術の進歩も、一般的な津波論におけるそんな役割を果たしていた。Kenneth G. C. Newport and Crawford Gribben, eds., Expecting the End: Millennialism in Social and Historical Context (Waco, TX: Baylor University Press, 2006) を参照。

17 Frances C. Cairncross, The Death of Distance: How the Communications Revolution Will Change Our Lives (Boston: Harvard Business School Press, 1997), 4.

18 数字の出典は以下のとおり。二〇〇五年末時点のアメリカのインターネット通信量はミネソタ大学のアンドリュー・オドリズコによる推定。世界の通信量に占めるアメリカのシェアはマーケット・コンサルタントのＲＨＫ／オヴァム。クロスボーダーの総通信量は調査会社テレジオグラフィー社の Global Internet Geography。オドリズコ教授の分析手法と二〇〇二年末までの数値については "Internet Traffic Growth: Sources and Implications," in Optical Transmission Systems and Equipment for WDM Networking II; ed. B. B. Dingel, Proc. SPIE, vol. 5247,2003, 1-15を参照。二〇〇五年末の数字は、二〇〇七年三月二一日に電話で本人から入手した。

19 National Association of Software and Service Companies, "The IT Industry in India: Strategic Review, 2006" (New Delhi: NASSCOM, December 2005). トーマス・フリードマンは彼の「フラット化する世界」のイメージを、インド第二位のＩＴ企業であるインフォシスのＣＥＯ、ナンダン・ニレカニから得たとしている。しかし私はナンダン自身から次の発言を聞いている。「インドのソフトウェア・プログラマーは今やインドからアメリカにサービス業務を行うことができる。しかし、そんなことができるのは、アメリカの資本が投資されているからであり、彼らアメリカ資本はまさしくそういう結果が得られることに賭けているからだ」彼の発言は、障壁が存在すること、それに、原産国はどこかが重要であることを示していると私は解釈している。私たちが国など関係ないと考えている資本でさえ、やはりそうした問題が依然として残っているということだ。

20 ここに記載しているグーグルのロシア戦略の特徴は以下を参考にしている。Eric Pfanner, "Google's Russia March Stalls," International Herald Tribune, 18 December 2006,9, 11.

21 Jack Goldsmith and Tim Wu, Who Controls the Internet? Illusions of a Borderless World (New York: Oxford University Press, 2006), 149.

22 Jeffrey Sachs and Andrew Warner, "Economic Reform and the Process of Global Integration," Brookings Papers on Economic Activity, 25th Anniversary Issue (1995).

23 Francis Fukuyama, The End of History and the Last Man (New York: Free Press, 1992).

24 Samuel Huntington, The Clash of Civilizations and the Remaking of World Order (New York:

Simon & Schuster, 1996).

25 Steve Dowrick and J. Bradford DeLong,"Globalization and Convergence," National Bureau of Economic Research Conference on Globalization in Historical Perspective, Santa Barbara, CA, 4-5 May 2001で発表された論文。

26 "The Future of Globalization," The Economist, 29 July-4 August 2006 の表紙を参照。

27 Dani Rodrik,"Feasible Globalizations," を参照。Globalization: What's New? ed. M. Weinstein (New York: Columbia University Press, 2005) に掲載されている。

28 The Cola Conquest, Irene Angelico によるビデオ (Ronin Films, Canberra, Australia, 1998).

29 前に同じ。

30 一九九七年八月二五日、モンテカルロで開かれた「世界製造販売会社会議」における発言。次のサイトで閲覧可能。http://www.goizuetafoundation.org/world.htm.

31 Roberto C. Goizueta の発言、Chris Rouchによる引用。"Coke Executive John Hunter Calling It Quits," Atlanta Journal and Constitution, 12 January 1996.

32 Sharon Herbaugh,"Coke and Pepsi Discover New Terrain in Afghanistan," Associated Press, 26 November 1991.

33 The Coca-Cola Company, Annual Report, 1997.

34 "Coke's Man on the Spot," Businessweek Online, 3 May 1999, 次のサイトで閲覧可能。www.businessweek.com/1999/99_18b3612179.htm.

35 Douglas Daft の発言、Betsy McKayによる引用 "Coke's Daft Offers Vision for More- Nimble Firm," Wall Street Journal, 31 January 2000.

36 Douglas Daft,"Back to Classic Coke," Financial Times, 27 March 2000.

37 Douglas Daft,“Realizing the Potential of a Great Industry,” the Beverage Digest “Future Smarts” Conference in New York, 8 December 2003 における発言。コカコーラ・ウェブサイト、“Press center/viewpoints”のセクション内、www2.coca-cola.com/presscenter/viewpoints_daft_bev_digest2003_include.html. で閲覧可能。

38 成長の過大評価に関する更なる議論は Pankaj Ghemawat,“The Growth Boosters,” Harvard Business Review, July 2004 を参照。

39 Bruce Kogut,“A Note on Global Strategies,” Strategic Management Journal 10, no. 389 (1989): 383-389.

40 Pankaj Ghemawat and Fariborz Ghadar,“Global Integration≠Global Concentration,” Industrial and Corporate Change, August 2006, とくに 597-603. を参照。

41 Reid W. Click and Paul Harrison,“Does Multinationality Matter? Evidence of Value Destruction in U.S. Multinational Corporations,” working paper no. 2000-21, Board of Governors of the Federal Reserve System, Washington, DC, February 2000; および Susan M. Feinberg,“The Expansion and Location Patterns of U.S. Multinationals,” working paper, Robert H. Smith School of Business, University of Maryland, College Park, 2003.

42 Orit Gadiesh,“Think Globally, Market Locally,” Financier Worldwide, 1 August 2005.

第11章

1 David Orgel,“Wal-Mart’s Global Strategy: When Opportunity Knocks,” Women’s Wear Daily, 24 ,June 2002.

2 この先の議論では、プエルトリコは別途記載がない限りアメリカと区別し、外国扱いとする。

3 重力モデルの詳細については Edward E. Leamer and James Levinsohn, "International Trade Theory: The Evidence," Handbook of International Economics, vol. 111, ed. G. Grossman and K. Rogoff (Amsterdam: Elsevier B.V., 1995) を参照。

4 国と国との全ての組み合わせについて隔たりを計測し、その中央値を計算すると、これらの二つの隔たりの間に収まる点に注意。

5 ここで記載している推定は私とラジブ・マリックの研究に基づいている。絶対水準は依然として非常に高いが、私が次の論文で使用した数字よりも著しく低い。Pankaj Ghemawat, "Distance Still Matters: The Hard Reality of Global Expansion," Harvard Business Review, September 2001. この論文の推定はジェフリー・フランケルとアンドリュー・ローズの初期の研究に基づいている。Jeffrey Frankel and Andrew Rose, "An Estimate of the Effects of Currency Unions on Growth" unpublished paper, University of California, Berkeley, 2000. 我々の推定値が低いのは、測定値がゼロとなっている数字の扱いに注意を払っている点と、政治的な単位ではなく、実際の国に着目している点を反映している。

6 私が「植民地/統治国」を含めている理由は、両国ともイギリスという同じ国に統治されていたためである。

7 John F. Helliwell, "Border Effects: Assessing Their Implications for Canadian Policy in a North American Context," in Social and Labour Market Aspects of North American Linkages, ed. Richard G. Harris and Thomas Lemieux (Calgary: University of Calgary Press, 2005), 41-76.

8 それぞれの例として、次を参照。Prakash Loungani et al., "The Role of Information in Driving

FDI: Theory and Evidence,"the North American Winter Meeting of the Econometric Society, Washington, DC, 3-5 January 2003 で発表された論文。Richard Portes and Helen Rey,"The Determinants of Cross-Border Equity Flows," Journal of International Economics 65 (February 2005): 269-296; Juan Alcácer and Michelle Gittelman,"How Do I Know What You Know? Patent Examiners and the Generation of Patent Citations," Review of Economics and Statistics に掲載予定。Ali Hortacsu, Asis Martinez-Jerez, and Jason Douglas,"The Geography of Trade on eBay and MercadoLibre," working paper, University of Chicago, 2006.

9 Gert-Jan M. Linders,"Distance Decay in International Trade Patterns: A Meta-analysis," paper no. ersap679, 45th Congress of the European Regional Science Association, Vrije Universiteit, Amsterdam, 23-25 August 2005 で発表された論文。この論文は http://www.ersa.org で閲覧可能である。国際貿易の地域化の更なる証拠については第五章を参照。

10 国別分析の枠組みの詳細については特に私のウェブサイト www.ghemawat.org の "Note on Country Analysis" を参照。

11 Geoffrey G. Jones,"The Rise of Corporate Nationality," Harvard Business Review, October 2006, 20-22 を参照。さらに詳しい議論を Geoffrey G. Jones,"The End of Nationality? Global Firms and 'Borderless Worlds,'" Zeitschrift für Unternehmensgeschichte 51, no. 2 (2006): 149-166 に見ることができる。

12 Jan Johanson and Jan-Erik Vahlne,"The Internationalization Process of the Firm: A Model of Knowledge Development and Increasing Foreign Market Commitments," Journal of International Business Studies 8, no. 1 (1977): 22-32.

13 たとえば "Marketing Mishaps," NZ Marketing Magazine 18, no. 5 (June 1999): 7. を参照。

14 たとえば次を参照。Bruce Kogut and Harbir Singh,"The Effect of National Culture on the Choice of Entry Mode," Journal of International Business Studies 19 (1988), 41 1-432; Luigi Guiso, Paola Sapienza, and Luigi Zingales,"Cultural Biases in Economic Exchange," unpublished paper, University of Chicago, 2005; Jordan I. Siegel, Amir N. Licht, and Shalom H. Schwartz,"Egalitarianism and International Investment," working paper no. 120-2006, European Corporate Governance Institute (ECGI) Finance Research Paper Series, Brussels, 21 April 2006.

15 William P. Alford,"To Steal a Book Is an Elegant Offense: Intellectual Property Law in Chinese Civilization," Studies in East Asian Law (Stanford, CA: Stanford University Press, 1995).

16 このセクションは、私がボストン・コンサルティング・グループのトーマス・ハウトおよび香港大学とともに行った共同研究の成果によるところが大きい。

17 Thomas G. Rawski,"Beijing's Fuzzy Math," Wall Street Journal (Eastern edition), 22 April 2002, A18.

18 "Dim Sums," The Economist, 4 November 2006, 79-80.

19 "Extending India's Leadership in the Global IT and BPO Industries," NASSCOM-McKinsey Report, New Delhi, December 2005.

20 Raymond Hill and L. G. Thomas III,"Moths to a Flame: Social Proof, Reputation, and Status in the Overseas Electricity Bubble," mimeographed working paper, Goizueta Business School, Emory University, Atlanta, May 2005. Notes 21. Donald J. Rousslang and Theodore To, "Domestic Trade and Transportation Costs as Barriers to International Trade," Canadian

Journal of Economics 26, no. 1 (February 1993): 208-221.

21 Donald J. Rousslang and Theodore To, "Domestic Trade and Transportation Costs as Barriers to International Trade," *Canadian Journal of Economics* 26, no.1 (February 1993): 208-221

22 スターTVの事例の詳細は次を参照。Pankaj Ghemawat and Timothy J. Keohane, "Star TV in 1993," Case 9-701-012 (Boston: Harvard Business School, 2000; rev. 2005)、Pankaj Ghemawat, "Star TV in 2000," Case 9-706-418 (Boston: Harvard Business School, 2005); 分析の詳細は次を参照。Pankaj Ghemawat, "Global Standardization vs. Localization: A Case Study and a Model," in The Global Market: Developing a Strategy to Manage Across Borders, ed. John A. Quelch and Rohit Deshpande (New York: Jossey-Bass, 2004), 115-145.

23 Rupert Murdoch の発言、the Times (London) による引用、2 September 1993, Los Angeles Times, 13 February 1994 に再掲。また、たとえば "Week in Review Desk," New York Times, 29 May 1994 を参照。

24 たとえば以下参照。Stephen Hymer, The International Operations of National Firms (Cambridge, MA: MIT Press, 1976) および Srilata Zaheer, "Overcoming the Liability of Foreignness," Academy of Management Journal 38, no. 2 (1995): 341-363.

25 Subramaniam Rangan and Metin Sengul, "Institutional Similarities and MNE Relative Performance Abroad: A Study of Foreign Multinationals in Six Host Markets," working paper, INSEAD, Cedex, France, October 2004.

26 この後の分析は Pankaj Ghemawat, "Distance Still Matters: The Hard Reality of Global Expansion," Harvard Business Review, September 2001,137-147 を参照。

27 注意深い読者なら、従来の国別ポートフォリオ分析が通常X軸にとる市場規模や所得の尺度を、ここでは隔たりの尺度で調整して（割り引いて）いる点に気づくであろう。

28 Jeremy Grant, "Yum Claims KFC Growth Could Match McDonald's," Financial Times, 7 December 2005, 19.

第三章

1 この分野で最も著名な学者の見解を見てみるといい。たとえば Christopher A. Bartlett and Sumantra Ghoshal, Managing Across Borders: The Transnational Solution (Boston: Harvard Business School Press, 1989). を参照。著者たちの主張によれば、「我々が研究した企業の全てにおいて、一九八〇年代の要求に応える課題は、戦略の策定ではなかった。むしろ、一段と複雑でダイナミックな新しい多国籍企業を作る妨げとなる、単次元的な組織能力と経営の先入観を克服することだった」。万が一、これで理解できない読者がいるなら、そういうみなさんのために私が簡単に言い換えて差し上げよう。クロスボーダー戦略の目的と内実（「なぜ」と「何」）は明白なはずなのに、組織（「どのように」）はそうでない、ということだ。私にとってこれは本末転倒である。組織論が専門の学者でさえ知っているように、組織の構造は広い意味では戦略に依存して決まるべきだからだ。詳しくは第七章で議論する。

2 最近のある研究によれば、一九九六年から二〇〇〇年の間に、経営に関する学術誌トップ二〇に発表された論文の六%は国際的な内容で、そのうち六%が多国籍企業の戦略と方針に着目したものであった。Steve Werner, "Recent Developments in International Management Research: A Review of the Top 20 Management Journals," Journal of Management 28, no. 3 (2002): 277–306. ワーナー自身の言葉を借りると、「戦略的提携と参入形態の戦略の他は、多国籍企業の戦略に関する研究は非常に少ない」とのことである。

3　C. Northcote Parkinson, Parkinson's Law and other Studies in Administration (Boston: Houghton Mifflin, 1956).

4　Raymond Hill and L. G. Thomas III,"Moths to a Flame: Social Proof, Reputation, and Status in the Overseas Electricity Bubble," mimeographed working paper, Goizueta Business School, Emory University, Atlanta, May 2005.

5　たとえば Steven Prokopy,"An Interview with Francisco Garza, Cemex's President —— North American Region & Trading," Cement Americas, 1 July 2002, www.cementamericas.com/mag/cement_cemex_interview_francisco/ で閲覧可能。

6　より詳しくは（でも手に負える範囲で）、私の戦略論のテキストを参照。Strategy and the Business Landscape, 2nd ed. (Upper Saddle River, NJ: Prentice Hall, 2005)，特に第二章と第三章。

7　Michael E. Porter, Competitive Strategy (New York: Free Press, 1980).

8　Michael E. Porter, Competitive Advantage (New York: Free Press, 1985); および Adam M. Brandenburger and Harborne W. Stuart Jr.,"Value-Based Business Strategy," Journal of Economics & Management Strategy 5, no. 1 (1996): 5-24.

9　Christopher Hsee et al.,"Preference Reversals Between Joint and Separate Evaluations of Options," Psychological Bulletin 125, no. 5 (1999): 576-590.

10　Janet Adamy,"McDonald's CEO's 'Plan to Win' Serves Up Well-Done Results," Wall Street Journal Europe, 5-7 January 2007, 8.

11　この点はブリュッセル大学ソルベイ・ビジネススクールのポール・ヴェルダンの調査で明らかになった。彼は寛大にもこの情報を私に使わせてくれた。

12 たとえば Richard E. Caves, Multinational Enterprise and Economic Analysis, 3rd ed. (Cambridge: Cambridge University Press, 2007), ch. 1.

13 原産国効果については第二章で少し詳細に述べた。

14 Wendy M. Becker and Vanessa M. Freeman, "Going from Global Trends to Corporate Strategy," McKinsey Quarterly 3 (2006): 17-28.

15 ADDING価値スコアカードをダイムラークライスラーに当てはめてどの要素が失敗したかを分析したものを、私のウェブサイト www.ghemawat.org に掲載している。

16 地域集中という点で類似のパターンが直近の四半世紀に見られる。ただ、西ヨーロッパは例外で、当初の集中レベルが非常に低く、後に高くなったが、現在でも依然として比較的低い水準にある。

17 この傾向については、たとえば Timothy G. Bunnell and Neil M. Coe, "Spaces and Scales of Innovation," Progress in Human Geography 25, no. 4 (2001) 569-589. を見よ。

18 資生堂の事例は Yves L. Doz, Jose Santos, and Peter Williamson, From Global to Metanational: How Companies Win in the Knowledge Economy (Boston: Harvard Business School Press, 2001), 65-67. を参照。

19 持続性については、模倣（持続性への四つの脅威の一つ）に対抗する障壁を扱った私の短い論文を参照。Pankaj Ghemawat, "Sustainable Advantage," Harvard Business Review, September-October 1986, 53-58. この論文を展開したものの最新版が Pankaj Ghemawat, "Sustaining Superior Performance," in Strategy and the Business Landscape, 2nd ed. (Upper Saddle River, NJ: Prentice Hall, 2006) の第五章である。判断に関しては Pankaj Ghemawat, Commitment (New York: Free Press, 1991)、第七章を参照。また創造力については私のウェブサイト www.ghemawat.org を参照。

第四章

1 たとえば関与度の高い輸出業者でさえ適応不足だという点については次を参照。Douglas Dow, "Adaptation and Performance in Foreign Markets: Evidence of Systematic Under-Adaptation," Journal of International Business Studies 37 (2006): 212-226. 238 Notes.

2 David Whitman and Regina Fazio Maruca, "The Right Way to Go Global: An Interview with Whirlpool CEO David Whitman," Harvard Business Review, March 1, 1994.

3 この業界は一九八三年に市場のグローバリゼーションに関するテッド・レヴィットの論文が発表されて以来、グローバル化しているか否かについての議論で特に注目を浴びている。私は、家電業界に関する一連の学術論文に加え、業界のコメントを書き、大手競合二社に関するケース・スタディを書き、別の大手二社の幹部にインタビューを行った。

4 市場や売上高の規模は漠然としたものなので、この大手一〇社はトップ一〇と言うよりもむしろ大手一二社（大規模な家電メーカーを全て含む）のうちの一〇社と捉えたほうがよいかもしれない。

5 Charles W. F. Baden-Fuller and John M. Stopford, "Globalization Frustrated: The Case of White Goods," Strategic Management Journal 12 (1991): 493-507.

6 John A. Quelch の発言、Barfiaby J. Feder による引用、"For White Goods, a World Beckons," New York Times, 25 November 1997.

7 Conrad H. McGregor, "Electricity Around the World," World Standards のウェブサイト、http://users.pandora.be/worldstandards/electricity.htm. で閲覧可能。

8 Larry Davidson and Diego Agudelo, "The Globalization That Went Home: Changing World

Trade Patterns Among the G7 from 1980 to 1997," unpublished paper, Indiana University Kelley School of Business Administration, Bloomington, IN, November 2004.

9 J. Rayner, "Lux Spoils Us for Choice," Electrical and Radio Trading, 4 March 1999, 6.

10 外部化の項目に入るものとしては、市場ベースの管理が挙げられる。少なくともいくつかの条件の下では、箸の上げ下ろしまで管理するよりも優れた実績につながったという事例がある。Srilata Zaheer, "Overcoming the Liability of Foreignness," Academy of Management Journal 38 (1995): 341-363 を参照。

11 Martin Lindstrom の発言、November 24, 2006。私との私的な会話より。

12 Ted Friedman, "The World of the World of Coca-Cola," Communication Research 19, no. 5 (October 1992): 642-662.

13 Donald. F. Hastings, "Lincoln Electric's Harsh Lessons from International Expansion," Harvard Business Review, May 1999, 163-178; また Ingmar Bjorkman and Charles Galunic, "Lincoln Electric in China," Case 499-021-1 (Paris: INSEAD, 1999) を見よ。

14 リンカーン・エレクトリックの重役のインタビュー、February 26,2007 より。

15 Kayla Yoon, "Jinrols Adaptation Strategy," ハーバード・ビジネススクールにおける二〇〇五年秋学期の国際戦略の講座用に用意された論文。"Localizing the Product and the Company Is the Key to Success in the Japanese Market," Business Update of Osaka 1 (2003) を参照。www.ibo.or.jp/e/2003_1/index.html で閲覧可能。財務面の問題と詐欺の疑いで株主が代わったが、市場における眞露ブランドの業績は上々である。

16 更に、眞露が日本、東アジアから東南アジア、そしてアメリカ在住の韓国人市場でシェアを拡大していることは、集中という補助ツールと、日本の販売業者への高い依存度を表している。日本の販売業者は後に提携先となり、外部化のツールとしての機能を果たしている。どちらのツールについても後ほど議論する。

17 Simon Romero, “A Marketing Effort Falls Flat in Both Spanish and English,” New York Times, 19 April 2004.

18 Warren Berger, “The Brains Behind Smart TV: How John Hendricks Is Helping Shape the Future of a More Intelligent World of Television,” Los Angeles Times, 25 June 1995, magazine section 16.

19 Yasushi Ueki, “Export-Led Growth and Geographic Distribution of the Poultry Meat Industry in Brazil,” Discussion Paper 67, Institute of Developing Economies, JETRO, Japan, August 2006.

20 Bruce Kogut and Harbir Singh, “The Effect of National Culture on the Choice of Entry Mode,” Journal of International Business Studies 19 (1988): 411-432.

21 セキュリティーズ・データ・カンパニーがまとめたデータによれば、クロスボーダーでの合弁が一九九〇年代半ば以降八〇パーセントも減少した一方、クロスボーダーでの買収・合併が急増した理由の一部は、こういった費用やリスクを認識したためと思われる。

22 この後の記載は次の二つをもとにしている。Anton Gueth, Nelson Sims, and Roger Harrison, “Managing Alliances at Lilly,” IN VIVO (Norwalk, CT Windhover Information, Inc.), June 2001、およびアクセンチュアのドミニク・パーマーとの二〇〇六年一二月七日の電話での会話。

23 もちろん、全てが順風満帆ではなかった。解消の危機に面しながらも回復に成功した主な提携に関する議論は Leila Abboud, “How Eli Lilly’s Monster Deal Faced Extinction-but Survived,” Wall Street Journal, 27 April 2005 を参照。

24 Jeffrey L. Bradach, Franchise Organizations (Boston: Harvard Business School Press, 1998).

25 たとえば Eric von Hippel, Democratizing Innovation (Cambridge, MA: MIT Press, 2005) を参照。

26 Steve Hamm, "Linux Inc.," BusinessWeek, 31 January 2005, 60-68.

27 Erik Brynjolfsson, Yu (Jeffrey) Hu, and Michael D. Smith, "Consumer Surplus in the Digital Economy: Estimating the Value of Increased Product Variety at Online Booksellers," Management Science 49, no. 11 (November 2003).

28 Chris Anderson, The Long Tail: Why the Future of Business Is Selling Less of More (New York: Hyperion, 2006).

29 John Menzer の発言、12 October 2004 の私との会話より。

30 Martin Lindstrom, "Global Branding Versus Local Marketing," 23 November 2000, www.clickz.com にて閲覧可能。

31 Jeremy Grant, "Golden Arches Bridge Local Tastes," Financial Times, 9 February 2006, 10.

32 Carliss Y. Baldwin and Kim B. Clark, Design Rules: The Power of Modularity, vol. 1 (Boston: Harvard Business School Press, 2000).

33 Pankaj Ghemawat, Long Nanyao, and Gregg Friedman, "Ericsson in China: Mobile Leadership," Case 9-700-012 (Boston: Harvard Business School, 2001; rev. 2004).

34 Nicolay Worren, Karl Moore, and Pablo Cardona, "Modularity, Strategic Flexibility, and Firm Performance: A Study of the Home Appliance Industry," Strategic Management Journal 23 (2002): 1123-1140.

35 Richard Waters, "Yahoo Under Pressure After Leak," Financial Times, 19 November 2006.

36 世界各地の知識の結合に関するイノベーションの事例については Yves Doz, Jose Santos, and Peter Williamson, From Global to Metanational: How Companies Win in the Knowledge Economy (Boston: Harvard Business School Press, 2001) を参照。

37 Roberto Vassolo, Guillermo Nicolás Perkins, and Maria Emilia Bianco,"Disney Latin America (A)," Case PE-C-083-LA-1-s, ME (Buenos Aires, Argentina: Universidad Austral, March 2006).

38 James Murdoch と Bruce Churchill の発言、私が行った電話インタビュー、1 May 2001. 240 より。

39 スターバックスの名称として最初に提案されたのはスターバックスではなく「イル・ジオルナーレ」であったことから、スターバックスは、むしろイタリア文化帝国主義（修正はあるが）の実例というべきだろう。Howard Schultz and Dori Jones Yang, Pour Your Heart into It: How Starbucks Built a Company One Cup at a Time (New York: Hyperion, 1997) を参照。

40 Sarah Schafer,"Microsoft's Cultural Revolution: How the Software Giant Is Rethinking the Way It Does Business in the World's Largest Market," Newsweek, 28 June 36.

41 Amyn Merchant and Benjamin Pinney,"Disposable Factories," BCG Perspective 424 (March 2006).

42 フィリップスの事例は次に基づいている。Pankaj Ghemawat and Pedro Nueno,"Revitalizing Philips (A)," Case N9-702-474 (Boston: Harvard Business School, 2002); および Pankaj Ghemawat and Pedro Nueno,"Revitalizing Philips (B)," Case 9-703-502 (Boston: Harvard Business School, 2002).

43 たとえば Charles Handy,"Balancing Corporate Power: A New Federalist Paper," Harvard

Business Review, November–December 1992, 59-68 を参照。

44 International Consortium of Executive Development Research による調査。B. Dumaine,"Don't Be an Ugly-American Merger," Fortune, 16 October 1995, 225 が言及している。

45 Thomas P. Murtha, Stefanie Ann Lenway, and Richard P. Bagozzi,"Global Mind-Sets and Cognitive Shift in a Complex Multinational Corporation," Strategic Management Journal 19, no. 2 (1998): 97–114.

46 たとえば P. Christopher Earley and Elaine Mosakowski,"Cultural Intelligence," Harvard Business Review, October 2004, 139-146 を参照。

47 この部分以降は次に基づいている。Samsung, Samsung's New Management (Seoul: Samsung Group, 1994); Youngsoo Kim,"Technological Capabilities and Samsung Electronics' International Production Network in East Asia," Management Decision 36, no. 8 (October 1998): 517-527; B. J. Lee and George Wehrfritz,"The Last Tycoon," Newsweek (international edition), 24 November 2003; および Martin Fackler,"Raising the Bar at Samsung," New York Times, 25 April 2006.

48 "Interbrand/Business Week Ranking of the Top 100 Global Brands," Business-Week, 7 August 2006.

第五章

1 Robert J. Kramer, Regional Headquarters: Roles and Organization (New York:The Conference Board, 2002).

2 John H Dunning, Masataka Fujita, and Nevena Yakova,"Some Macro-data on the Regionalisation/Globalisation Debate: A Comment on the Rugman/Verbeke Analysis," Journal of International Business Studies 38, no. 1 (January 2007): 177-199.

3 Susan E. Feinberg,"The Expansion and Location Patterns of U.S. Multinationals," unpublished working paper, Rutgers University, New Brunswick, NJ, 2005.

4 Alan Rugman and Alain Verbeke,"A Perspective on Regional and Global Strategies of Multinational Enterprises," Journal of International Business Studies 35, no. 1 (January 2004): 3-18.

5 この「三地域で活動する企業」は売上高の順に次のとおり。ＩＢＭ、ソニー、フィリップス、ノキア、キヤノン、コカコーラ、フレクストロニクス、クリスチャン・ディオール、ＬＶＭＨ。

6 http://www.toyota.co.jp/en/ir/library/annual/pdf/2003/president-interview-e.pdf より引用。

7 デルの生産ネットワークに関する詳細は次を参照。Kenneth L. Kraemer and Jason Dedrick, "Dell Computer: Organization of a Global Production Network," Center for Research on Information Technology and Organizations, University of California at Irvine, December 1, 2002 および Gary Fields, Territories of Profit (Palo Alto: CA: Stanford University Press, 2004).

8 ソルヴェイ・ビジネス・スクールのポール・ヴェルダンは地域本部よりも地域戦略に着目することの重要性を認識している。たとえば Paul Verdin et al.,"Regional Organizations: Beware of the Pitfalls," in The Future of the Multinational Company, ed. Julian Birkinshaw et al. (London: John Wiley, 2003) を参照。

9 Philippe Lasserre,"Regional Headquarters: The Spearhead for Asia Pacific Markets," Long

10 Range Planning 29, no. 1 (1996): 30-37. ヘルムート・シュッテは別の類型を提案した。Hellmut Schütte, "Strategy and Organisation: Challenges for European MNCs in Asia," European Management Journal 15, no. 4 (1997): 436445. 即ち、彼は地域本部を企業本部（ラセールのスカウト活動と戦略の活性化機能を含む。戦略の策定と実行を担当）と、地域オペレーション（協調と蓄積によって効率性と実効性を高める）に分類した。

11 Michael J. Enright, "Regional Management Centers in the Asia-Pacific," Management International Review, Special Issue, 2005, 57-80.

12 デルは従来、グローバルで大きな規模の経済が得られる環境下で、開発機能をオースチンに集中させているから、開発の分野でこのような重複は起きないと宣言していたが、一方ではいくつかの開発関連業務をアジアに移し始めていた。

13 Department of Trade and Industry, the Economist, 4 November 2006, 113 より。

14 Nick Scheele, "It's a Small World After All-Or Is It?" in The Global Market Developing a Strategy to Manage Across Borders, ed. John A. Quelch and Rohit Deshpande (San Francisco: Jossey Bass, 2004), 146-157, 引用部分は p. 150 を参照。

15 フォードとフォード二〇〇〇の背景は次を参照。Douglas Brinkley, Wheels for the World (New York: Viking, 2003); 加えて Scheele（前項）を見よ。

16 Karl Moore and Julian Birkinshaw, "Managing Knowledge in Global Service Firms: Centers of Excellence," Academy of Management Executive 12, no. 4 (1998): 81-92.

17 たとえば次を参照。David B. Montgomery, George S. Yip, and Belen Villalonga, "Demand for and Use of Global Account Management," Marketing Science Institute Report 99-1

15 (Stanford, CA: Stanford Graduate School of Business, 1999) および David Arnold, Julian Birkinshaw, and Omar Toulan,"Implementing Global Account Management in Multinational Corporations," Marketing Science Institute Report 00-103 (Stanford, CA: Stanford Graduate School of Business, 2000).

18 Thomas Friedman,"Anyone, Anything, Anywhere," New York Times, 22 September 2006.

19 Eleanor Westney,"Geography as a Design Variable," The Future of the Multinational Company, ed. Julian Birkinshaw et al. (London: John Wiley, 2003), 133 に掲載。

第六章

1 予想されるコストの削減や、店舗チェックの結果については Pankaj Ghemawat and Ken A. Mark,"Wal-Mart's International Expansion," Case N1-705-486 (Boston: Harvard Business School, rev. 2005) を参照。これは私のウェブサイト www.ghemawat.org で閲覧可能。

2 The Lego Group,"Company Profile 2004," www.lego.com/info/ pdf/compprofileeng.pdf で閲覧可能。Sarah Bridge,"Trouble in Legoland," The Mail on Sunday, 13 November 2004 も参照。

3 この思い込みは特に資本の面で顕著だ。現代金融論は金融市場に裁定の機会はないと断言しているためで、これは一物一価の法則とも呼ばれる。しかし、金融の分野でも、この「法則」の例外は簡単に思いつく。たとえば、ＡＤＲがＡＤＲを組成する株式の現地市場での株価と著しく異なる価格で取引されるケースなどがそうだ。

4 Andrew Yeh,"Woman Breaks Mould to Top List of China's Richest People," Financial Times, 11 October 2006, 3.

5 Bumrungrad International, Bangkok のウェブサイト www.bumrungrad.com を参照。
6 "Health Tourism," Esquire, August 2006, 63-64.
7 Louis Uchitelle,"Looking at Trade in a Social Context," International Herald Tribune, 30 January 2007,12.
8 Haig Simonian,"Swiss Query Tax Deals for Super-Rich Foreigners," Financial Times, 30 January 2007, 3.
9 LAN Santander Investment Chile Conference, September 2006, www.lan.com/files/about_us/lanchile/santander.pdf で閲覧可能。
10 Lynette Clemetson,"For Schooling, a Reverse Emigration to Africa," New York Times, 4 September 2003, www.nytimes.com/2003/09/04/education で閲覧可能。
11 "Remittances Becoming More Entrenched: The Worldwide Cash Flow Continues to Grow," Limits to Growth のウェブサイト、 www.limitstogrowth.org/WEB-text/ remittances.html で閲覧可能。 "Moldova: Unprecedented Opportunities, Challenges Posed By $1.2 Billion Aid Package," Radio Free Europe/Radio Liberty Reports, 5 January 2007 も見よ。 www.rferl.org/reports/pbureport で閲覧可能。
12 Peter Czaga and Barbara Fliess,"Used Goods Trade: A Growth Opportunity," OECD Observer, April 2005, www.oecdobserver.org/news、http://www.oecdobserver.org/news/fullstory.php/aid/1505/Used_goods_trade.html、および http://commercecan.ic.gc.ca/scdt/bizmap/interface2.nsf/vDownload/ISA_3745/$file/X_5392834.DOC を参照。
13 このテーマの詳細な検証は Pankaj Ghemawat,"The Forgotten Strategy," Harvard Business Review, November 2003, 77 を参照。 このセクションは概ねこの論文に基づいている。

14 Pankaj Ghemawat and Tarun Khanna, "Tricon Restaurants International: Globalization Re-examined," Case 700-030 (Boston: Harvard Business School, 1999).

15 Robert Plummer, "Brazil's Brahma Beer Goes Global," BBC News, 4 December 2005 を参照、http://news.bbc.co.uk/2/hi/business/4462914.stm で閲覧可能。

16 Deakin University, MelbourneのRick Krever の発言、Kylie Morris による引用、"Not Shaken, Not Stirred: Murdoch, Multinationals and Tax," ABC online, 2 November 2003, www.abc.net.au/news/features/tax/page2.htm にて閲覧可能。

17 概要として非常に興味深いものに Moises Naim, Illicit: How Smugglers, Traffickers, and Copycats Are Hijacking the Global Economy (New York: Doubleday, 2005) がある。

18 "Attractions of Exile," Financial Times, 11 October 2006.

19 たとえば Jonathan Fahey, "This Is How to Run a Railroad," Forbes, 13 February 2006, 94-101 を参照。

20 この利益の内訳はＥＢＩＴＤＡ（利息、税金、減価償却、アモチゼーション控除前利益）に基づいており、データは二〇〇五年〜二〇〇六年度のものである。

21 Michael Y. Yoshino and Anthony St. George, "Li & Fung (A): Beyond 'Filling in the Mosaic' 1995-1998," Case No. 9-398-092 (Boston: Harvard Business School, 1998).

22 Gene Grossman and Esteban Rossi-Hansberg, "The Rise of Offshoring: It's Not Notes 243 Wine for Cloth Anymore," Federal Reserve Bank of Kansas City symposium, The New Economic Geography: Effects and Policy Implications, Jackson Hole, WY, 24-26 August 2006 で発表された論文 www.princeton.edu/~grossman にて閲覧可能。

23 この計算の出典は次のとおり。Pankaj Ghemawat, Gustavo A. Herrero, and Luiz Felipe

Monteiro, "Embraer: The Global Leader in Regional Jets," Case 701-006 (Boston: Harvard Business School, 2000); およびカナダの雇用データ。

24 "Chinese Jet Expects to Snare 60 Percent of Domestic Market," China Post (Taiwan), April 6, 2007.

25 Ashraf Dahod, "Starent Networks," the Cash Concours (Tewksbury, MA), におけるプレゼンテーション、5 October 2006.

26 Arie Y. Lewin, Silvia Massini, and Carine Peeters, "From Offshoring to Globalization of Human Capital," unpublished draft, (Duke University, Durham, NC) January 2007.

27 このインドの製薬会社に関するセクションは、一部は未発表の調査に基づいており、著者の許可を得てここに記載した。使用した文献は次のとおり。J. Rajagopal and K. V. Anantharaman, the Global Life Sciences & Healthcare Practice of Tata Consultancy Services (Bangalore, India).

28 "Billion Dollar Pills," The Economist, 27 January 2007, 61-63.

29 F. M. Scherer の発言、Shereen El Feki による引用、"A Survey of Pharmaceuticals," The Economist, 18 June 2005, 16.

30 Robert Langreth and Matthew Herper, "Storm Warnings," Forbes, 13 March 2006, 39.

31 たとえば Eva Edery, "Generics Size Up the Market Opportunity," March 2006, www.worldpharmaceuticals.net/pdfs/009_WPF009.pdf を参照。

32 "Billion Dollar Pills."

33 Leila Abboud, "An Israeli Giant in Generic Drugs Faces New Rivals," Wall Street Journal, 28 October 2004.

34 こういった機会は新興国に限定されてはいない。二〇〇五年後半にアメリカ政府は鳥インフルエンザ治療の特許を持つ企業に対し、アメリカの生産設備を拡大しなければ特許を取り消すと警告した。

35 ランバクシーの基本戦略は一〇年以上前に策定された。Pankaj Ghemawat and Kazbi Kothavala,“Repositioning Ranbaxy,” Case 9-796-181（Boston: Harvard Business School, 1998）を参照。

36 Abraham Lustgarten,“Drug Testing Goes Offshore,” Fortune, 8 August 2005, 67-72.

37 法規制が先進国ほど厳しくない点も優位として指摘されることもある。

38 National Association of Software and Service Companies,“The IT Industry in India: Strategic Review, 2006”（New Delhi: NASSCOM, December 2005）.

39 Andrew Jack,“Patently Unfair?” Financial Times, 22 November 2005, 21.

40 Amelia Gentleman,“Patent Rights Versus Drugs for Poor at Issue in India,” International Herald Tribune, 30 January 2007, 10. 模倣者となりうる企業にビッグ・ファーマが対抗する手法に関するいっそう深い議論は Pankaj Ghemawat, Strategy and the Business Landscape（Upper Saddle River, NJ: Pearson Prentice Hall, 2006）, 100-103 を参照。

41 James Kanter,“Novartis Plans Lab in Shanghai,” International Herald Tribune, 6 November 2006,11.

42 Arie Y. Lewin and Carine Peeters,“The Top-Line Allure of Offshoring,” Harvard Business Review, March 2006, 22-24.

43 詳細は Pankaj Ghemawat,“GEN3 Partners: From Russia, with Rigor,” を参照。私のウェブサイト www.ghemawat.org で閲覧可能。

44 この興味深い事例を指摘してくれたトム・ハウトに感謝する。“China Overtakes Japan for R&

D," Financial Times, 4 December 2006, 1を参照。

45 Jim Hemerling and Thomas Bradtke,"The New Economics of Global Advantage: Not Just Lower Costs but Higher Returns on Capital" (Boston: Boston Consulting Group, December 2005).

46 ソフトウェア業界の比較は業界の長年の調査に基づく。医薬品業界の比較は次の論文で行われている計算からの類推である。Rajesh Garg et al.,"Four Opportunities in India's Pharmaceutical Market," McKinsey Quarterly 4 (1996): 132-145.

47 Pankaj Ghemawat,"Tata Consultancy Services: Selling Certainty," を参照。このケース・スタディは私のウェブサイト www.ghemawat.org で閲覧可能。

48 Minyuan Zhao,"Doing R&D in Countries with Weak IPR Protection: Can Corporate Management Substitute for Legal Institutions?" Management Science 52, no. 8 (2006): 1185-1199. を参照。

49 Offshoring Research Network (ORN), https://offshoring.fuqua.duke.edu/community/index.jsp を参照。

50 ジャッカロープに関する最も徹底的な調査によれば、この伝説は出典を一五〇〇年代にまでさかのぼることができる。次を参照。Chuck Holliday and Dan Japuntich,"Jackalope Fans, Take Note," 22 August 2005 改訂、ww2.lafayette.edu/~hollidac/jackalope.html で閲覧可能。

第七章

1 John Fayerweather, International Business Management: A Conceptual Framework (New

York: McGraw-Hill, 1969）を参照。四〇年近く前に書かれたこの文献は、企業内における統合へ向かう力と、国ごとに異なる環境が作り出す分裂へ向かう力の緊張関係から議論を始めている。C. K. Prahalad and Yves L. Doz は The Multinational Mission: Balancing Local Demands and Global Vision（New York: Free Press, 1987）で、この緊張関係は広く言われているグローバル統合と国ごとの対応のトレードオフだと述べている。

2 最近まで、裁定で関心を呼んだ唯一の側面といえば、国際的な知識の差異の追求であった。Christopher A. Bartlett and Sumantra Ghoshal, Managing Across Borders: The Transnational Solution（Boston: Harvard Business School Press, 1989; 2nd ed. 1998）を参照。こういった知識の裁定は興味深いが、我々が見てきたように、一般的には裁定の対象にできるものはもっと多い。

3 この点の概要として優れた文献に、Richard E. Caves, Multinational Enterprise and Economic Analysis, 3rd ed.（Cambridge: Cambridge University Press, 2007）がある。

4 たとえば次を参照。Michael E. Porter, Competitive Strategy（New York: Free Press, 1980）、第二章 および Michael E. Porter, Competitive Advantage（New York: Free Press, 1985）、第一章。

5 複数の地域ではなく複数のビジネスにおける摩擦、妥協、協調のコストに関する更なる議論は、次を参照。Pankaj Ghemawat and Jan W. Rivkin, "Choosing Corporate Scope," in Strategy and the Business Landscape, 2nd ed., Pankaj Ghemawat（Englewood Cliffs, NJ: Prentice Hall, 2001）.

6 広告宣伝費の売上高に対する割合と、研究開発費の売上高に対する割合は、多国籍企業で最も優れた指標である。広告における規模の経済が基本的には今も現地または地域レベルで追求されているのに対し、研究開発はグローバルな規模または範囲の経済で特徴づけられる。したがって、広告費の売上高に対する割合は、現地の反応を重視する適応と密接に関係があり、研究開発費の売上高に対する割合は、国際的な規模または範囲の経済を重視する集約と密接に関係がある。更に、労働費用の売上高に対する割合は、労働の裁定の見込みにかかわるものである。ただし、裁定は単純な労働コストだけでなくもっと広い範囲にわたる国内外の差異を網羅する。たとえば、さまざまな面で最大のグローバル企業である、とある石油会社は、全世界で事業を展開し、原材料価格の差異を利用している。

7 数字は別途記載がない限り二〇〇五年のもの。この部分は主に次に基づいている。Pankaj Ghemawat,"Philips Medical Systems in 2005," Case 706-488 (Boston: Harvard Business School, 2006); D. Quinn Mills and Julian Kurz,"Siemens Medical Solutions: Strategic Turnaround," Case 703-494 (Boston: Harvard Business School, 2003) および Tarun Khanna and Elizabeth A. Raabe,"General Electric Healthcare, 2006," Case 706-478 (Boston: Harvard Business School, 2006).

8 Jeffrey R. Immelt の発言、Thomas A. Stewart,"Growth As Process," Harvard Business Review, June 2006, 60-71. による引用。

9 Joon Knapen,"Philips Stakes Its Health on Medical Devices," Dow Jones Newswires, 9 June 2004.

10 この事例とスタンダード・オイルの議論は以下に基づいている。Mira Wilkins, ed., The Growth of Multinationals (Aldershot, England: Edward Elgar Publishing, 1991), 455.

11 この記述はシスコの報道発表やシスコに関する記事をもとにしている。特に次を参照。"Cisco Chooses India As Site of Its Globalization Center and Names Wim Elfrink Chief Globalization Officer," 6 December 2006, http://newsroom.cisco.com/dlls/2006/ts_120606.html で閲覧可能。

また、Rachel Konrad,"At Globalization Vanguard, Cisco Shifts Senior Executives to India's Tech Hub," Associated Press, 5 January 2007 も見よ。

第八章

1 次の文献を参照。Karl Polanyi, Conrad M. Arensberg, and Harry W, Pearson, eds., Trade and Market in the Early Empires; Economies in Histoy and Theory (Glencoe, IL: Free Press, 1957) および Karl W. Deutsch and Alexander Eckstein,"National Industrialization and the Declining Share of the International Economic Sector, 1890-1959," World Politics 13 (1961): 267-299.

2 Heather Timmons,"Goldman Sachs Rediscovers Russia," New York Times, 3 February 2006.

3 Max H. Bazerman and Michael D. Watkins, Predictable Surprises: The Disasters You Should Have Seen Coming and How to Prevent Them (Boston: Harvard Business School Press, 2004).

4 もっと長いリストは、世界経済フォーラムで議論された二三の中核的グローバル・リスクを参照。World Economic Forum, Global Risks 2007 (Davos, Switzerland: World Economic Forum, January 2007).

5 一般的な流動性危機がもたらすものについて、たとえばNiall Ferguson,"Sinking Globalization," Foreign Affairs 84, no. 2 (March-April 2005): 64-77 を参照。

6 Muhammad Yunus, Nobel lecture, Oslo, Norway, 10 December 2006 を参照、http://nobelprize.org/nobel_prizes/peace/laureates/2006/yunus-lecture-en.html で閲覧可能。

7 Frank Luntz, Words That Work: It's Not What You Say, It's What People Hear (New York:

Hyperion, 2007) より。

8 McKinsey Global Institute, "Offshoring: Is it a Win-Win Game?," (San 246 Notes-Francisco, August 2003) を参照。http://hei.unige.ch/~baldwin/ComparativeAdvantageMyths/IsOffshoringWinWin_McKinsey.pdf で閲覧可能。

9 このステップはきれいな並びに記載したが、通常、グローバル戦略の診断にはこの五段階を往復する繰り返し作業が必要である。

10 たとえば、グローバル統合が進めばグローバル市場で集中が進むという議論とその誤りの証明を比較してみるべし（第一章〜第三章）。

著者の経歴

パンカジ・ゲマワットは、IESEビジネススクールのグローバル戦略のAnselmo Rubiralta教授兼ハーバード・ビジネススクールのJaime and Josefina Chua Tiampo教授（休職中）である。

現在の彼の教鞭、研究のテーマはグローバリゼーションと戦略である。このテーマで一三のセッションから成るMBAコースを策定し、五〇例以上のケース・スタディや論文を執筆した。彼の論文のうち、"Regional Strategies for Global Leadership"は二〇〇五年にハーバード・ビジネス・レビュー誌で発表された論文の中から、マッキンゼー最優秀論文賞を獲得した。彼の最近のグローバリゼーションに関する論文は、Foreign Policy、Industrial and Corporate Change、Journal of International Business Studiesなどに掲載されている。彼はHBSでベストセラーケーススタディ著者一〇傑の一人である。Management Science誌の戦略部門編集責任者も務める。また、"Commitment" "Games Businesses Play" "Strategy and the Business Landscape"など、反響をよんだビジネス・戦略書の著者でもある。

ゲマワットは応用数学でハーバード・カレッジのABを取得し、成績優秀者リストに選ばれ、ビジネス経済学でハーバード大学の博士号を取得した。コンサルタント業務に携わった後、一九八三年にハーバード・ビジネススクールの教授陣の一員となり、一九九一年にはHBSで史上最年少の教授となった。二〇〇六年にはIESEの教授陣の一員となった。二〇〇七年にはアカデミー・オブ・インターナショナル・ビジネスのフェローに選出された。

訳者あとがき

本書 *Redefining Global Strategy: Crossing Borders in a World Where Differences Still Matter*（直訳するなら『グローバル戦略の再検討：違いが成否を左右する世界で国境を越えるには』）は、ハーバード・ビジネススクールにおける著者の講義をまとめたものである。

著者が本書を書いていたであろう当時、トマス・フリードマンの『フラット化する世界』が一世を風靡していたが、著者の見解はそれに真っ向から対立するものであった。世界は決して一足飛びにフラット化するのではなく、グローバリゼーションへの流れは足踏み、あるいは後退を繰り返し、セミ・グローバリゼーションという状態がこの先数十年は続く、という著者の主張は非常に明快だ。現在（二〇〇九年三月）の世界同時不況の下、バイ・アメリカン条項をはじめとする保護主義的政策が世界各地で急速に台頭しているのを見れば説得力も大きい。また、この難しい環境下でも、収益を伸ばしている企業もあるのを見れば、自社の置かれた状況を正しく把握し、それを生かして企業戦略を構築するのが重要だとわかる。

企業戦略を実際に立案し、実行する人に向けて書かれた実用書としての本書が優れている点は、著者自身が序文で挙げているように、まずreadable（読みやすい）、relevant（実務家にとって重要である）、rigorous（綿密な研究に基づいている）ことだろう。抽象的な机上の理論を展開するにとどまらず、さまざまな業種における具体的な例が豊富に紹介されている。大半の読者にとって、本書に登場する実例には、耳慣れない会社名や縁のない業種もあるだろうが、馴染みのある会社や業態が少なくとも数社は見つかるのではないか。だから、たとえサッカーのことはベッカムの名前しか知らなくても、コーラと称する、ぶくぶくと泡を発する怪しげな黒い液体を飲んだことがなくても、クルマは色とナンバープレートでしか識別できないほど車に疎く、走って曲がって停まればいいや、ぐらいにしか思っていなくても、本書を読み進んでいけば著者の持論は明確に理解できる（あなたが今手にしているペットボトルのお茶だって、実はコカコーラ社製かもしれない）。

ここで展開される事例を、身近にある会社に当てはめて考えることもさほど難しいことではない。「ザラ」ってなに？　と思う人も、たぶんユニクロなら知っているだろう。低価格帯の衣料という点では、昨年銀座に出店し、連日の行列で話題となったH&Mもおもしろい比較対象となろう。

グローバル化が進んだからといって、文化的な差異の代表である言語の壁がそう簡単になくなるものではない、ということは日本の読者にはよくおわかりのことと思う。アメリカ人をはじめとする英語圏の人にとっては、非英語圏の人々が英語を話してくれるので言語の壁を感じないのかもしれないが、英語圏以外の人にしてみれば、彼らがいつまでたっても他言語を習得しない（適応しない）ので、英語を使う（つまり適応する）ことを余儀なくされているのだ。また、日本人が外国語の壁を乗り越える環境は、たとえば三〇年前と比べると、学習教材の充実、海外旅行のコスト低下、更に自動翻訳サイトの登場など、かなりすすんでいる。だからといって日本人の言語能力が格段に向上したわけでもなければ（著者にそう言ったらそれを実証するデータはあるのかと言われそうだが)、通訳・翻訳という業態が絶滅したわけでもない(ありがたや)。更に、本書は主張を検証できる事実で裏付けている。中には、著者も認めるようにおおざっぱな数量化もあるが、データの裏づけがない感覚的な主張よりも格段に説得力があるし、専門的な理論を知らなくても理解できる内容である。

また、第六章299ページにあるように、アウトソースした業務を企業が検証する、つまりデューデリジェンスを行って、ほんとうに自分が思っているような付加価値を上げているかどうか検証するのはその業務を自らやるより難しいというくだりは、他人や他社に仕事を任せたことがある人なら誰しも身につまされる話ではないだろうか。これを怠っている会社がどれほど多いことか、という著者の主張を顕著に示す事例で記憶に新しいものとしては、投資のプロたる多くのヘッジファンドがネズミ講ファンドに巨額の「投資」を行っていたことなどがあげられる。

だから、本書が見せる世界は、「ストーリー」であたかも全体が見えた気になるマスコミまがいの世界や、「こうあるべきだ」という教条的な妄想の世界のいずれとも違う。世界は中途半端でわかりにくくて、だからそれに対応したりそれを利用したりする戦略が必要で、更にそういうことができる戦略にはいろいろな種類があり、それぞれとってつけたようにやってみてもうまくいくとは限らず、会社の成り立ちや業種その他でうまく行ったり行かなかったりするし、加えて採用した戦略はちゃんと継続的に評価が必要なのだよという著者の主張は、このうえなく実務的で現実的で「使える」のだ。

最後に、河津知明さんがいなかったら、この日本語版は間違いなく永久に完成していなかった。いつもありがとう河津さん。彼女以外にも、たくさんの方々にご支援いただいた。諸般の事情で名前は出せないが、心当たりのある方、望月はあなたにお礼を申し上げます。なお、本書自体と各章のタイトルは、文藝春秋の永嶋俊一郎氏と下山進氏が読者の皆様のために独自に作成されたものであり、それに訳者が気づく範囲内でいくつかご提案をした。彼らの努力が実を結んでいればいいと思う。

参考文献

Ghemawat, Pankaj. 2001. *Distance Still Matters: The Hard Reality of Global Expansion*. Harvard Business Review, September, 137-147.

——, 2003. *The Forgotten Strategy*. Harvard Business Review, November, 76-84.

——, 2003. *Getting Global Strategy Right*. Boston: Harvard Business School Publishing. Faculty Seminar CD.

——, 2003. *Semiglobalization and International Business Strategy*. Journal of International Business Studies 34(2): 138-152.

——, 2003. *Strategy and the Business Landscape*. Upper Saddle River, NJ: Prentice-Hall.

——, 2004. *Global Standardization vs. Localization: A Case Study and a Model. In The Global Market: Developing a Strategy to Manage across Borders,* ed. J. A. Quelch and R. Deshpande. San Francisco: Jossey-Bass.

——, 2004. *The Growth Boosters*. Harvard Business Review, July-August, 35-40.

——, 2005. *Regional Strategies for Global Leadership*. Harvard Business Review, December, 98-108.

——, 2006. *Apocalypse Now?* Harvard Business Review 84(10): 32.

——, 2007. *Managing Differences: The Central Challenge of Global Strategy*. Harvard Business Review 85(3): 58-68.

——, 2007. *Why the World Isn't Flat*. Foreign Policy(159): 5-60.

Ghemawat, Pankaj, and Fariborz Ghadar, 2000. *The Dubious Logic of Global Megamergers*. Harvard Business Review, July-August, 64-72.

【ま行】

【や行】

【ら行】

【わ行】

【た行】

【な行】

【は行】

企業名索引

コークの味《あじ》は国《くに》ごとに違《ちが》うべきか
ゲマワット教授の経営教室

二〇〇九年四月二十五日　第一刷

著者　パンカジ・ゲマワット
訳者　望月《もちづき》　衛《まもる》
発行者　木俣正剛
発行所　株式会社文藝春秋
〒102―8008　東京都千代田区紀尾井町三―二三
電話＝〇三―三二六五―一二一一
印刷所　大日本印刷
製本所　矢嶋製本

ISBN978-4-16-371370-0